21世纪应用型本科管理系列规划教材

Renli Ziyuan Guanli

Zonghe Shixun Jiaocheng

人力资源管理综合实训教程

肖 琳 主 编

田 君 姜 瑛 于 婷 副主编

东北财经大学出版社
Dongbei University of Finance & Economics Press
大连

图书在版编目（CIP）数据

人力资源管理综合实训教程／肖琳主编．—大连：东北财经大学出版
社，2021.7

（21世纪应用型本科管理系列规划教材）

ISBN 978-7-5654-4194-3

Ⅰ．人… Ⅱ．肖… Ⅲ．人力资源管理-高等学校-教材 Ⅳ．F243

中国版本图书馆CIP数据核字（2021）第082366号

东北财经大学出版社出版

（大连市黑石礁尖山街217号 邮政编码 116025）

网 址：http://www.dufep.cn

读者信箱：dufep@dufe.edu.cn

大连日升彩色印刷有限公司印刷 东北财经大学出版社发行

幅面尺寸：185mm×260mm 字数：470千字 印张：19.5

2021年7月第1版 2021年7月第1次印刷

责任编辑：孙晓梅 责任校对：肖 眉

封面设计：张智波 版式设计：原 皓

定价：52.00元

教学支持 售后服务 联系电话：（0411）84710309

版权所有 侵权必究 举报电话：（0411）84710523

如有印装质量问题，请联系营销部：（0411）84710711

　　人力资源管理是一门理论性与实务性都很强的综合性学科。在人才培养过程中，实践教学发挥着不可或缺的作用。对企业人力资源管理工作中所需的知识、能力和素质进行系统分析，编写一本可操作性强的人力资源管理实训教材，成为推动高校实践教学改革、培养应用型管理人才的重要一环。

　　本书的编写立足于企业需求，以知识的综合应用和实践能力培养为出发点，突出任务驱动、情境模拟和项目导向。在编写中，我们注重教学与实践的有效衔接、能力与素质的全面培养，在体系结构上突显了创新性和全面性，在内容设计上强调应用性和实战性，力求使读者在学习后能有效提高其专业实践能力和全方位职业素养。

　　本书共设有8个专项训练模块，每个专项训练模块下设6个项目，从不同维度、不同方面对学生进行深入训练；每个项目有5个任务，故每个专项训练模块共计30个任务，全书共计240个任务。全书涵盖了人力资源管理各岗位需要的主要技能，在具体教学中，教师可根据课时需要，挑选模块或任务进行训练。本书适用于高校人力资源管理专业及相关专业的实践教学。本书具有如下特点：

　　1.体系结构新颖

　　本书在深入调研的基础上，按照企业人力资源管理工作流程和要求，精心构建了整个人力资源管理实践教学体系，科学、系统、全面地编排了训练内容。本书结构设计贴近企业管理工作实际，有利于学生职业能力与素质的全面培养，具有创新性。

　　2.训练内容完整

　　本书训练角度独特、训练内容完整。全书共有8个专项训练模块，每个训练模块分别从应用设计、数据分析、材料解析、文件处理、管理诊断、能力拓展6个方面开展训练，综合各种知识、方法、情境，全方位训练学生的专业设计、数据分析、系统思考与解决问题的能力。

　　3.实用性强

　　本书具有较强的实用性和可操作性。本书的编写立足于解决企业人力资源管理工作中的实际问题，融合了国家人力资源管理师资格考试的内容，有针对性地从多个角度提供了具体、可操作的训练内容和训练方法。学生通过角色模拟、文件处理、案例分析等，可以达到训练职业能力和提高职业素养的目的。

　　4.训练实例丰富

　　本书围绕人力资源管理中的常用技能，围绕"8个模块、6个维度"精心设计、编排了240个任务，任务形式多样，训练实例丰富，且每个任务均经过精心挑选、反复斟酌和实践验证，能够帮助学生有针对性地进行训练，快速提升学习效果。

5.体例设计新颖

本书体例设计新颖，训练内容按层级有序编排，结构巧妙，内容简明，可以有效拓宽学生视野，引导学生深入思考，实现理论与实践的有机衔接。具体栏目设计如下：

本书层级	栏目设计
训练模块 （含6个项目）	训练概要、训练目标、训练导图、训练条件、知识点索引、学习资料包
项目 （含5个任务）	项目目的、项目导图、项目训练
任务	任务目标、任务引入、任务内容、任务要求、任务实施、任务小评

6.配套资料齐全

本书各专项训练模块均配有以二维码形式呈现的知识点索引、学习资料包，同时配有教学大纲、训练项目成绩评定标准和参考答案（详情请登录东北财经大学出版社网站（www.dufep.cn）下载）。

本书结构具体如下：

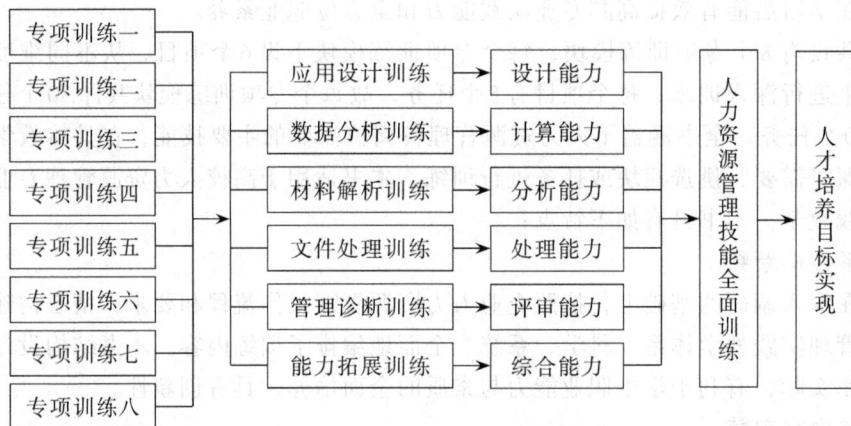

8个专项训练模块┈┈▶240个训练任务┈┈▶6个方面能力培训┈┈▶知识、能力、素质目标实现

本书由肖琳担任主编，田君、姜瑛、于婷担任副主编。具体分工如下：专项训练一、七由田君编写，专项训练二、四、五、八由肖琳编写，专项训练三由于婷编写，专项训练六由姜瑛编写。本书的大纲审定、结构安排和总纂定稿工作由肖琳负责。

本书在编写过程中，参考和引用了大量历年人力资源管理师资格考试真题，并参阅了有关著作、网上资料，在此，对相关作者表示衷心的感谢和崇高的敬意！尽管编者力求精益求精，但由于经验不足、编写时间有限，难免存在不妥之处，恳请读者予以批评和指正，以便改进与完善。编者邮箱：286614277@qq.com。

编　者

2021年4月

目　录

人力资源规划

▶ 一、训练概要

　　人力资源规划是企业人力资源管理的基础工作。有效的人力资源规划可以根据企业总体战略的要求，合理调控企业人力资源的数量、质量和结构，避免人力资源浪费，确保企业人力资源管理工作更加有序、科学和高效。本模块主要针对人力资源规划进行专项训练。

▶ 二、训练目标

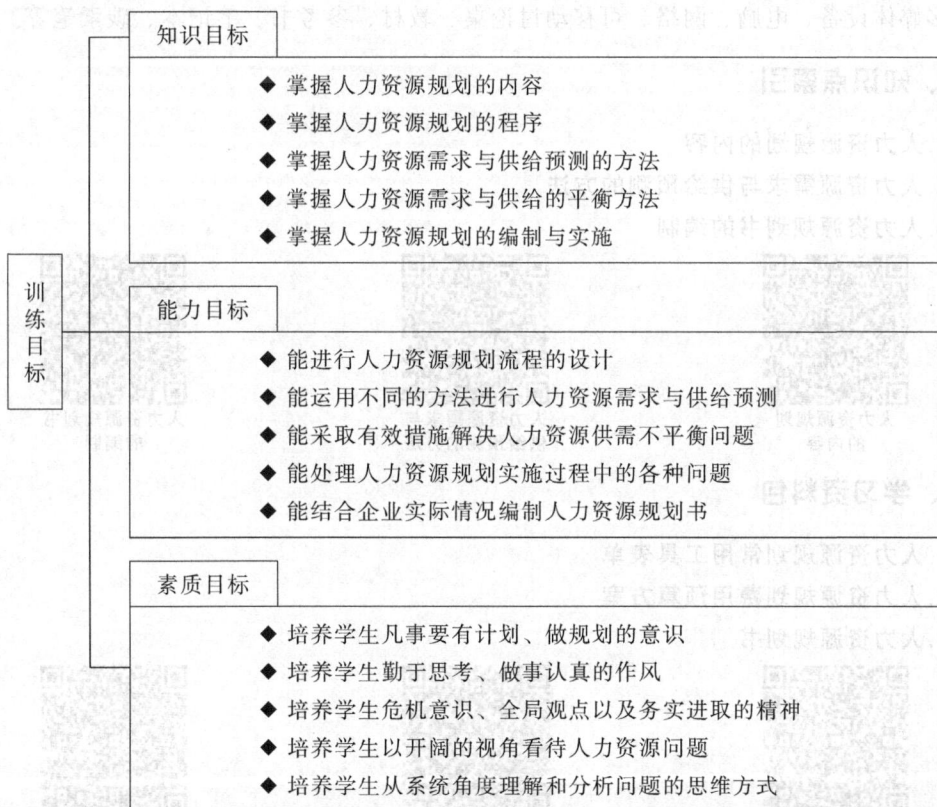

训练目标

知识目标
- ◆ 掌握人力资源规划的内容
- ◆ 掌握人力资源规划的程序
- ◆ 掌握人力资源需求与供给预测的方法
- ◆ 掌握人力资源需求与供给的平衡方法
- ◆ 掌握人力资源规划的编制与实施

能力目标
- ◆ 能进行人力资源规划流程的设计
- ◆ 能运用不同的方法进行人力资源需求与供给预测
- ◆ 能采取有效措施解决人力资源供需不平衡问题
- ◆ 能处理人力资源规划实施过程中的各种问题
- ◆ 能结合企业实际情况编制人力资源规划书

素质目标
- ◆ 培养学生凡事要有计划、做规划的意识
- ◆ 培养学生勤于思考、做事认真的作风
- ◆ 培养学生危机意识、全局观点以及务实进取的精神
- ◆ 培养学生以开阔的视角看待人力资源问题
- ◆ 培养学生从系统角度理解和分析问题的思维方式

三、训练导图

应用设计训练	数据分析训练	材料解析训练	文件处理训练	管理诊断训练	能力拓展训练
●绘制人力资源规划流程图 ●人力资源管理费用预算 ●人力资源配置设计 ●人力资源规划编制 ●人力资源规划评估指标设计	●人员比率法预测 ●人力资源需求预测 ●人力资源补充规划 ●马尔可夫分析预测 ●人力资源供求预测	●人力资源内部供给预测 ●人力资源需求预测方法 ●人力资源规划因素 ●人力资源业务计划 ●人力资源平衡策略	●人力资源流动与共享 ●人力资源费用预算 ●人力资源需求计划 ●新项目人力资源规划 ●人力资源战略细化	●人力资源规划分析 ●人力资源供求预测 ●裁员分析 ●人力资源供给和需求分析 ●人力资源规划作用	●人力资源需求预测准备 ●裁员计划处理 ●组织结构调整后人员分析 ●高层辞职 ●人力资源供需预测

四、训练条件

1.训练学时

本专项训练共计6学时，每个项目各1学时。

2.训练材料

多媒体设备、电脑、网络、可移动讨论桌、教材、参考书、笔记本、碳素笔等。

五、知识点索引

1.人力资源规划的内容

2.人力资源需求与供给预测的方法

3.人力资源规划书的编制

人力资源规划
的内容

人力资源需求与
供给预测的方法

人力资源规划书
的编制

六、学习资料包

1.人力资源规划常用工具表单

2.人力资源规划费用预算方案

3.人力资源规划书

人力资源规划
常用工具表单

人力资源规划
费用预算方案

人力资源规划书

项目一 应用设计训练

一、项目目的

通过应用设计训练，使学生具有在人力资源管理部门从事人力资源规划工作的基础设计能力，能够运用所学知识并结合企业实际情况，有针对性地开展人力资源规划的流程设计、费用预算、人员具体配置以及人力资源规划书的编制等工作。

二、项目导图

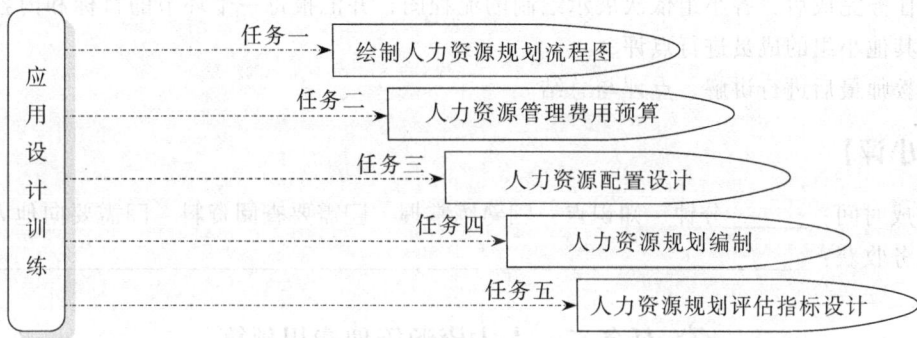

三、项目训练

◇ 任务一　绘制人力资源规划流程图

【任务目标】

通过本任务训练，理解人力资源规划的意义，掌握人力资源规划的内容和人力资源规划的流程，提高对人力资源规划知识的应用能力。

【任务引入】

跃兴公司是2016年成立的时装股份集团公司，由服装公司A与纺织贸易公司B联合投资，主要从事时尚服装的设计与生产，以及服装的进出口贸易。该公司由传统行业转型而来，管理层提出的目标是：从传统中来，超越传统，让您的生活品位更上一层楼。该公司的口号是：员工是公司的力量源泉，公司是员工的人生舞台。近几年，该公司发展情况良好，根据今年中期统计，跃兴公司的业务量总体上大幅增长，但时装进出口贸易由于国际经济形势变化，压力变得异常巨大。因此，管理层考虑在明年对该公司的人力资源配置进行战略调整。

【任务内容】

1.假设你是跃兴公司人力资源管理部门人员，应如何制定合理的新年度人力资源规划？试画出基本的操作流程图。

2.试对上述操作流程图中每一环节的基本内容与目标进行简要描述。

【任务要求】

1.人力资源规划流程绘制科学、合理，并符合该公司的实际情况；

2.人力资源规划每一个环节的基本内容表述清晰、明确。

【任务实施】

1.本任务以小组形式完成，教师限定任务时间；

2.任务完成后，各小组依次展示绘制的流程图，并汇报每一个环节的目标和内容；

3.其他小组的成员进行点评；

4.教师最后进行讲解、点评与总结。

【任务小评】

完成时间：_____分钟　知识点：□熟练掌握　□需要查阅资料　□需要向他人求教

任务收获：_____

◆》 任务二　人力资源管理费用预算

【任务目标】

通过本任务训练，理解人力资源管理费用的含义，掌握人力资源管理费用包含的基本项目，以及人力资源管理费用预算的原则、方法和预算程序。

【任务引入】

宏强公司成立于2017年，是一家建筑企业。过去宏强公司的人力资源管理费用预算都是按照传统经验估算方法确定的，导致该公司无法有效控制费用支出。人力资源部为了节约费用、控制成本，拟编制新一年度人力资源管理费用预算。

【任务内容】

你是宏强公司人力资源部经理助理，请对人力资源管理费用包括的基本项目，以及人力资源管理费用预算编制的基本程序和方法进行设计。

【任务要求】

1.人力资源管理费用预算项目全面、合理、具体；

2.只列出费用项目，无须计算具体金额；

3.人力资源费用预算编制程序科学，具有可操作性。

【任务实施】

1.本任务以小组形式完成，教师限定任务时间；

2.通过参考书、网络等查询资料；

3.任务完成后，每个小组进行汇报；

4.其他小组进行提问或点评；

5.教师最后进行点评、总结。

【任务小评】

完成时间：_____分钟　知识点：□熟练掌握　□需要查阅资料　□需要向他人求教

任务收获：_____

◆◆ 任务三　人力资源配置设计

【任务目标】

通过本任务训练，掌握人力资源配置需要考虑的因素以及可行的方法，能够根据公司未来发展前景进行人力资源合理配置。

【任务引入】

贝利（集团）公司成立于2017年，总部位于上海，是一家集科研、制造、贸易、投资于一体的高科技、多元化国有大型综合企业集团。该公司下辖5个产业公司，建有贝利研究院。其5个产业公司管理着分布在全国各地的、不同产业的52个子公司。

根据今年全年度发展计划和经营目标，该公司总部负责5个产业公司的整体控制，总部设8个部门，行政副总经理负责行政部和人力资源部，财务总监负责财务部，营销总监负责销售一部、销售二部和产品部，技术总监负责开发一部和开发二部。该公司总部各部门的人员配置数量具体见表1-1。

表1-1　　　　　　　贝利（集团）公司总部各部门的人员配置数量

部门	决策层	行政部	财务部	人力资源部	销售一部	销售二部	开发一部	开发二部	产品部
人数	5	8	4	4	19	19	19	19	5

【任务内容】

请参照贝利（集团）公司总部各部门的人员配置数量，制定一张详细的人力资源配置表，并结合人力资源管理实践，在表中设置若干职位并注明各职位所需人数。

【任务要求】

1.人员配置数量应与该公司各部门人员数量一致；

2.各职位人员分配科学、合理；

3.各部门具体人员配置状况符合该公司发展实际。

【任务实施】

1.本任务由个人独立完成，教师限定任务时间；

2.可查询相关资料；

3.任务完成后，教师抽选学生进行汇报；

4.其他同学进行提问或点评；

5.教师最后进行点评、总结。

【任务小评】

完成时间：_____分钟　知识点：□熟练掌握　□需要查阅资料　□需要向他人求教

任务收获：_____

◆◆ 任务四　人力资源规划编制

【任务目标】

通过本任务训练，掌握人力资源规划的基础知识与技能，能够运用专业知识编制人力资源规划，熟练掌握人力资源规划编制的内容与要点。

【任务引入】

唐禾公司是一家大型国有机械制造企业，近些年发展迅速，今年该公司准备投资一条新的设备生产线。为此，该公司人力资源部决定起草一份"年度人力资源发展规划"，并将此项工作交给规划专员小张。

【任务内容】

你是唐禾公司的小张，请拟定一份完整的人力资源规划纲要，并言简意赅地描述各个部分的基本工作。

【任务要求】

1.规划编制条理清晰、内容明确；

2.规划编制言简意赅、全面，符合该公司实际；

3.规划编制具有可操作性、可实施性。

【任务实施】

1.本任务以小组形式完成，教师限定任务时间；

2.通过书籍、网络等查询相关资料；

3.任务完成后，每个小组选派代表分别汇报；

4.其他小组进行提问或点评；

5.教师最后进行点评、总结。

【任务小评】

完成时间：_____分钟　　知识点：□熟练掌握　　□需要查阅资料　　□需要向他人求教

任务收获：_____

◈ 任务五　人力资源规划评估指标设计

【任务目标】

通过本任务训练，掌握人力资源规划监控与评估的内容和方法，能够对人力资源规划的实施过程进行监督和控制，并对实施的结果进行评价。

【任务引入】

蓝峰公司是一家生产风力发电设备的企业，成立于2017年。成立之初，该公司人力资源部根据企业自身情况和业务发展状况进行了未来三年的人力资源规划，具体包括定岗定编情况、人力资源需求和供给预测以及各项人力资源成本核算等；同时还建立了人力资源数据库，详细记录了与人力资源有关的各项数据。例如，该公司每年都对员工满意度进行调查，调查项目涉及工作负荷量、工作环境、人际关系以及薪酬福利等。调查采用5点计分法，1分为非常不满意，2分为不满意，3分为一般，4分为满意，5分为非常满意。该公司自成立以来，员工满意度的平均分第一年为3.8、第二年为3.5、第三年为3.4。此外，蓝峰公司还针对员工离职率进行了统计分析，数据显示员工第一年、第二年和第三年的主动离职率分别为30%、15%和8%。现在该公司希望对三年前制定的人力资源规划进行评估，以便更科学地开展新一轮规划。

【任务内容】

请根据上述任务情境，为蓝峰公司人力资源规划评估设计评估指标和方法。

【任务要求】

1.人力资源规划评估指标设计科学、合理；

2.人力资源规划评估指标可以监测和衡量人力资源规划；

3.人力资源规划评估指标设计全面、具体，具有可操作性。

【任务实施】

1.本任务以小组形式完成，教师限定任务时间；

2.任务完成后，每个小组分别进行汇报；

3.其他小组进行提问或点评；

4.教师最后进行点评、总结。

【任务小评】

完成时间：_____分钟　知识点：□熟练掌握　□需要查阅资料　□需要向他人求教

任务收获：_____

项目二　数据分析训练

一、项目目的

通过数据分析训练，使学生具备从事人力资源规划工作中数据的计算与分析能力，熟练掌握人力资源需求预测、人力资源供给预测中的定量预测方法，能够结合企业内外部环境变化，科学合理地开展人力资源规划的供给与需求预测工作。

二、项目导图

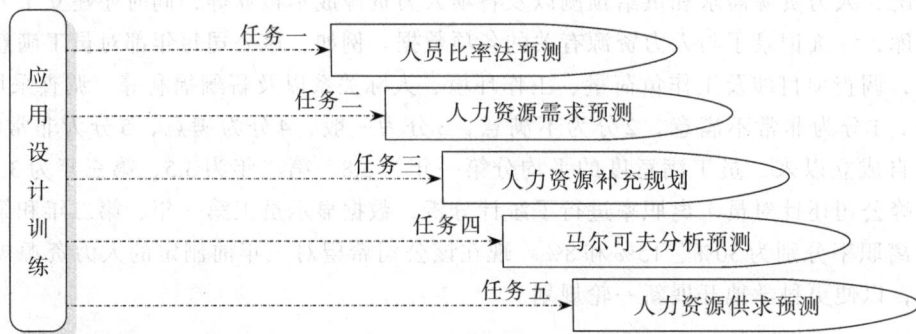

三、项目训练

◆◇ 任务一　人员比率法预测

【任务目标】

通过本任务训练，掌握人力资源需求预测的定量方法，能够熟练运用人员比率法进行人力资源需求预测。

【任务引入】

峰立公司经过多年发展，业务不断扩大，管理也逐渐趋于完善。今年，峰立公司决定起草"人力资源发展规划"，由规划专员张欣负责该公司的人力资源需求预测工作。该公司生产部门在过去几年中，技能操作人员、专业技术人员和管理人员的比例一直稳定在6∶3∶1。根据业务规划，生产部门计划明年补充技能操作人员60名；目前，已经确定将有15名专业技术人员和8名管理人员离职，有5名管理人员将调整到其他部门。

【任务内容】

假设峰立公司生产部门组织结构和生产效率不变，请帮助规划专员张欣利用人员比率法确定生产部门明年专业技术人员和管理人员的需求量。

【任务要求】

1.对任务情境进行认真、全面分析；
2.运用适当的人力资源需求定量预测方法；
3.人力资源需求预测过程详细、完整、准确。

【任务实施】

1.本任务以个人形式完成，教师限定任务时间；
2.可查阅书籍及相关资料进行任务知识点回顾；
3.任务完成后，教师抽选学生进行汇报；
4.教师对任务知识点进行提问；
5.教师最后进行点评、总结。

【任务小评】

完成时间：_____分钟　　知识点：□熟练掌握　　□需要查阅资料　　□需要向他人求教
任务收获：_____

◇◇ 任务二　人力资源需求预测

【任务目标】

通过本任务训练，熟练掌握人力资源需求预测的内容和方法，能够结合企业实际情况对人力资源需求进行科学预测。

【任务引入】

风华职业技术学院（以下简称风华学院）已有20多年的办学历史，近年来，学院领导致力于提升办学水平，增加校内师资和设备数量，希望该学院成为当地著名学府。为达到这个目标，风华学院开始购买土地，建教学楼与校舍，购买新的教学仪器、设备，在硬件建设上进展顺利。在师资的规划上，该学院需要专业人士以节约成本为原则给予帮助。

目前来看，风华学院的师资力量整体上有些薄弱，师资结构以助教和讲师居多，具体见表1-2。

表1-2 风华学院目前师资结构

师资层级	学历要求	人数	比例（%）
助教	大学本科	2	0.49
	硕士研究生	272	67.33
讲师		110	27.23
副教授	博士研究生	15	3.71
教授		5	1.24
总人数		404	100.00

风华学院计划在三年内使讲师以上教师达到40%以上。你是该学院人力资源部工作人员，被领导指派对师资做一个三年规划（今年为第一年），以使该学院的师资在三年之后达到计划目标。资料显示，风华学院三年内每年助教辞退2人。另外，校内大约有45名助教正在攻读博士学位，三年内预计每年毕业3人。

【任务内容】

假设其他条件不变，请预测三年内各年度的师资需求，并计算第三年需招募多少讲师以上师资。

【任务要求】

1.对任务情境中的师资结构及人员变化进行全面分析；
2.合理运用人力资源需求定量预测方法；
3.在人力资源需求预测过程中，各项数据计算准确；
4.人力资源需求预测计算过程详细、完整。

【任务实施】

1.本任务以个人形式完成，教师限定任务时间；
2.查阅书籍及相关资料进行任务知识点回顾；
3.任务完成后，学生自荐汇报预测结果，并讲解计算过程；
4.教师最后进行点评与总结。

【任务小评】

完成时间：_____分钟 知识点：□熟练掌握 □需要查阅资料 □需要向他人求教

任务收获：_____

◆◆ 任务三　人力资源补充规划

【任务目标】

通过本任务训练，熟练掌握人力资源预测的知识和方法，能够结合企业实际情况，进行未来人力资源需求预测，制订人力资源补充规划。

【任务引入】

赵林现任宏兴公司人力资源部经理助理。11月中旬，该公司领导要求人力资源部在两个星期内提交一份明年的人力资源规划初稿，以便在12月初的该公司计划会议上讨论。人力资源部经理王生将此任务交给赵林，并要求赵林考虑下列情况：

1.该公司的现状。该公司现有生产及维修工人850人、文秘和行政职员56人、工程技术人员40人、中层与基层管理人员38人、销售人员24人、高层管理人员10人。

2.统计数据表明，近五年来，生产及维修工人的离职率高达8%，销售人员的离职率为6%，文秘和行政职员的离职率为4%，中层和基层管理人员及工程技术人员的离职率为3%，高层管理人员的离职率只有1%，预计明年不会有大的改变。

3.按企业已确定的发展规划，文秘和行政职员要增加10%，销售人员要增加15%，工程技术人员要增加6%，生产及维修工人要增加5%，高层、中层和基层管理人员可以不增加。

【任务内容】

请根据任务情境，为宏兴公司制订合理、可行的明年人力资源补充规划，列出现有的、可能离职的人员数量，以及需要增补的各类人员数量，填在表1-3中。

表1-3　　　　　　　　　宏兴公司人力资源补充规划

人员类别	现有人数	离职率	离职人数	增长率	增长人数	预测需求数（含替代离职人员）	明年人数
合　计							

【任务要求】

1.对任务情境进行认真、全面、客观分析；

2.各项数据计算准确，预测结果科学、合理。

【任务实施】

1.本任务以个人形式完成，教师限定任务时间；

2.查阅书籍及相关资料回顾任务知识点；

3.任务完成后，教师抽选学生汇报预测结果；

4.教师对预测过程进行讲解。

【任务小评】

完成时间：_____分钟　知识点：□熟练掌握　□需要查阅资料　□需要向他人求教

任务收获：_____

◈◈ 任务四　马尔可夫分析预测

【任务目标】

通过本任务训练，能够熟练运用马尔可夫分析法，分析企业人力资源流动的规律，推测未来的人员流动趋势，从而进行人力资源供给预测。

【任务引入】

天洋会计师事务所已成立五年，在大家的努力下，经营逐渐趋于稳定，并逐渐扩大规模。该事务所业务日趋繁忙，于是决定进行人力资源供给预测，以确保人员满足业务需要。根据资料显示，该事务所员工职位现有四层，分别为合伙人、经理、高级会计师和会计员。各职位人员见表1-4。

表1-4　　　　　　　　　　　**2020年天洋会计师事务所各职位人员数**

职位	代号	人数
合伙人	P	40
经理	M	80
高级会计师	S	120
会计员	A	160

在过去五年中，员工调动的概率见表1-5，其中包括各职位人员升迁和离职的概率。在升迁部分，各职位除首席合伙人之外，只要表现好，皆有升迁的机会，特别优秀的高级会计师还有机会直接升为合伙人；在离职部分，由于人才竞争激烈，每年各职位皆有人员离职的情况。

表 1-5　　　　　　　　　　天洋会计师事务所过去五年员工调动的概率

职位\年度	合伙人	经理		高级会计师			会计师	
	离职	升为合伙人	离职	升为合伙人	升为经理	离职	升为高级会计师	离职
2016	0.20	0.08	0.13	0.08	0.07	0.11	0.19	0.11
2017	0.23	0.07	0.27	0.02	0.05	0.12	0.15	0.29
2018	0.17	0.13	0.20	0.04	0.08	0.10	0.11	0.20
2019	0.21	0.12	0.21	0.05	0.03	0.09	0.17	0.19
2020	0.19	0.10	0.19	0.06	0.02	0.08	0.13	0.21

【任务内容】

假设你是天洋会计师事务所人力资源管理人员，请采用马尔可夫分析法进行内部人力资源供给预测。

【任务要求】

1. 对任务情境进行认真、全面分析；
2. 合理运用马尔可夫分析法进行预测；
3. 人力资源供给预测过程详细、完整、准确。

【任务实施】

1. 本任务以个人形式完成，教师限定任务时间；
2. 查阅书籍及相关资料进行任务知识点回顾；
3. 任务完成后，教师抽选学生汇报任务完成过程与结果；
4. 教师最后进行点评、总结。

【任务小评】

完成时间：＿＿＿＿＿分钟　　知识点：□熟练掌握　□需要查阅资料　□需要向他人求教

任务收获：＿＿＿＿＿＿＿＿＿＿＿＿＿＿＿＿＿＿＿＿＿＿＿＿＿＿＿＿＿＿＿＿

◆◆ 任务五　人力资源供求预测

【任务目标】

通过本任务训练，熟练掌握人力资源供给和需求预测的方法与技术，能够根据企业实际情况，对企业未来的人力资源需求与供给进行预测，并使供给与需求达到平衡。

【任务引入】

飞邮公司成立于2015年4月，目前业务运营稳定。该公司设有市场部、技术部、呼叫中心等主要部门，这些部门有管理、技术、服务等三个职系共九种职务，分别为：

A. 管理类：由低到高包括业务助理（G1）、业务主管（G2）、市场经理（G3）；

B. 技术类：由低到高包括网络管理员（J1）、网络工程师（J2）、高级网络工程师（J3）；

C. 服务类：由低到高包括客户代表（F1）、客户主任（F2）、客户经理（F3）。

2021年5月，飞邮公司高层领导召开会议，就本年度该公司人员的总体供求平衡和相应的人员补充计划进行讨论。通过各项数据分析得出的相关人力资源信息如图1-1、表1-6、表1-7所示。

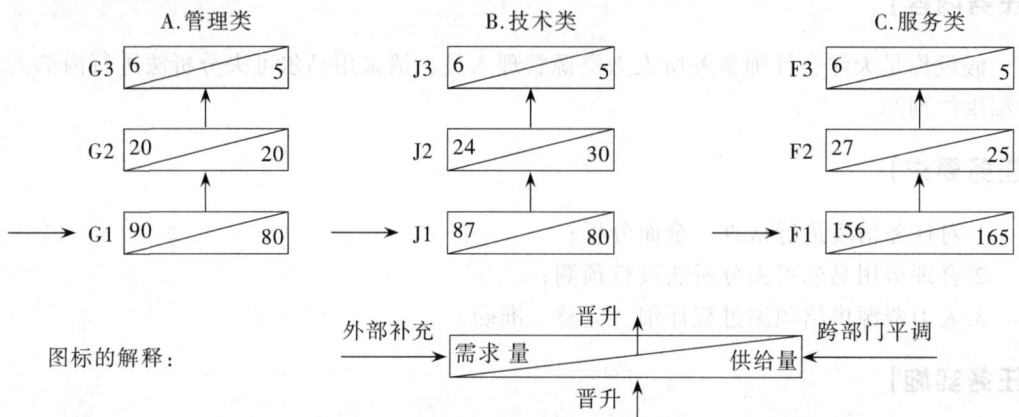

图1-1 2020年年末至2021年年初主要业务部门人力资源供求预测平衡图

表1-6   飞邮公司各类各级人员流失率与预测递增率

人员类别	各级人员流失率	预计各级职务年递增率
管理类	G1：10%，G2：20%，G3：20%	1%
技术类	J1：5%，J2：10%，J3：25%	1%
服务类	F1：10%，F2：20%，F3：30%	3%

表1-7   飞邮公司2021年主要业务部门人员损耗预测表

人员损耗＼人员类型	管理类	技术类	服务类
调出人数	4	3	5
解雇人数	2	3	6
辞职人数	4	2	8
退休人数	2	4	8

【任务内容】

1.根据图1-1，采用替换模型计算2021年该公司相关人员补充数量。假设你是该公司人力资源部工作人员，请计算该公司A、B、C各类人员2021年补充数量，详细写出计算步骤和结果（所有计算结果均采用四舍五入法取整）。

2.假定2021年飞邮公司人员需求年内无增减，请参考"任务内容1"的计算结果和人员预计损耗情况，制作一张完整的2021年该公司主要部门人力资源供求预测平衡表，以求得当年主要部门人员净需求数。

【任务要求】

1.对任务情境进行认真分析；
2.合理运用人力资源供给和需求预测方法；
3.供给和需求预测过程分析全面、具体；
4.各项数据计算准确，预测过程详细、完整。

【任务实施】

1.本任务以个人形式完成，教师限定任务时间；
2.查阅教材及相关资料回顾任务知识点；
3.任务完成后，教师抽选学生汇报供给和需求预测结果；
4.教师对任务知识点进行随机提问；
5.教师最后对任务预测过程进行讲解。

【任务小评】

完成时间：_____分钟　知识点：□熟练掌握　□需要查阅资料　□需要向他人求教

任务收获：_____

项目三　材料解析训练

一、项目目的

通过材料解析训练，列出不同企业人力资源规划工作情境，让学生运用所学知识与技能进行讨论与思考，解决任务情境中出现的问题，提高学生对企业人力资源规划工作进行具体分析与应用的能力。

二、项目导图

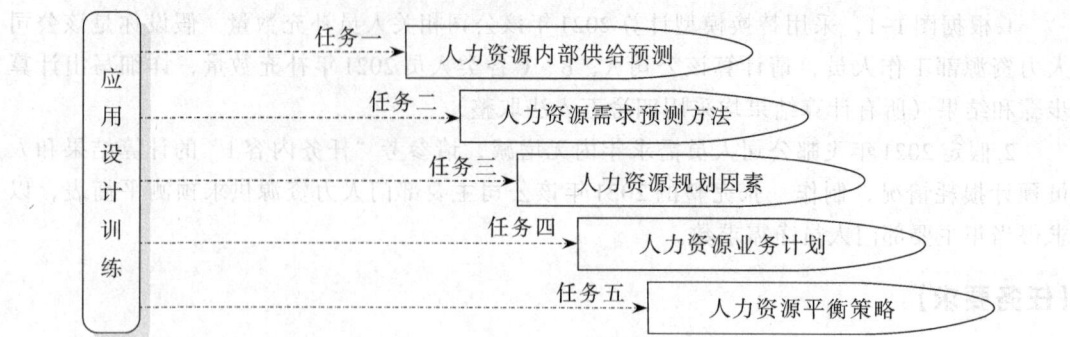

应用设计训练

- 任务一 → 人力资源内部供给预测
- 任务二 → 人力资源需求预测方法
- 任务三 → 人力资源规划因素
- 任务四 → 人力资源业务计划
- 任务五 → 人力资源平衡策略

三、项目训练

◆ 任务一 人力资源内部供给预测

【任务目标】

通过本任务训练，掌握人力资源内部供给预测的基本方法，能够提出解决企业人力资源供给不足问题的思路与措施。

【任务引入】

驰达公司是一家实力雄厚的汽车制造企业，根据未来五年总体发展规划，将达到年产200万辆汽车的生产规模。该公司人力资源部正在讨论未来五年企业人力资源总体规划，负责起草该规划的是人力资源部副经理张琪，她对起草小组成员李欣说，在进行企业人力资源外部供给预测之前，先进行一次全面、深入的调查，多采集一些数据资料，为人力资源内部供给预测做准备。

【任务内容】

1.驰达公司在进行人力资源内部供给预测时，可以采取哪些方法？

2.当预测企业人力资源在未来几年内可能发生短缺时，可以采取哪些措施解决人力资源供不应求的问题？

【任务要求】

1.任务的完成须结合该公司实际情况，体现针对性；

2.对该公司人力资源内部供给进行预测的方法具体、可行；

3.拟定的解决人力资源供给短缺问题的措施得当、适宜。

【任务实施】

1.本任务以小组形式完成，教师限定任务时间；

2.查阅教材及相关资料回顾任务知识点；

3.任务完成后，每个小组进行展示汇报；

4.其他小组进行提问或点评；

5.教师最后进行点评、总结。

【任务小评】

完成时间：_____分钟　　知识点：□熟练掌握　　□需要查阅资料　　□需要向他人求教

任务收获：_____

▶▶ 任务二　人力资源需求预测方法

【任务目标】

通过本任务训练，了解人力资源需求预测应考虑的因素，熟练掌握人力资源需求预测的方法，具备分析人力资源规划问题的能力。

【任务引入】

青兴化工公司是一家中型化工生产企业，现有生产与维修工人825人、行政职员143人、基层与中层管理干部79人、工程技术人员38人、销售人员23人。随着生产规模的不断扩大，该公司对员工的需求也逐渐增加。按照未来五年的扩产计划，该公司需编制新的人力资源规划。

该公司人力资源部经理齐海决定将人力资源规划的编制工作交由人力资源部小张完成。小张认为，要编制好这份规划，关键是要对该公司未来五年的人力资源需求做出预测。经过10天的努力，小张完成了这份规划。这份规划详细地列出了未来五年该公司各类人员的需求变化：行政职员和销售人员要增加10%，工程技术人员要增加5%，基层和中层管理干部不增不减，生产与维修工人要增加5%。此外，小张还用定性和定量分析方法对这些数据进行了论证。小张以为齐经理会对他的这份规划大加赞赏，但令他不解的是，齐经理只是粗略地翻阅了一下这份规划，就退回并要求他重做。

【任务内容】

1.在预测该公司未来人力资源需求时，小张可以采用哪些方法？

2.在进行人力资源需求分析时，小张需要考虑哪些因素？

3.请指出小张提交的这份人力资源规划存在哪些问题。

【任务要求】

1.人力资源需求预测的方法具体、可行；

2.人力资源需求预测考虑的因素全面、具体；

3.对人力资源规划问题的分析深入、符合该公司实际。

【任务实施】

1.本任务以小组形式完成，教师限定任务时间；

2.通过教材或网络查阅资料；

3.任务完成后，每个小组进行展示汇报；

4.其他小组进行提问或点评；

5.教师最后进行讲解、点评与总结。

【任务小评】

完成时间：_____分钟　　知识点：□熟练掌握　　□需要查阅资料　　□需要向他人求教

任务收获：_____

◇◇ 任务三　人力资源规划因素

【任务目标】

通过本任务训练，熟悉人力资源规划供给和需求预测的因素，掌握人力资源规划的知识与技术，具备分析和解决问题的能力。

【任务引入】

张勇是一位人力资源顾问，有一天，一家大型造纸公司的总经理给他打电话。他们的对话如下：

总经理：我在这个职位上快满一个月了，而我要做的事情似乎只是与人们面谈和听取人事问题汇报。

张　勇：你为什么总要与人面谈？你们公司没有人力资源部吗？

总经理：当然有。然而，人力资源部只招聘高层管理人员。我一接管公司，就发现两个副总经理要退休，而我们还没有可以代替他们的人。

张　勇：你们招聘什么人了吗？

总经理：招聘了一个，而这就是问题的一部分。我们从外部招聘了一个人。但我一宣布这个决定，就有一个部门经理来辞职。她说她想得到副总经理的位置已经有8年了。她因为我们从外面聘人而生气。我怎么知道她想得到这个位置呢？

张　勇：对另一个副总经理的位置，你们做了什么？

总经理：什么也没做，因为我怕又有其他人因为没能得到那个位置而辞职，但这只是问题的一半。我刚发现，在最年轻的专业人员——工程师和会计师中，过去三年有80%的流动率。他们是我们公司最容易得到提升的人。如你所知，我就是一个机械工程师。

张　勇：有人问过他们离开的原因吗？

总经理：问过，他们都给出了基本相同的回答。他们说感觉在这里没有前途。也许我应该把他们所有人召集到一起，并解释我将怎样使我们公司取得进步。

张　勇：你考虑过实施人力资源规划系统吗？

总经理：人力资源规划？那是什么？

【任务内容】

1.假设你是张勇，你会如何回答总经理的问题？

2.在这家公司中建立人力资源规划系统需要考虑什么因素？

3.该公司人力资源管理部门存在哪些问题？

【任务要求】

1.回答问题思路清晰、内容正确；

2.人力资源规划因素分析全面、具体；

3.对人力资源管理部门存在的问题分析深入、细致。

【任务实施】

1.本任务以个人形式完成，教师限定任务时间；

2.通过教材、网络或其他方式查阅、回顾任务知识点；

3.任务完成后，教师抽选学生进行汇报；

4.其他同学进行提问或点评；

5.教师最后进行点评、总结。

【任务小评】

完成时间：_____分钟　知识点：□熟练掌握　□需要查阅资料　□需要向他人求教

任务收获：_____

➡ 任务四　人力资源业务计划

【任务目标】

通过本任务训练，熟练掌握人力资源业务计划的内涵与内容，理解各业务计划间的相互关系。

【任务引入】

泉品机械制造集团公司下设5个分公司、8个加工厂，以及研究所、试验基地等20个附属单位，现有员工800多人。随着技术水平的显著提高，其生产规模不断扩大，该公司人力资源需求总量和结构都发生了根本性转变。近期，该公司在人力资源管理方面相继出现了一些棘手问题，有3个加工厂因缺少一线生产人员影响了订单完成期限，有2个分公司因销售人员辞职而影响了市场开拓，研究所反映依靠现有科研人员无法完成集团公司交办的科研项目，总部的各职能部门也出现了频繁加班的情况。该公司领导认为，上述问题的出现主要是因为人力资源管理缺乏计划性，应该编制各类人员计划，用以指导人员招聘、配置、培训等工作。

【任务内容】

1.为满足该公司人力资源管理需要，应当编制哪些人员计划？
2.各类人员计划之间存在何种关系？

【任务要求】

1.人力资源业务计划编制类目全面，符合该公司发展状况；
2.所编制的人员计划可以满足该公司业务发展的要求；
3.对各类人员计划之间的关系分析清晰、准确。

【任务实施】

1.本任务以个人形式完成，教师限定任务时间；
2.查阅教材及相关资料回顾任务知识点；
3.任务完成后，教师抽选学生汇报结果；
4.教师对任务知识点进行随机提问；
5.教师最后进行点评与总结。

【任务小评】

完成时间：_____分钟　　知识点：□熟练掌握　　□需要查阅资料　　□需要向他人求教
任务收获：_____

◈ 任务五　人力资源平衡策略

【任务目标】

通过本任务训练，掌握人力资源规划的步骤，具备制定解决人力资源供给和需求不平衡的政策和措施的能力，以实现企业各种供求关系的平衡。

【任务引入】

宇星信息技术公司在2017年提出了要在三到五年时间内快速做大做强的战略构想。因此，该公司大规模招聘人才，员工总数由2017年的2 500人急速扩大为目前的4 500人。但是近几年该公司的发展并不理想，市场空间逐步缩小，产业规模受到限制，人员冗余情况比较严重。一方面，一线生产人员和市场营销人员超员严重；另一方面，经营管理人才和高级技工严重不足。尽管从去年开始，该公司发展情况好转，前景渐好，但是如何做好本企业的人力资源战略规划，领导和人力资源部都感到比较困惑。

【任务内容】

1.解决人员冗余的主要途径有哪些？

2.简要说明制定人力资源规划的主要步骤。

3.该公司在解决人力资源总量过剩的同时应如何做好结构调整工作？

【任务要求】

1.结合任务情境进行认真、全面分析；

2.所列出的解决人员冗余途径科学、合理；

3.制定人力资源规划的步骤正确，具有可操作性。

【任务实施】

1.本任务以小组形式完成，教师限定任务时间；

2.查阅教材及相关资料回顾任务知识点；

3.任务完成后，各小组派代表汇报结果；

4.教师对任务知识点进行随机提问；

5.教师最后进行点评与总结。

【任务小评】

完成时间：_____分钟　知识点：□熟练掌握　□需要查阅资料　□需要向他人求教

任务收获：_____

项目四　文件处理训练

一、项目目的

通过文件处理训练，给学生提供企业工作情境，让学生扮演企业人力资源管理部门经理，结合模拟企业情况，对相关部门提交的有关人力资源规划的文件进行批阅、处理，使学生感知并体验未来角色，提高学生对人力资源规划工作的理解与处理能力。

二、项目导图

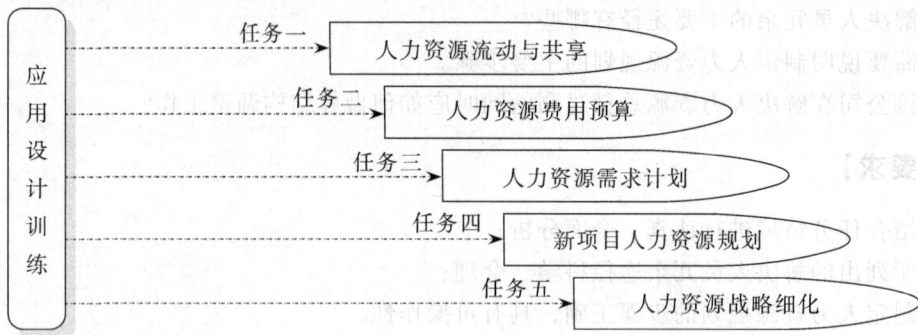

应用设计训练
- 任务一 —→ 人力资源流动与共享
- 任务二 —→ 人力资源费用预算
- 任务三 —→ 人力资源需求计划
- 任务四 —→ 新项目人力资源规划
- 任务五 —→ 人力资源战略细化

三、项目训练

◇◇ 任务一　人力资源流动与共享

【任务目标】

通过本任务训练，感知未来人力资源规划工作角色，掌握人力资源规划的知识和技能，能够解决人力资源规划工作中的问题，制定供需平衡的具体方案。

【任务引入】

建星集团是一家制造业企业，拥有员工近万人。该集团下属三个子公司，分别涉及家电、通信、房地产业务领域。该集团生产经营稳定，发展前景良好。近期，建星集团开展了战略发展规划工作，你是该集团人力资源总监吕强，收到战略规划部总监刘奇的语音留言，有事需要你处理。

类　　别：语音留言
留言人：刘奇，战略规划部总监
接收人：吕强，人力资源总监
日　　期：5月20日
吕强： 　　我是刘奇，这几天我们部门正在做未来五年的战略发展规划，总经理在安排工作时明确指出，希望我们考虑集团内资源共享的问题。上周我们就集团内人力资源流动和共享的相关问题向总经理汇报时，他提出可以考虑在集团各子公司以及集团总部之间实现中层以上管理者的流动。总经理让我就此事与您商议，并共同完成战略规划中的这部分工作。希望您方便时回复我。 　　　　　　　　　　　　　　　　　　　　　　　　　　　　　　刘奇

【任务内容】

请给出这份文件的处理思路，并准确、详细地写出将要采取的措施及意图。

【任务要求】

1. 模拟任务情境中人力资源总监的身份完成本任务；
2. 拟采取的措施及意图用文字的形式表述；
3. 对文件的批阅、处理符合角色的身份与文件处理口吻；
4. 解决任务情境中问题时考虑全面、措施合理。

【任务实施】

1. 本任务以小组形式完成，教师限定任务时间；
2. 任务完成后，每个小组选派学生进行展示汇报；
3. 其他小组进行分析与评价；
4. 教师最后进行点评、总结。

【任务小评】

完成时间：_____分钟　　知识点：□熟练掌握　　□需要查阅资料　　□需要向他人求教

任务收获：_____

◈◈ 任务二　人力资源费用预算

【任务目标】

通过本任务训练，充分认识人力资源费用预算的重要性，掌握人力资源费用预算的编制步骤，以及费用预算实施的保障措施。

【任务引入】

郑晓梅是S集团公司财务总监，她在年终财务审核中发现一些问题。你是S集团公司人力资源总监张子峰，你刚刚开完会回到办公室，看到郑晓梅给你发了一封电子邮件。

类　　别：电子邮件

发件人：郑晓梅，财务总监

收件人：张子峰，人力资源总监

日　　期：5月20日

张总：

去年我们在做年终财务审核的时候，发现各子公司的人力成本都超过了预算。我分析了一下，超支的来源包括计划外的薪酬增长、离职补偿金、额外的培训费用等。去年审计的时候，我们不得不逐项向各位老总去核实，重新审批。为了避免今年出现同样的

问题，我希望人力资源部在人力资源规划和成本预算上能够做得更加精确，如果有可能，我希望我们两个部门能就这个问题多讨论几次。请您有空的时候回复我。

郑晓梅

【任务内容】

请给出这份文件的处理思路，并准确、详细地写出将要采取的措施及意图。

【任务要求】

1.模拟任务情境中人力资源总监的身份完成本任务；
2.任务处理具有科学性、可行性和可控性；
3.任务处理考虑周全，措施合理；
4.符合公文语言表达要求、形式适当。

【任务实施】

1.本任务以个人形式完成，教师限定任务时间；
2.任务完成后，教师抽选学生进行汇报；
3.其他同学进行提问与评价；
4.教师最后进行讲解、点评与总结。

【任务小评】

完成时间：_____分钟　知识点：□熟练掌握　□需要查阅资料　□需要向他人求教

任务收获：_____

◈ 任务三　人力资源需求计划

【任务目标】

通过本任务训练，感知未来人力资源管理工作角色，了解外部人力资源供给情况，能根据人力资源需求计划提出具体的应对措施。

【任务引入】

雷风集团是一家汽车生产企业，拥有三个整车基地、四大系列11个品牌整车产品，覆盖了高中低端汽车市场。该公司销售业绩连续三年下降，唯有经济型产品一直盈利，市场份额稳定。为此，该集团决定逐步缩减中高端产品的开发与生产，集中力量进行经济型轿车的研发与推广。这一发展策略将影响该公司各个方面，人力资源管理方面的变革也不可避免。你是雷风集团人力资源总监林佳琦，现在有一份文件需要你来处理。

类　别：便函
发件人：韩峰，发动机研发中心经理
接收人：林佳琦，人力资源总监
日　期：11月20日

林总：

我已经将我们中心明年的人员需求计划递交人力资源部。近两年来，我们集团中高级轿车的市场情况一直不理想，我们认为这和设计能力不足有很大关系，想聘请一些业界顶尖的设计人员。我们和一些国外公司的设计人员进行了初步接触，已经有人表示出加盟的意愿。希望您能认可我们的需求计划，并着手此项招聘事宜。

韩峰

【任务内容】

请给出这份文件的处理思路，并准确、详细地写出将要采取的措施及意图。

【任务要求】

1.模拟任务情境中人力资源总监的身份完成本任务；

2.任务处理符合该集团实际情况，具有可行性；

3.任务处理考虑全面，措施合理；

4.符合公文语言表达要求、形式适当。

【任务实施】

1.本任务以个人形式完成，教师限定任务时间；

2.任务完成后，学生自荐进行汇报；

3.其他同学进行评价；

4.教师最后进行讲解、点评与总结。

【任务小评】

完成时间：_____分钟　知识点：□熟练掌握　□需要查阅资料　□需要向他人求教

任务收获：_____

◈◈ 任务四　新项目人力资源规划

【任务目标】

通过本任务训练，模拟人力资源管理工作角色，熟悉人力资源规划工作，提高分析与解决企业人力资源规划问题的能力。

东福公司是一个连锁超市集团，目前有54家大型超市、125家便利店。该公司的超市和便利店以物美价廉著称，在顾客中口碑一直很好。近期，该公司打算建一家大型无人售货超市，这是东福公司今年的重点工作之一。你是东福公司人力资源总监曹一凡，刚回到办公室就收到一条语音留言，需要你来处理。

类　别：语音留言
留言人：陆志林，"无人售货超市项目"主任
接收人：曹一凡，人力资源总监
日　期：5月16日
曹总：

下周二要召开"无人售货超市项目"中期研讨会，我们想邀请人力资源、财务、物流管理、信息等部门参加，公司部分领导和技术专家也将到会，希望得到您的支持。虽然这是"无人售货超市项目"，但实际上这个门店依然有很多岗位，包括保安、理货等。刚开始运营时，可能还需要一些人工收银台帮助顾客逐渐接受这种模式。该项目在客户服务方面也比传统门店的要求高，还有一些其他门店没有的新职位，如信息咨询员等，也有人员方面的需求。我希望人力资源部能根据这个新门店的特点拿出一份人力资源规划草案来参与下周二的讨论。

陆志林

【任务内容】

请给出这份文件的处理思路，并准确、详细地写出将要采取的措施及意图。

【任务要求】

1.模拟任务情境中人力资源总监的身份完成本任务；

2.任务处理符合该公司实际情况；

3.任务处理考虑周全，措施有力，具有指导性和可行性；

4.符合公文语言表达要求、形式适当。

【任务实施】

1.本任务以个人形式完成，教师限定任务时间；

2.任务完成后，教师抽选学生进行汇报；

3.其他同学进行提问与评价；

4.教师最后进行点评、总结。

【任务小评】

完成时间：_____分钟　知识点：□熟练掌握　□需要查阅资料　□需要向他人求教

任务收获：_____

任务五　人力资源战略细化

【任务目标】

通过本任务训练，掌握人力资源战略细化的知识与技能，结合企业实际情况，具有开展人力资源战略细化工作的能力。

【任务引入】

高思公司成立于2014年，主要向用户提供数据处理服务，客户主要为金融机构、电信企业或提供公共服务的大型企业。该公司现有员工900人，其中近500人是技术人员。近年来，该公司业绩不断下滑，领导认为创新能力不足是该公司竞争力下降的原因，组织变革势在必行。为此，该公司聘请了新的总经理，作为公司战略变革的主要推行者。你是高思公司人力资源总监邓子津，现收到一份语音留言需要处理。

类　　别：语音留言
留言人：孙思宇，战略发展部总监
接收人：邓子津，人力资源总监
日　　期：11月20日
邓总：
　　公司未来三年战略发展目标已通过董事会审批，现在需要将战略细化，人力资源管理子战略的细化工作由您负责。我已通知各部门经理，下周三召开战略细化会议。人力资源管理子战略的具体安排及细化时应注意的要点，请您参加会议时发言。

孙思宇

【任务内容】

请给出这份文件的处理思路，并准确、详细地写出将要采取的措施及意图。

【任务要求】

1.模拟任务情境中人力资源总监的身份完成本任务；
2.任务处理步骤准确、详细；
3.任务处理考虑周全，措施合理；
4.符合公文语言表达要求、形式适当。

【任务实施】

1.本任务以个人形式完成，教师限定任务时间；
2.任务完成后，学生自荐进行汇报；
3.其他同学进行提问与评价；
4.教师最后进行点评、总结。

项目五　管理诊断训练

一、项目目的

通过管理诊断训练，使学生掌握人力资源规划的知识与技能，能有效开展企业人力资源规划工作，发现工作中存在的问题，采取科学、合理的措施解决问题，从而快速提升自身的管理能力。

二、项目导图

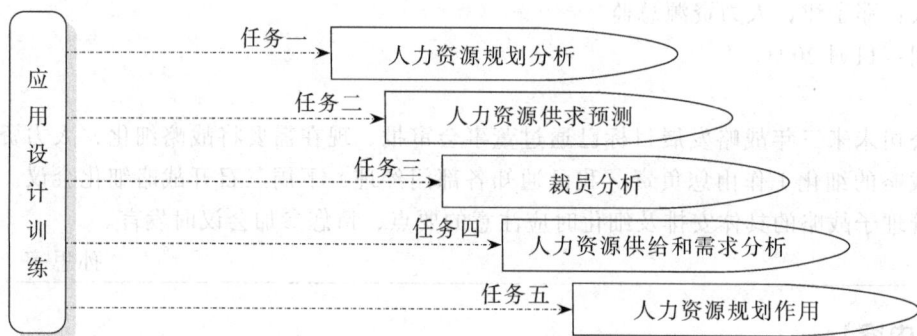

应用设计训练
- 任务一　人力资源规划分析
- 任务二　人力资源供求预测
- 任务三　裁员分析
- 任务四　人力资源供给和需求分析
- 任务五　人力资源规划作用

三、项目训练

◆ 任务一　人力资源规划分析

【任务目标】

通过本任务训练，提升对企业人力资源规划管理工作的诊断能力，掌握人力资源规划的内容，理解各项人力资源业务计划之间的关系，能够提出有效措施。

【任务引入】

小宋毕业于国内某名牌大学机电工程系，是液压机械专业的工学硕士。毕业以后，小宋到北京某研究院工作，其间因业绩突出而被破格聘为高工。后来，小宋和另外几个志同道合者创办了一家新公司，主要生产液压配件。新公司的资金主要来自几个个人股东，包括小宋本人、他在研究院时的副手老黄，以及他原来的下属小秦和小刘。他们几个人都在新公司任职，老黄在研究院的职务还没辞掉，小宋、小秦、小刘等则彻底割断了与研究院的联系。新公司还有其他几个外部股东，都不在新公司任职。

新公司的职务安排是：小宋任总经理，负责全面工作；小秦负责市场销售，小刘负责技术开发，老黄负责配件采购、生产调度等。近年来新公司业务发展良好，但也存在许多问题，小宋感到沉重的压力。

首先，市场竞争日趋激烈，在新公司的主要市场上，竞争可以用惨烈来形容。其次，老黄要等研究院分房子，所以未辞掉研究院的工作，尽管他对自己分管的事情抓得挺紧，但小宋仍认为他精力投入不够。再次，有两个外部股东向小宋建议，希望能帮助国外企业做一些国内市场代理和售后服务工作。这方面的工作回报率不低，小宋（也包括其他核心成员）颇为动心，但现在仍举棋不定。最后，由于新公司近两年发展迅速，股东们的收入有了较大幅度的增加，当初创业时的拼搏、奋斗精神正在消退。例如，小宋要求大家每天必须工作12小时，有人就表现出明显的抵触情绪，勉强应付或者根本不听。

新公司的业绩在增长，规模在扩大，小宋感到的压力也越来越大。他不仅感到做好工作很累，而且对目前新公司的人力资源状况有点不知所措。

【任务内容】

请对新公司的人力资源规划工作进行全面诊断。

【任务要求】

1.对任务情境进行认真、全面分析；

2.诊断客观、全面，具有针对性；

3.诊断符合该公司发展需要。

【任务实施】

1.本任务以个人形式完成，教师限定任务时间；

2.可查询相关资料；

3.任务完成后，教师抽选学生对诊断结果进行汇报；

4.其他同学进行提问或点评；

5.教师最后进行点评、总结。

【任务小评】

完成时间：_____分钟　知识点：□熟练掌握　□需要查阅资料　□需要向他人求教

任务收获：_____

◇ 任务二 人力资源供求预测

【任务目标】

通过本任务训练，提升对企业人力资源需求预测和供给预测的诊断能力，掌握人力资源供给和需求预测的方法与步骤，掌握使人力资源供求平衡的措施。

【任务引入】

泰立公司主要经营地毯等纺织品，主要有家具部、纺织品部和纤维部三个生产部门，其中纺织品部下辖六个分厂，分别生产服装、地毯以及其他工业用纺织品。目前，泰立公司员工有900多人，有管理人员140人，此外，还有产品开发与设计人员10人、营销人员20人。

泰立公司的总经理是于明，从该公司成立伊始，他就被董事会任命为总经理。于明从一开始就强调包括管理人员在内的所有员工的受教育程度和学历很重要。该公司制定了详细的规章制度，为管理人员和各部门员工的培训与学习提供了有利条件。在泰立公司，受教育和培训的经历是员工进行工作调整和升职的必要条件。泰立公司的这些举措收到了明显的效果。该公司的员工都热爱自己的工作，乐意通过提高自己的素质和技能来提高工作质量和效率。员工之间的人际关系十分融洽。

但最近几年，由于市场竞争加剧，产品质量下滑，再加上缺少创新，该公司的效益出现了大幅度下降。为此，于明向董事会提出了精简结构以及裁员的报告，获得了董事会的同意。但究竟应该保留多少员工呢？这是于明面临的一个难题。前几年由于该公司发展迅速，人力资源部的主要任务是不断为新增加的职位招聘员工，并且为该公司所有员工的薪酬福利等事务服务，人力资源规划的问题从来没有提到人力资源部经理的议事日程上。

董事会和管理层经过多次开会讨论，最终决定了裁员后的组织结构。两个主要的生产部门是：家具部，主要生产各类家庭及办公家具；纺织品部，有两个分部：一个分部生产地毯，另一个分部以来料加工方式制作各类服装。这样，该公司将保留一线员工625人，其中家具部400人，纺织品部的地毯分部125人、服装分部100人。此外，该公司将削减管理人员至88人，产品开发与设计人员增至32人，营销人员增至36人。于明深信，在具体执行裁员工作时，一定还有许多困难。

【任务内容】

请从人力资源规划的角度对泰立公司的管理进行全面评价和诊断。

【任务要求】

1.对任务情境进行认真、全面、深入分析；
2.对任务情境中人力资源规划的诊断客观、实际；
3.诊断结果应对该公司发展具有积极意义。

【任务实施】

1.本任务以个人形式完成，教师限定任务时间；

2.通过教材、网络等查询相关资料；

3.任务完成后，教师抽选学生对诊断结果进行汇报；

4.其他同学进行提问或点评；

5.教师最后进行点评、总结。

【任务小评】

完成时间：_____分钟　知识点：□熟练掌握　□需要查阅资料　□需要向他人求教

任务收获：_____

◇〉任务三　裁员分析

【任务目标】

通过本任务训练，提升对企业人力资源供需平衡的诊断能力，理解裁员工作的要点，提升应对突发问题的能力。

【任务引入】

顺达机械公司由于销售减少而费用没有降低，导致上半年发生了亏损。该公司总经理郭福在没有和任何人商量的情况下，决定在全公司范围内裁员，所有部门都裁减10%的员工。这招致了该公司核心盈利部门主管庞坚的强烈反对，他扬言，若要裁员就从他开始。庞坚负责的部门是该公司最赚钱的部门，解雇他会给该公司的经营带来负面影响。郭福陷入了困境当中。

【任务内容】

请对任务情境中总经理郭福的工作进行全面诊断。

【任务要求】

1.对任务情境进行认真、全面、客观分析；

2.对任务情境中的裁员工作进行客观、公正的管理诊断；

3.结合该公司实际情况，提出有效的措施。

【任务实施】

1.本任务以小组形式完成，教师限定任务时间；

2.小组成员相互讨论、查询相关资料；

3.任务完成后，各小组派代表对诊断结果进行汇报；

4.其他小组进行提问或点评；

5.教师最后进行点评、总结。

【任务小评】

完成时间：_____分钟　知识点：□熟练掌握　□需要查阅资料　□需要向他人求教

任务收获：_____

◆◆ 任务四　人力资源供给和需求分析

【任务目标】

通过本任务训练，提升对企业人力资源供需情况的诊断能力，掌握人力资源供需不平衡的解决方法，提升应对人力资源规划问题的能力。

【任务引入】

万铭公司是一家高新技术企业，按业务分类成立了3个针对不同产品的事业部，各事业部下设研发团队、销售团队和技术支持团队，各事业部的业务收入和成本都是独立核算的，但需要平摊后勤部门（行政部、人力资源部和财务部）所产生的成本。目前，万铭公司共有138人，其中3个事业部104人、后勤部门30人、高层领导4人。由于成立时间不到3年，客户资源还不稳定，承接的业务量波动较大。在工作任务繁重时，有些员工，尤其是研发和技术支持人员，会抱怨压力过大；各事业部经理也会抱怨合格人手太少，招聘来的人不能立即适应工作需要；但在工作任务相对较少的时期，经理们又会抱怨本部门的人力成本太高，导致利润率下降。

【任务内容】

请对万铭公司人员供需情况进行全面诊断。

【任务要求】

1.对任务情境进行全面、深入分析；

2.对万铭公司人员供需情况的诊断清楚、准确；

3.提出的解决措施有效，并符合该公司实际。

【任务实施】

1.本任务以个人形式完成，教师限定任务时间；

2.通过教材、网络等查询相关资料；

3.任务完成后，教师抽选学生对诊断结果进行汇报；

4.其他同学进行提问或点评；

5.教师最后进行点评、总结。

◆◆ 任务五　人力资源规划作用

【任务目标】

通过本任务训练，提升对企业人力资源规划执行情况的诊断能力，掌握人力资源规划的内容，理解人力资源规划的要点、人力资源规划预测的方法。

【任务引入】

青云公司是一家从事环境保护技术研究开发和利用的高新技术企业。为了规范管理，该公司在几年前建立了拨款管理项目部，主要职能是审查拨款申请、工程设计报告和改变的订单，以及废水处理设备的操作和维护检查。

拨款管理项目部的负责人是柳经理，有四个工程师、一个技术员和一个秘书。其中三个工程师进入该公司的时间较晚，高级工程师陈墨已有三年工作经验。

由于只有陈墨有拨款管理经验，因此，柳经理把他安排在项目最复杂的地区，其他三个工程师被安排在项目不太复杂的地区，让他们与陈墨密切合作，尽可能多积累经验。

今年初，柳经理认为这三个工程师已有了足够的经验来承担更复杂的任务，可以根据地域来划分业务范围了，每一个工程师分配了两到三个地区。当该部门经过努力实现了所有目标时，这种分工发挥了很重要的作用。然而，三个月以前，柳经理得到一份咨询工程公司的工作，他决定离开青云公司，他提前两个月通知了该公司最高管理层。

时间在流逝，最高管理层并没有为招聘新的部门负责人刊登广告。该部门的人员均在推测谁可能填补这个空缺，大多数人希望是陈墨，因为他最了解该部门的工作。柳经理在该部门工作的最后一个星期一，最高管理层决定任命一个临时部门负责人，直到招聘到新的负责人为止。临时部门负责人是刘启峰，原来是青云公司另一个部门的工程师。这使陈墨和该部门的其他人相当吃惊。刘启峰对该部门的工作没有经验，他以前的工作要求他对某些技术处理过程进行研究，以便能为青云公司的其他部门提供更多的技术效果方面的信息。

【任务内容】

请从人力资源规划的角度对任务情境进行全面诊断。

【任务要求】

1. 对任务情境进行全面、深入、细致分析；
2. 对该部门负责人的胜任与否评价客观、公正；
3. 管理诊断条理清楚、分析具体。

【任务实施】

1.本任务以个人形式完成，教师限定任务时间；

2.通过教材、网络等查询相关资料；

3.任务完成后，学生可自荐对诊断结果进行汇报；

4.其他同学进行提问或点评；

5.教师最后进行讲解、点评和总结。

【任务小评】

完成时间：_____分钟 知识点：□熟练掌握 □需要查阅资料 □需要向他人求教

任务收获：_____

项目六 能力拓展训练

一、项目目的

通过能力拓展训练，使学生在掌握人力资源规划知识与技能的基础上，通过综合、复杂的任务情境，进行人力资源规划工作的深度训练，进一步提高学生分析与解决问题的能力。

二、项目导图

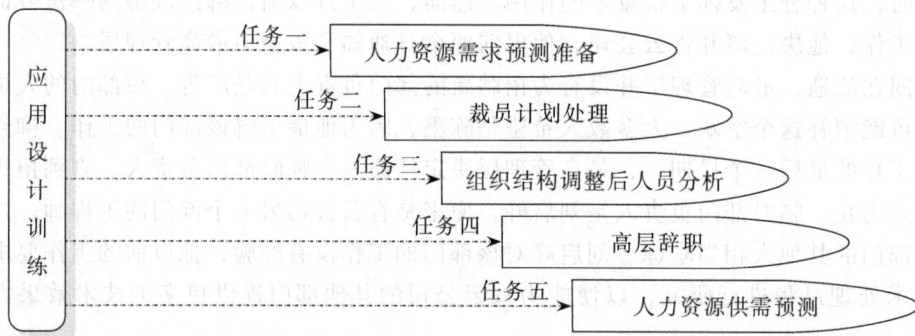

应用设计训练

任务一　人力资源需求预测准备

任务二　裁员计划处理

任务三　组织结构调整后人员分析

任务四　高层辞职

任务五　人力资源供需预测

三、项目训练

◇ 任务一　人力资源需求预测准备

【任务目标】

通过本任务训练，能够对人力资源需求预测进行全面分析，熟练掌握人力资源需求预测的程序，了解每个环节的具体工作，进一步提升专业知识应用能力。

【任务引入】

通达轨道交通装备公司现有员工1 300多人，该公司立足集团化、国际化和多元化，打造新的经营格局，不断深化人才强企战略，确立了未来10年人才发展的总目标，即"人才总量适度，结构科学合理，素质显著提升，管理体系完善"，以增强企业人才竞争的优势。最近，人力资源部门正在采集各种相关数据，拟在今年年底进行一次全面的人力资源供给与需求预测，为制定未来三年的人才发展总体规划提供依据。

【任务内容】

1.人力资源需求预测准备包括哪些工作程序？
2.为了采集到真实、完整和连续的数据，应当设计哪几类调查表？请进行具体设计。

【任务要求】

1.人力资源需求预测准备工作程序设计合理，具有可实施性；
2.调查表设计应满足人力资源需求预测要求。

【任务实施】

1.本任务以小组形式完成，教师限定任务时间；
2.小组成员进行讨论、分析及查阅资料；
3.任务完成后，每个小组派代表进行汇报；
4.其他小组进行提问或点评；
5.教师最后进行点评、总结。

【任务小评】

完成时间：_____分钟　知识点：□熟练掌握　□需要查阅资料　□需要向他人求教
任务收获：_____

◆◆ 任务二　裁员计划处理

【任务目标】

通过本任务训练，熟练掌握人力资源供求不平衡的应对措施，掌握裁员的处理方法以及消除后续影响的方法，有效提升处理人力资源供求不平衡矛盾的能力。

【任务引入】

罗浩是昌盛食品公司的总经理。该公司上半年出现亏损，年底又要偿还一大笔银行贷款。在实行了两个月的节约计划失败后，罗浩向各部门经理和各厂长发出了紧急通知书，要求各部门、各工厂严格控制经费支出，裁减10%的员工，裁员名单在一周内交总经理。

此外，他还要求全公司下半年一律不招新员工，现有员工暂停加薪。

该公司饼干厂的厂长韩玉看到通知书后，急忙找到总经理询问："这份通知书不适用于我们厂吧？"总经理回答："你们厂也适用。如果我把你们厂排除在外，那么别的单位也想作为特殊情况处理，就像前两个月发生的情况一样，我们公司的计划如何实现？我这次要采取强制性行动，以确保缩减开支计划的成功。" 韩玉辩解道："可是我们厂完成的销售额超过了预期的5%，利润也达标了。我们厂的合同订货量很大，需要增加销售人员和扩大生产能力，只有这样才能进一步为公司增加收入。为了公司的利益，我们厂应免于裁员。哪个单位亏损就让哪个单位裁员，这才公平。"

罗浩说："我知道你们厂过去的成绩不错，但是你要知道，每一个厂长或部门经理都会对我讲同样的话，作同样的保证。现在，每个单位必须为公司的目标贡献一份力量，不管有多大的痛苦！况且，虽然饼干厂效益较好，但你要认识到，这是和公司其他单位提供资源与密切协作分不开的。"

"无论你怎么讲，你的裁员计划都会毁了饼干厂。我不想解雇任何人。你要裁员就从我开始吧！"韩玉说完，气冲冲地走了。罗浩有点为难，他不想让韩玉因此而离开公司，但又要推动公司裁员计划的落实，于是他找来人力资源部主管商量解决此问题。

【任务内容】

1.假设你是该公司人力资源部主管，你对罗浩与韩玉的冲突过程有清楚的了解，在这样的情况下，你将如何处理此裁员计划？

2.如果罗浩坚持裁员，该公司可能面临什么问题？你站在人力资源部门主管的立场，将如何处理？

【任务要求】

1.对裁员计划的处理尽可能减轻伤害；

2.裁员后面临的问题分析全面、深入；

3.裁员后的处理方案合理，具有可实施性。

【任务实施】

1.本任务以小组形式完成，教师限定任务时间；

2.小组成员进行讨论、分析；

3.任务完成后，每个小组派代表进行汇报；

4.其他小组进行提问或点评；

5.教师最后进行点评、总结。

【任务小评】

完成时间：_____分钟　知识点：□熟练掌握　□需要查阅资料　□需要向他人求教

任务收获：_____

❯❯ 任务三　组织结构调整后人员分析

【任务目标】

通过本任务训练，进一步拓展进行人力资源规划的能力，掌握组织结构的内容，能够结合实际情况对人力资源的变化进行预测，掌握录用决策分析方法。

【任务引入】

绿源集团公司主营房地产业务，现决定对总部职能管理部门进行调整和优化，总目标是建立一个以资本运营为核心纽带，主业突出、治理良好、管理高效、集权与分权适度的大型控股集团公司。具体调整方案为：集团公司办公室、人力资源部、法律审计部保持不变；原计划账务部拆分为计划部和资本运营部；原市场部、公共关系部、宣传部、社会职能部合并为市场外联中心；原行政部、档案部、后勤部合并为行政事务中心；增设信息中心，主要负责集团公司办公自动化和设备管理；业务管理中心内部增设地产业务子中心、商业业务子中心和金融业务子中心，主要负责研究不同业务板块的发展战略、中长期规划和年度计划，参考各子公司的市场拓展和运营监控管理，子中心由业务管理中心进行总体协调管理。

【任务内容】

1.对绿源集团公司总部组织结构调整方案进行分析、评价。

2.本次调整会导致哪些人员的变动？

3.本次调整之后，在补充各类岗位空缺、录用所需人员时，可采用哪些量化分析决策方法？

【任务要求】

1.对集团公司总部组织结构的分析、评价客观、准确；

2.组织结构调整后人员流动变化分析全面、具体；

3.录用决策方法切合实际，具有针对性。

【任务实施】

1.本任务以小组形式完成，教师限定任务时间；

2.小组成员通过多种方式查阅资料；

3.任务完成后，每个小组进行汇报；

4.其他小组进行提问或点评；

5.教师最后进行点评、总结。

【任务小评】

完成时间：_____分钟　知识点：□熟练掌握　□需要查阅资料　□需要向他人求教

任务收获：_____

❖ 任务四　高层辞职

【任务目标】

通过本任务训练，掌握人力资源规划的影响因素、人力资源需求预测技术，理解人力资源规划与招聘工作的关系，提升人力资源规划综合分析能力。

【任务引入】

近期，大圆快递公司宣布两位高级副总裁辞职：一位是负责顾客服务的韩洋，另一位是负责整合营销传播的刘军。他们的辞职决定是突然和自愿的。

该公司任命李梓涵接替韩洋。李梓涵是负责销售和客户服务的前资深副总裁。没有人代替刘军，也没有人填补因李梓涵晋升而留下的空缺职位。

这两位高级副总裁的辞职发生在大圆快递公司财务报告亏损和盈利下降时期。人们说韩洋已经改进了财务运作，尽管尚未盈利。在这两位高级副总裁辞职后，大圆快递公司的股票价格迅速下跌。一个经纪公司把该公司的股票从它的推荐名单上划掉了，另一个经纪公司则把对该公司的评价从"买进"变成"有适度吸引力"，这些都是市场对这两位高级副总裁辞职的反应。某经纪公司的一位分析员承认，她担心大圆快递公司继续失去管理人才，她认为这种流动不是一个好征兆。

【任务内容】

1.你认为这两位高级副总裁为什么辞职？
2.该公司该如何进行人力资源规划，以避免类似情况的发生？
3.两位高级副总裁辞职将怎样影响该公司的短期和长期总体战略规划？

【任务要求】

1.对任务情境的分析全面、具体；
2.提出的建议符合该公司实际情况；
3.拟采取的措施科学合理、具有可行性。

【任务实施】

1.本任务以小组形式完成，教师限定任务时间；
2.任务完成后，每个小组进行汇报；
3.其他小组进行提问或点评；
4.教师最后进行点评、总结。

【任务小评】

完成时间：_____分钟　知识点：□熟练掌握　□需要查阅资料　□需要向他人求教
任务收获：_____

❖❖ 任务五　人力资源供需预测

【任务目标】

通过本任务训练，掌握人力资源规划的方法，理解人力资源规划的过程，掌握人力资源规划中预算管理的要点，进一步提升人力资源规划能力。

【任务引入】

年末，雷立公司对近两年管理岗位人员的接替情况进行了分析，发现今年各级管理人员的补充是通过外部招聘的方式完成的。雷立公司高层在总结今年人力资源管理工作经验的基础上，做出了以下决策：首先，明年除一般管理人员可以通过外部各种招聘渠道补充之外，其他各层次管理人员一律由公司内部选拔；其次，各层次管理人员补充需要量严格按照公司制定的定员标准执行，不得突破额定人数；最后，要妥善安排好晋升受阻的后备人才。雷立公司近两年管理岗位人员接替情况分别如图1-2、表1-8所示。

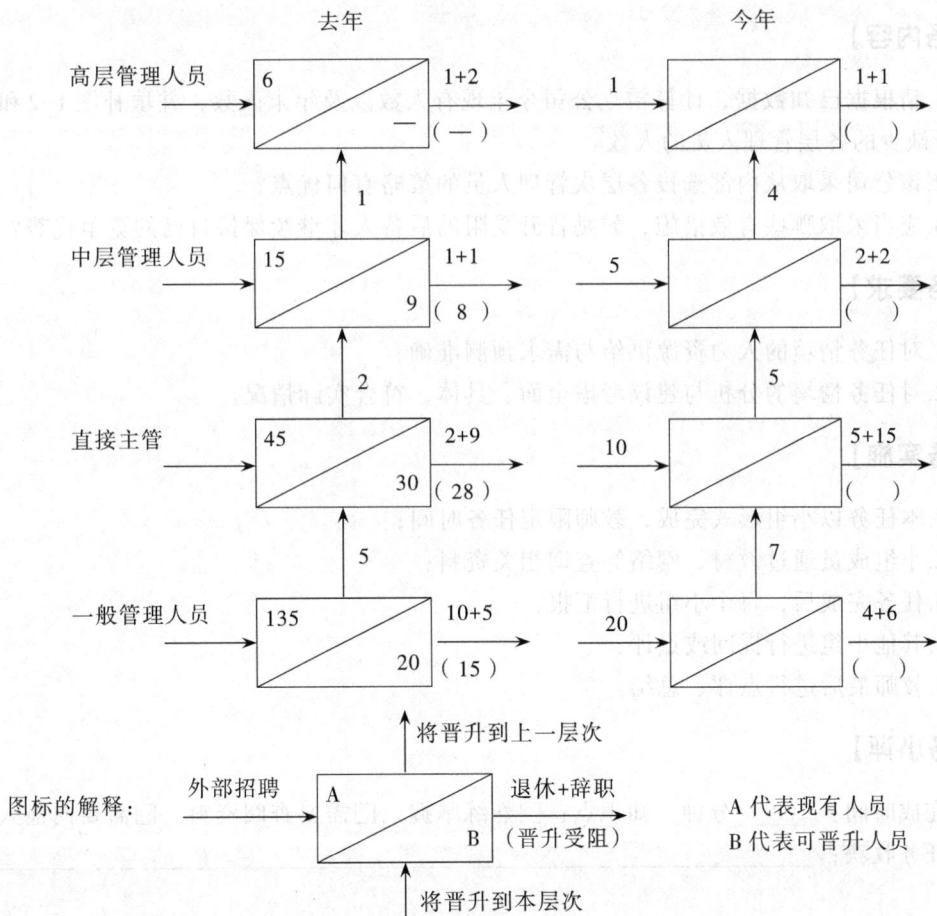

图1-2　雷立公司管理岗位人员接替情况图

表1-8 雷立公司管理人员接替情况分析表

序号	人员	今年		明年预测						接替方式	
		现有人数	年末人数	定员标准	流出人员	退休人员	增补计划	后备人才	晋升受阻	外部招聘	内部升任
1	高层管理人员			7	0	0					
2	中层管理人员			17	−1	−2					
3	直接主管			35	−1	0					
4	一般管理人员			130	−2	−2					
5	合计			189	−4	−4					

注：栏中"后备人才"指本层次待晋升者人数

【任务内容】

1.请根据已知数据，计算雷立公司今年现有人数以及年末人数，并填补图1-2和表1-8中所缺少的各层管理人员的人数。

2.该公司采取从内部选拔各层次管理人员的策略有何优点？

3.应当采取哪些有效措施，鼓励晋升受阻的后备人才继续保持自己的竞争优势？

【任务要求】

1.对任务情境的人力资源供给与需求预测准确；

2.对任务情境的分析与建议考虑全面、具体，符合实际情况。

【任务实施】

1.本任务以小组形式完成，教师限定任务时间；

2.小组成员通过教材、网络等查询相关资料；

3.任务完成后，每个小组进行汇报；

4.其他小组进行提问或点评；

5.教师最后进行点评、总结。

【任务小评】

完成时间：_____分钟　　知识点：□熟练掌握　　□需要查阅资料　　□需要向他人求教

任务收获：_____

工作分析与工作评价

> 一、训练概要

　　工作分析是现代人力资源管理所有职能的基础和前提。通过工作分析，可以明确组织中每个岗位的工作职责和任职资格，理顺工作与其流程上下环节的关系，合理使用员工，提高工作效率。工作评价是在工作分析的基础上，依据某一客观标准对职位的相对价值进行评价，以便有效引导员工行为，为薪酬工作提供依据。本模块主要针对工作分析与工作评价进行专项训练。

> 二、训练目标

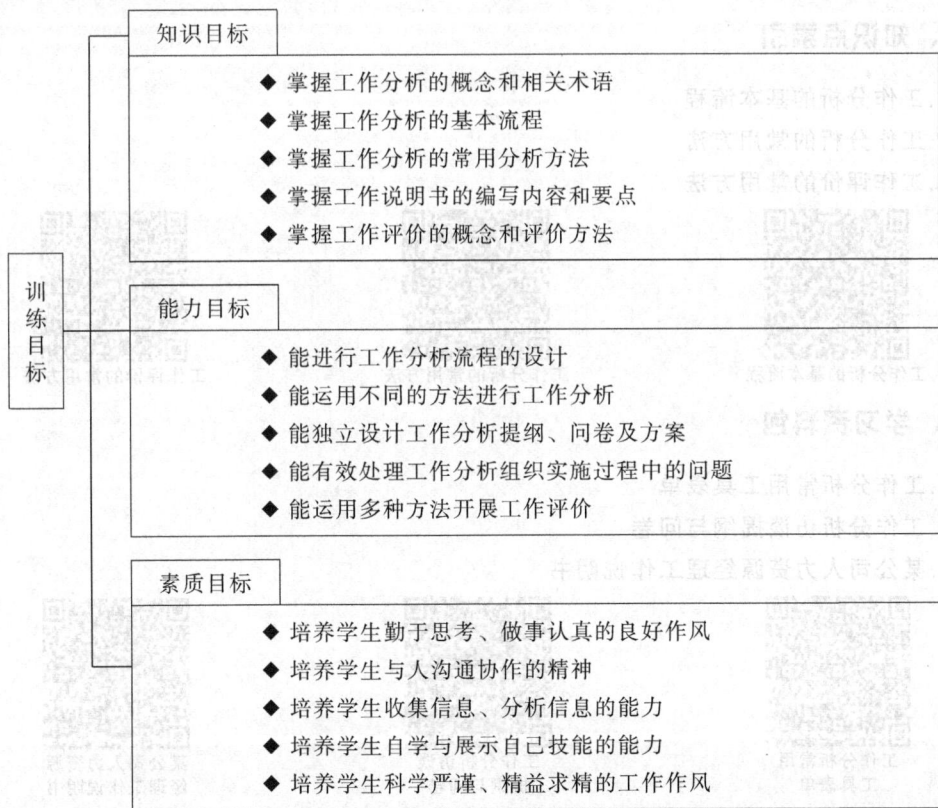

知识目标
- ◆ 掌握工作分析的概念和相关术语
- ◆ 掌握工作分析的基本流程
- ◆ 掌握工作分析的常用分析方法
- ◆ 掌握工作说明书的编写内容和要点
- ◆ 掌握工作评价的概念和评价方法

训练目标

能力目标
- ◆ 能进行工作分析流程的设计
- ◆ 能运用不同的方法进行工作分析
- ◆ 能独立设计工作分析提纲、问卷及方案
- ◆ 能有效处理工作分析组织实施过程中的问题
- ◆ 能运用多种方法开展工作评价

素质目标
- ◆ 培养学生勤于思考、做事认真的良好作风
- ◆ 培养学生与人沟通协作的精神
- ◆ 培养学生收集信息、分析信息的能力
- ◆ 培养学生自学与展示自己技能的能力
- ◆ 培养学生科学严谨、精益求精的工作作风

三、训练导图

应用设计训练	数据分析训练	材料解析训练	文件处理训练	管理诊断训练	能力拓展训练
● 工作分析调查方案设计 ● 工作分析调查问卷设计 ● 工作分析访谈提纲设计 ● 工作说明书编制 ● 职位分级标准设计	● 配对比较法 ● 岗位评价 ● 岗位评价计算 ● 岗位评价要素计算 ● 岗位点值计算	● 任职资格分析 ● 工作分析方法选择 ● 工作评价方法选择 ● 工作分析的价值 ● 工作分析问题分析	● 新生产线岗位设置 ● 部门业务调整 ● 部门业务重叠 ● 骨干跳槽 ● 竞争策略调整	● 工作业绩差异分析 ● 工作职责 ● 工作分类 ● 工作分析过程 ● 行为事件访谈法	● 岗位分析目的 ● 职位说明书编写 ● 工作分析实施计划 ● 工作分析特色分析 ● 岗位排序法工作评价

四、训练条件

1.训练学时

本专项训练共计6学时，每个项目各1学时。

2.训练材料

多媒体设备、电脑、网络、可移动讨论桌、教材、参考书、笔记本、碳素笔等。

五、知识点索引

1.工作分析的基本流程

2.工作分析的常用方法

3.工作评价的常用方法

工作分析的基本流程

工作分析的常用方法

工作评价的常用方法

六、学习资料包

1.工作分析常用工具表单

2.工作分析访谈提纲与问卷

3.某公司人力资源经理工作说明书

工作分析常用
工具表单

工作分析访谈
提纲与问卷

某公司人力资源
经理工作说明书

项目一　应用设计训练

一、项目目的

通过应用设计训练，使学生具备进行工作分析与工作评价的基本能力，能够运用所学知识并结合企业实际情况，有针对性地开展工作分析方案设计、分析方法具体应用、工作说明书编制以及工作评价工作。

二、项目导图

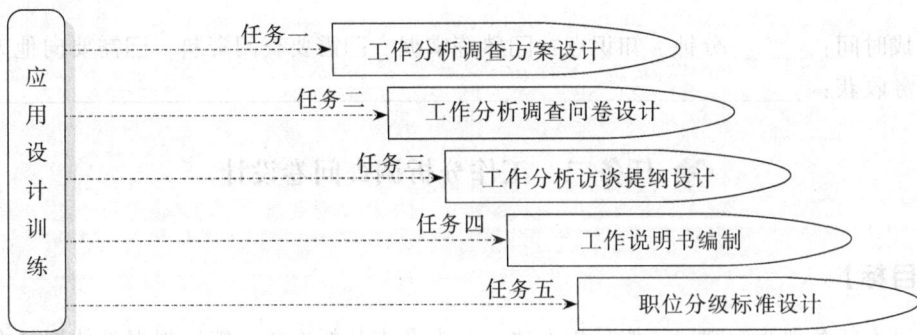

应用设计训练
- 任务一　工作分析调查方案设计
- 任务二　工作分析调查问卷设计
- 任务三　工作分析访谈提纲设计
- 任务四　工作说明书编制
- 任务五　职位分级标准设计

三、项目训练

◆◇ 任务一　工作分析调查方案设计

【任务目标】

通过本任务训练，理解工作分析的意义，掌握工作分析的内容、流程和要点，能够在准备阶段制订详细的工作分析调查方案。

【任务引入】

小张所在单位拟进行工作岗位分析，在准备阶段需要设计一份工作岗位分析调查方案。

【任务内容】

请你帮助小张拟定一份工作岗位分析调查方案。

【任务要求】

1.工作岗位分析调查方案内容完整、具体；

2.调查对象清晰，调查项目明确，调查方式科学、合理。

【任务实施】

1.本任务以小组形式完成，教师限定任务时间；

2.查阅教材及相关资料回顾任务知识点；

3.任务完成后，教师抽选小组进行汇报；

4.教师对任务知识点进行讲解；

5.教师最后进行点评与总结。

【任务小评】

完成时间：＿＿＿＿＿分钟　知识点：□熟练掌握　□需要查阅资料　□需要向他人求教

任务收获：＿＿＿＿＿＿＿＿＿＿＿＿＿＿＿＿＿＿＿＿＿＿＿＿＿＿＿＿＿＿＿

◇◇ 任务二　工作分析调查问卷设计

【任务目标】

通过本任务训练，掌握工作分析方法、问卷调查分析方法，能够根据具体岗位有针对性地设计调查问卷。

【任务引入】

问卷调查法是工作分析中比较常用的一种方法，调查范围广，容易进行，可用于多种目的的工作分析。益阳公司成立五年了，为了明确岗位职责，理顺各环节工作流程，该公司人力资源部拟采用问卷调查法进行工作分析。

【任务内容】

你是益阳公司人力资源部人员，请设计一份工作分析调查问卷。

【任务要求】

1.调查问卷内容全面、具体；

2.调查问卷问题设置具有专业性；

3.调查问卷达到工作分析要求。

【任务实施】

1.本任务以个人形式完成，教师限定任务时间；

2.查阅教材及相关资料回顾任务知识点；

3.任务完成后，教师抽选学生运用PPT进行演示汇报；

4.其他同学进行提问或点评；

5.教师最后进行点评与总结。

【任务小评】

完成时间：_____分钟　知识点：□熟练掌握　□需要查阅资料　□需要向他人求教

任务收获：_____

◇◇ 任务三　工作分析访谈提纲设计

【任务目标】

通过本任务训练，掌握工作分析方法，熟练掌握访谈法的有关知识与技术，能够根据具体岗位有针对性地设计访谈提纲。

【任务引入】

某公司拟对其宣传部进行工作分析，为此该公司人力资源部决定先对宣传部经理一职进行访谈调查。

【任务内容】

请运用工作分析知识为该公司设计一份访谈提纲。

【任务要求】

1.访谈提纲的题目全面、具体；

2.访谈提纲的题目为开放性问题；

3.访谈提纲的题目符合该公司实际与岗位特点。

【任务实施】

1.本任务以个人形式完成，教师限定任务时间；

2.通过教材和网络查询相关资料；

3.任务完成后，教师抽选学生运用PPT进行演示汇报；

4.其他同学进行提问或点评；

5.教师最后进行讲解与总结。

【任务小评】

完成时间：_____分钟　知识点：□熟练掌握　□需要查阅资料　□需要向他人求教

任务收获：_____

◆ 任务四　工作说明书编制

【任务目标】

通过本任务训练，掌握工作分析的基础知识与技能，能够运用专业知识编制工作说明书，熟练掌握工作说明书编制的内容与要点。

【任务引入】

林洋公司是一家规模中等（500人左右）、销售净水设备的公司，近年来销售人员纷纷辞职。该公司认真分析了销售人员辞职的原因，发现原来招聘销售人员的时候，缺乏严谨的工作分析，只要是看着顺眼、感觉差不多的人，就招进来做销售。结果很多人进入该公司后，发现这项工作根本不是自己喜欢的，或者进入该公司时并不清楚自己的工作是什么。在这种情况下，很多人纷纷离职。

【任务内容】

假设你是林洋公司人力资源部副经理，主要负责工作分析和招聘，请拟定一份净水设备销售人员工作说明书。

【任务要求】

1.工作说明书条理清晰，职责描述准确、全面，逻辑性强；
2.使用专业术语来描述，语言简洁，不要模棱两可；
3.工作说明书具有规范性，整体协调、美观大方。

【任务实施】

1.本任务以小组形式完成，教师限定任务时间；
2.小组成员通过书籍、网络等查询相关资料；
3.任务完成后，每个小组派代表进行汇报；
4.其他小组进行提问或点评；
5.教师最后进行讲解与总结。

【任务小评】

完成时间：_____分钟　知识点：□熟练掌握　□需要查阅资料　□需要向他人求教
任务收获：_____

❯❯ 任务五　职位分级标准设计

【任务目标】

通过本任务训练，掌握工作评价的基础知识与技能，掌握工作分类法及其应用，能够根据岗位情况进行分级归类并制定分级标准。

【任务引入】

某机械制造企业为了进行岗位工资制度设计，拟对生产岗位进行综合评价。

【任务内容】

请对"安全生产责任"和"原材料消耗责任"两项重要评价指标的分级标准进行设计，填入表2-1和表2-2中。

表2-1　　　　　　　　　　　安全生产责任指标分级标准表

等级	分级定义
1	
2	
3	
4	
5	

表2-2　　　　　　　　　　原材料消耗责任指标分级标准表

等级	分级定义
1	
2	
3	
4	
5	

【任务要求】

1.评价标准分为五个等级；
2.对每个等级的分级标准做出明确的界定；
3.分级标准语言描述准确、简洁、规范。

【任务实施】

1.本任务以小组形式完成，教师限定任务时间；

2.小组成员通过书籍、网络等查询相关资料；

3.任务完成后，每个小组派代表进行PPT演示汇报；

4.教师最后进行点评、讲解和总结。

【任务小评】

完成时间：_____分钟　知识点：□熟练掌握　□需要查阅资料　□需要向他人求教

任务收获：_____

项目二　数据分析训练

一、项目目的

通过数据分析训练，使学生具备进行工作分析与工作评价的数据分析与计算能力，熟练掌握各种工作分析与工作评价方法，能够运用所学知识并结合企业实际情况，科学高效地开展工作分析与工作评价工作。

二、项目导图

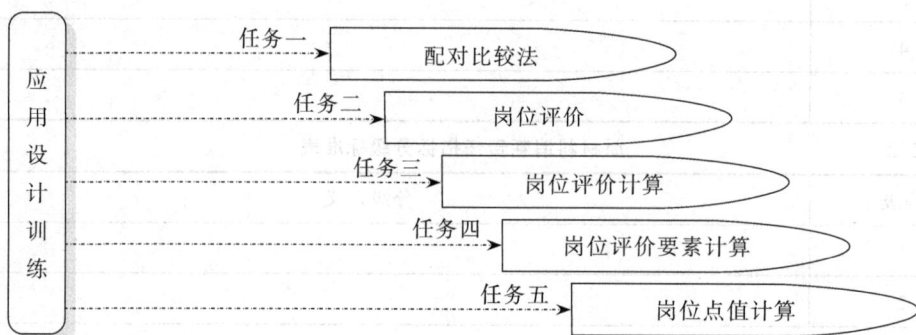

应用设计训练
- 任务一　配对比较法
- 任务二　岗位评价
- 任务三　岗位评价计算
- 任务四　岗位评价要素计算
- 任务五　岗位点值计算

三、项目训练

◆◆ 任务一　配对比较法

【任务目标】

通过本任务训练，理解岗位评价的知识与技能，掌握配对比较法的内容与操作方法，能够熟练运用配对比较法进行岗位评价。

【任务引入】

金典公司采用配对比较法对现有六种岗位进行评价，其结果见表2-3。

表2-3 金典公司岗位评价表

工作岗位	A	B	C	D	E	F	序号
A	0	+	+	+	+	+	
B		0	+	+	—	+	
C			0	—	—	+	
D				0	—	+	
E					0	+	
F						0	
合计							
最终排序：							

【任务内容】

请先填写表2-3中的空白处，并进行数据汇总；再对该六种岗位从低到高进行排序。

【任务要求】

1.对任务情境进行认真分析；

2.合理运用配对比较法进行岗位评价；

3.评价结果按照从低到高的顺序填写在表2-3中。

【任务实施】

1.本任务由个人独立完成，教师限定任务时间；

2.可查询相关资料；

3.任务完成后，教师抽选学生进行汇报；

4.教师对任务知识点进行随机提问；

5.教师最后进行点评与总结。

【任务小评】

完成时间：_____分钟　知识点：□熟练掌握　□需要查阅资料　□需要向他人求教

任务收获：_____

❖❖ 任务二 岗位评价

【任务目标】

通过本任务训练，掌握工作评价的方法，熟练掌握要素评价法的知识和技术，能够结合企业实际进行岗位评价

【任务引入】

新吉公司近期拟开展岗位评价工作，人力资源部经理将此项工作交给小张负责，小张大学学的是人力资源管理专业，刚毕业到新吉公司工作。她认为要素评价法比较适用，就运用该方法对新吉公司A、B两个岗位进行了评价，具体情况见表2-4。

表2-4 　　　　　　　　　　　　　新吉公司A、B岗位评价表

岗位要素	权重（%）	等级				
		一	二	三	四	五
1.知识经验	10	2	4	6	8	10
2.对决策的影响	15	2	5	8	11	15
3.监督管理	20	2	6	11	16	20
4.职责	15	3	6	9	12	15
5.解决问题的能力	15	2	6	10	15	—
6.沟通	10	2	6	10	—	—
7.工作环境	15	4	8	15	—	—
合计	100	—	—	—	—	—

说明：

（1）岗位评价总点值为800分，表中的权重是指岗位要素占总点值的比重。

（2）岗位A经过评价，结果为：知识经验四等，对决策的影响三等，沟通一等，监督管理一等，职责四等，解决问题的能力四等，工作环境一等。

（3）岗位B经过评价，结果为：知识经验二等，对决策的影响一等，沟通一等，监督管理二等，职责二等，解决问题的能力二等，工作环境三等。

【任务内容】

请根据任务情境，计算岗位A、B的岗位评价结果。

【任务要求】

1.对任务情境中的岗位要素进行全面分析；

2.根据岗位要素的影响等级和权重进行岗位评价；

3.岗位评价过程详细、完整。

【任务实施】

1.本任务由个人独立完成，教师限定任务时间；

2.通过教材或相关资料查询任务知识点；

3.任务完成后，教师抽选学生进行汇报；

4.教师最后进行讲解与总结。

【任务小评】

完成时间：_____分钟　知识点：□熟练掌握　□需要查阅资料　□需要向他人求教

任务收获：_____

◇ 任务三　岗位评价计算

【任务目标】

通过本任务训练，掌握岗位评价的知识与技能，熟练掌握岗位评价的操作步骤和过程。

【任务引入】

大成公司在开展工作岗位评价过程中，拟采取概率加权法制定评价指标权重标准，即对各类评价指标的权重系数进行设计。以甲岗位为例，其评价指标（E_{ij}）及各指标分值（P_i）、相对权数（A_i）、概率权数（X_i）和指标的评分（P_iX_i）见表2-5。

表2-5　　　　　概率加权法——甲岗位评价指标权重系数确定表

测定指标	分值（P_i）	相对权数（A_i）					概率权数（X_i）	评分（P_iX_i）
		1	2	3	4	5		
		0.2	0.4	0.6	0.8	1.0		
E_{11}	10	0.0	0.0	0.2	0.3	0.5		
E_{12}	10	0.0	0.0	0.0	0.1	0.9		
E_{13}	15	0.0	0.0	0.2	0.2	0.6		
E_{14}	25	0.1	0.2	0.3	0.4	0.0		
E_{15}	15	0.0	0.1	0.2	0.3	0.4		
E_{16}	25	0.0	0.1	0.2	0.2	0.5		
合计	100	—	—	—	—	—		

【任务内容】

1.根据表2-5中的资料，分析说明采用概率加权法设计评价指标权重系数的具体步骤；

2.计算各岗位评价指标的概率权数和指标的评分，并填入表2-5。

【任务要求】

1.对任务情境中的评价指标和相对权数进行认真分析；

2.根据不同指标的分值与概率权数进行岗位评价。

【任务实施】

1.本任务由个人独立完成，教师限定任务时间；

2.通过教材或相关资料查询任务知识点；

3.任务完成后，教师抽选学生汇报岗位评价结果；

4.教师详细讲解岗位评价过程；

5.教师最后进行点评与总结。

【任务小评】

完成时间：_____分钟　知识点：□熟练掌握　□需要查阅资料　□需要向他人求教

任务收获：_____

◇ 任务四　岗位评价要素计算

【任务目标】

通过本任务训练，掌握岗位评价的方法和技术，能结合企业与岗位实际进行岗位评价，能根据岗位的性质和特点确定各岗位评价要素和指标的权重值。

【任务引入】

A公司在岗位评价过程中，采取了百分比系数法。以B岗位为例，其评价要素（E_i）及其权重（P_i）、评价指标（E_{ij}）及其权重（P_{ij}）、评价指标得分（X_{ij}）见表2-6。

表2-6　　　　　　　　　　　　　B岗位综合分标准表

评价要素（E_i）	评价指标（E_{ij}）	评价指标评定			评价要素得分		
		X_{ij}	P_{ij}（%）	$X_{ij} \cdot P_{ij}$	X_i	P_i（%）	$X_i \cdot P_i$
任职资格	专业知识水平	80	40			30	
	工作经验	80	60				
能力要求	组织协调能力	80	40			30	
	沟通能力	80	40				
	创造能力	60	20				

评价要素 （E$_i$）	评价指标 （E$_{ij}$）	评价指标评定			评价要素得分		
		X$_{ij}$	P$_{ij}$（%）	X$_{ij}$·P$_{ij}$	X$_i$	P$_i$（%）	X$_i$·P$_i$
责任与强度	工作复杂程度	60	20			40	
	工作责任	80	30				
	监督责任	80	25				
	工作强度	60	25				
工作岗位评价总分							

【任务内容】

1. 填写表2-6，计算B岗位各评价要素指标的得分（X$_i$）以及评价要素得分。

2. 说明设计各评价要素及其权重的基本要求。

【任务要求】

1. 对任务情境进行认真、全面分析；

2. 评价指标及其权重计算准确；

3. 评价要素与指标权重设计科学、合理。

【任务实施】

1. 本任务以个人形式完成，教师限定任务时间；

2. 查阅书籍及相关资料进行任务知识点回顾；

3. 任务完成后，教师抽选学生进行汇报；

4. 教师最后进行点评、总结。

【任务小评】

完成时间：_____分钟　知识点：□熟练掌握　□需要查阅资料　□需要向他人求教

任务收获：_____

◈◈ 任务五　岗位点值计算

【任务目标】

通过本任务训练，熟练掌握要素计点法的知识与技能，能够运用要素计点法，结合具体岗位建立岗位评价指标体系，并计算每个岗位的点值，进行岗位评价。

【任务引入】

立林公司近期拟进行岗位评价工作，经该公司人力资源部研究分析，确定主要评价要素是工作环境、技术经验、工作绩效和职责，并决定将各要素分成三个等级，计划总点值为500分。立林公司各评价要素的权重见表2-7，对A、B岗位的评价结果见表2-8。

表2-7　　　　　　　　　立林公司岗位评价要素点数分配表

薪酬要素	权重	等级		
		一级	二级	三级
工作环境	16			
技术经验	30			
工作绩效	36			
职　责	18			

表2-8　　　　　　　　　立林公司A、B岗位各要素评价等级

岗位	工作环境	技术经验	工作绩效	职　责
A岗位	二级	三级	二级	三级
B岗位	一级	二级	三级	二级

【任务内容】

1.确定各评价要素的每一等级点值，填写在表2-7中。

2.依据表2-8中立林公司对A、B岗位的评价结果，计算A、B岗位的得分。

【任务要求】

1.岗位评价要素各等级点数计算准确；

2.对A、B岗位的评价过程完整、详细。

【任务实施】

1.本任务以个人形式完成，教师限定任务时间；

2.查阅教材及相关资料回顾任务知识点；

3.任务完成后，教师抽选学生对岗位评价过程进行汇报；

4.教师对任务知识点进行随机提问；

5.教师最后进行讲解与总结。

【任务小评】

完成时间：_____分钟　　知识点：□熟练掌握　　□需要查阅资料　　□需要向他人求教

任务收获：_____

项目三 材料解析训练

一、项目目的

通过材料解析训练，列出不同企业工作分析与工作评价的工作情境，让学生运用所学知识与技能进行讨论与思考，解决任务情境中出现的问题，提高学生对企业工作分析与工作评价工作进行具体分析的能力。

二、项目导图

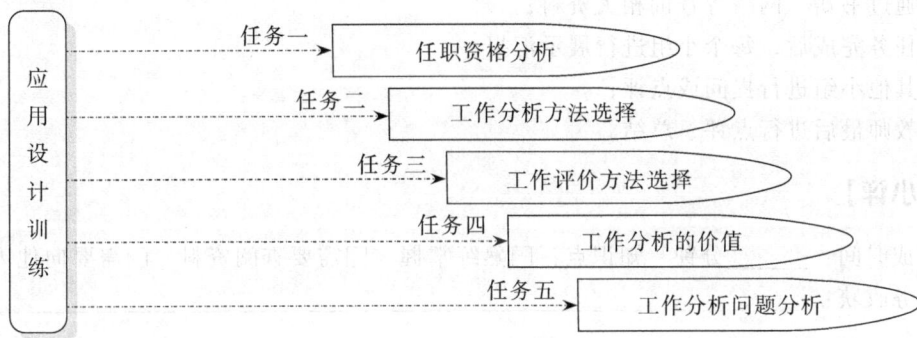

三、项目训练

◈◈ 任务一 任职资格分析

【任务目标】

通过本任务训练，掌握工作分析的知识与技能，明确任职资格分析的内容与要点，能够将工作分析应用到具体的人力资源管理工作中。

【任务引入】

风达公司是一家大型通信设备制造企业，下设一家生产视频会议系统的全资子公司，虽然该子公司的产品性能和质量在行业中处于领先地位，但由于该子公司的管理层对该子公司发展战略的规划不符合市场需求，也没有很好地进行市场推广，导致近几年的业绩不够理想，去年甚至出现了亏损的情况。风达公司董事会决定免除该子公司总经理的职务，另觅合适人选。

【任务内容】

根据任务情境，若对该子公司总经理职位进行公开招聘，在任职经验和工作能力方面应重点考虑哪些因素？胜任资格要考虑哪些指标？

【任务要求】

1. 任务情境分析结合该子公司实际情况，体现针对性；
2. 任职资格分析内容全面、指标具体；
3. 任职资格分析结果对招聘工作具有应用价值。

【任务实施】

1. 本任务以小组形式完成，教师限定任务时间；
2. 通过书籍、网络等查询相关资料；
3. 任务完成后，每个小组进行展示汇报；
4. 其他小组进行提问或点评；
5. 教师最后进行点评、总结。

【任务小评】

完成时间：_____分钟　知识点：□熟练掌握　□需要查阅资料　□需要向他人求教

任务收获：_____

◆◆ 任务二　工作分析方法选择

【任务目标】

通过本任务训练，掌握工作分析方法、不同方法的优缺点以及适用对象，能够根据不同的环境选择适宜的工作分析方法。

【任务引入】

张经理是某管理顾问公司经理兼高级顾问，最近正在为某医院做一个人力资源咨询项目。为了实现人员和岗位的最佳配置，张经理今天早上和该公司从事顾问工作的同事们一起召开了一个项目工作例会，在工作分析方法的选择和使用上，他们发生了激烈的争执。谈话内容如下：

"他们医院大，有2 000多人，我建议用职位问卷分析法做，这样比较规范和标准，也容易操作。"

"我不同意，2 000多份问卷，发下去，再收回来，难度很大。另外，要完成这么多份问卷的分析工作，起码要一个多月的时间，而我们这一阶段的全部工作时间才一个月，时间不允许我们这样做。"

谈话陷入僵局。实际上每个顾问的想法都是对的，只不过各自的出发点不同而已。

最后，张经理说："这样吧，我们以访谈法为主，同时辅以职位问卷分析法和工作日记法，多种方法结合。这样既能节省时间，又能达到预期效果。"

【任务内容】

1.张经理的意见合理吗？为什么？
2.针对该医院的具体情况，什么方法更为有效？

【任务要求】

1.对任务情境的分析深入、具体，有理有据；
2.选择的工作分析方法科学、合理，符合该医院实际。

【任务实施】

1.本任务以小组形式完成，教师限定任务时间；
2.通过教材或网络查阅相关资料；
3.任务完成后，每个小组进行汇报；
4.其他小组进行提问或点评；
5.教师最后进行点评、总结。

【任务小评】

完成时间：_____分钟　　知识点：□熟练掌握　　□需要查阅资料　　□需要向他人求教
任务收获：_____

◆◆ 任务三　工作评价方法选择

【任务目标】

通过本任务训练，理解和掌握工作评价的知识与技能，掌握工作评价方法的操作步骤，能够根据实际需要采取不同的工作评价方法开展工作。

【任务引入】

新星集团公司的主要业务包括高新园区的开发建设、管理服务，高新技术成果转化和高科技企业经营管理。经过10多年的发展，该公司形成了以电子元器件、新材料生产为主体的高新技术产业群。该公司成立初期，分配形式单一，员工薪酬长期处于低水平，内部差距不明显，因人定岗的现象十分突出。虽然该公司对员工薪酬结构进行了调整，增加了技术职称津贴，但由于缺乏有效的绩效考核与激励机制，人才流失严重，员工的整体素质明显下降。为了改变这种状况，该公司准备对薪酬制度进行一次彻底的变革，拟先从工作岗位评价做起。

【任务内容】

请结合任务情境，分析进行工作岗位评价可采用的方法

【任务要求】

1. 对任务情境分析深入、具体；
2. 工作评价方法的选取适合该公司实际；
3. 工作评价步骤设计科学、合理。

【任务实施】

1. 本任务以个人形式完成，教师限定任务时间；
2. 通过教材、网络或其他方式查阅任务知识点；
3. 任务完成后，教师抽选学生进行汇报；
4. 其他同学进行提问或点评；
5. 教师最后进行点评、总结。

【任务小评】

完成时间：_____分钟　知识点：□熟练掌握　□需要查阅资料　□需要向他人求教
任务收获：_____

◆ 任务四　工作分析的价值

【任务目标】

通过本任务训练，掌握工作分析的目的、内容和方法，理解工作分析对于组织的重要意义，具备独立的工作分析能力。

【任务引入】

汇创公司是一家从事软件开发与生产的企业，该公司高层领导坚信，科学管理能带来巨大的收益。去年10月，该公司进行了大规模的工作分析，并根据工作分析的结果编制了各岗位的工作说明书，规定了各岗位的编制，制定了各岗位的薪酬水平。在初期，这些变革确实给企业带来了高效率，但是后来的发展事与愿违。从今年5月开始，各部门经理就不断抱怨工作说明书不符合其部门的主要职责和任务，人员编制禁锢了其部门与该公司的发展，薪酬水平不能体现各岗位的实际工作，员工士气下降等。

汇创公司专门找人对此进行了细致的分析和调研，得出的结论是：随着技术的飞速发展，产品生命周期逐渐缩短（大约为12个月），而有了工作说明书后，人力资源的使用弹性降低了。当前软件开发所要求的产品知识更新速度极快，与此相适应，员工的任职条件也随之变化，刚通过工作分析得到的工作说明书基本上不起什么作用。所以，该公司高层领导决定不再进行工作分析，也不再使用工作说明书和任何工作分析的结果。

【任务内容】

1. 工作分析在当今社会所面临的困境有哪些？如何解决？

2. 汇创公司高层领导做出不再进行工作分析、不再使用工作说明书和任何工作分析的结果的决定是否有道理？为什么？

【任务要求】

1. 对任务情境分析深入、透彻；

2. 对当前工作分析困境的分析符合实际；

3. 对分析结果的阐述条理清晰、有理有据。

【任务实施】

1. 本任务以个人形式完成，教师限定任务时间；

2. 查阅教材及相关资料回顾任务知识点；

3. 任务完成后，教师抽选学生进行汇报；

4. 教师对任务知识点进行随机提问；

5. 教师最后进行点评与总结。

【任务小评】

完成时间：_____分钟　知识点：□熟练掌握　□需要查阅资料　□需要向他人求教

任务收获：_____

◈◈ 任务五　工作分析问题分析

【任务目标】

通过本任务训练，全面理解与掌握工作分析与工作评价的知识与技能，能够根据企业实际情况，有针对性地开展工作分析与工作评价工作。

【任务引入】

星科公司是由一家小型电脑公司发展而成的大型高科技企业。当企业规模小的时候，人力资源管理部门没有采取措施进行工作评价；当企业规模变大以后，业务规模更大了，技术更加复杂，岗位数量更多了，但是该公司领导者认为工作分析没有实际用处，人力资源管理部门不应该把时间花在这方面。

孙峰是星科公司的新任人力资源部经理，他希望自己能够说服该公司领导者同意他对该公司进行科学的工作分析。在其接任后的第六个星期，他就将工作分析问卷发给员工了，但是，员工填写的结果令人迷惑不解。从操作员工（机械操作工、技术员、抄写员等）那里得到的关于其工作的反馈，与从他们的直接上级那里得到的大不相同。管理者所列出的都是比较简单的和例行的工作职责，而操作员工却认为自己的工作非常复杂，而且经常有偶然事件发生，自己必须具备各种技能才能做好工作。

管理者与操作员工对工作的不同理解更加坚定了孙峰进行工作分析的决心，他想通过这次工作分析使管理者和操作员工对工作的认识达成一致，使争论和错误减少。

【任务内容】

1.你认为星科公司工作分析的问题是什么？该公司是否应该进行工作分析？假如要你给孙峰提供建议以便说服该公司领导者同意进行工作分析，你将如何说明工作分析的重要作用？

2.针对星科公司的具体情况，你认为应采取何种方法进行工作分析？为什么？

【任务要求】

1.工作分析结合任务情境；

2.所列出的问题深入、具体，有理有据；

3.结合任务情境提供的建议科学合理，具有可操作性。

【任务实施】

1.本任务以小组形式完成，教师限定任务时间；

2.查阅教材及相关资料回顾任务知识点；

3.任务完成后，各小组派代表进行汇报；

4.教师对任务知识点进行随机提问；

5.教师最后进行点评与总结。

【任务小评】

完成时间：_____分钟　知识点：□熟练掌握　□需要查阅资料　□需要向他人求教

任务收获：_____

项目四　文件处理训练

一、项目目的

通过文件处理训练，给学生提供企业工作情境，让学生扮演企业人力资源管理部门经理，结合模拟企业情况，对相关部门提交的有关工作分析与工作评价的文件进行批阅、处理，使学生感知未来工作角色，提高学生对人力资源管理工作的处理能力。

二、项目导图

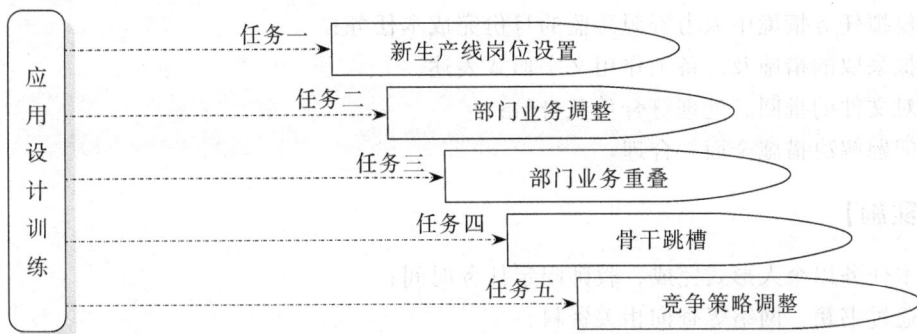

应用设计训练

- 任务一 → 新生产线岗位设置
- 任务二 → 部门业务调整
- 任务三 → 部门业务重叠
- 任务四 → 骨干跳槽
- 任务五 → 竞争策略调整

三、项目训练

◈ 任务一　新生产线岗位设置

【任务目标】

通过本任务训练，掌握工作分析的知识和技能，能够处理企业岗位设置与分析的具体问题。

【任务引入】

兴辉公司是一家大型民营上市企业，业务领域涉及水利工程、环保科技和电力自动化等多个领域。近年来，兴辉公司不断发展，市场份额稳定。为了进一步提高生产效率，该公司决定引进一条新的生产线。你是兴辉公司人力资源总监杜明安，刚收到一条语音留言需要处理。

类　别：语音留言
留言人：吕兵，分管生产与物流的副总裁
接收人：杜明安，人力资源总监
日　期：11月8日
明安：你好！
明年初，公司投资1 500万元的配电设备生产线即将在工厂安装并试运行，提供生产线的德国技术公司也会提前安排4名技术人员参与生产线的安装与运行，我想通过人力资源部安排一次关于新生产线岗位设置与人员安排的专题讨论会，请你先提出一个大致想法，并在这几天与我沟通一下。
吕兵

【任务内容】

请给出这份文件的处理思路，并准确、详细地写出将要采取的措施及意图。

1. 模拟任务情境中人力资源总监的身份完成本任务；
2. 拟采取的措施及准备工作用文字形式表述；
3. 对文件的批阅、处理符合角色身份；
4. 问题解决措施全面、合理。

【任务实施】

1. 本任务以个人形式完成，教师限定任务时间；
2. 通过书籍、网络等查询相关资料；
3. 任务完成后，教师抽选学生进行汇报；
4. 其他同学进行分析与评价；
5. 教师最后进行点评、总结。

【任务小评】

完成时间：_____分钟　知识点：□熟练掌握　□需要查阅资料　□需要向他人求教

任务收获：_____

◈ 任务二　部门业务调整

【任务目标】

通过本任务训练，充分认识工作分析与工作评价的重要性，掌握工作分析的方法和实施步骤。

【任务引入】

NC出版社成立20多年了，已形成一定的规模和优势。近期，为了进一步适应市场需要，该出版社进行了组织机构调整。调整后的机构除编辑部外，还有办公室、总编室、财务部、综合行政部、人力资源部、营销管理部、印刷管理部、网络管理部8个业务和行政部门。NC出版社拟利用市场化的管理方式和运营模式来推进业务发展，从明年起，营销管理部将采用模拟公司的方式运营，出版利润与发行利润要分离。你是NC出版社人力资源部部长杨齐辉，你收到一封电子邮件需要处理。

类　　别：电子邮件
发件人：吴宇，网络管理部部长
收件人：杨齐辉，人力资源部部长
日　　期：10月23日
杨部长：
　　我是网络管理部的吴宇，最近营销管理部和我们部门商议，想在社里的网站上开展

网络销售。本来我们部门的主要职责是维护社里内部网络以及社里对外网站，基本上都是技术性工作。这次合作，我们部门的员工还要承担图书销售的页面设计，在网络上与客户实时沟通，工作内容和工作性质有了很大的改变，我们部门的员工从业务技能和工作压力上都要重新适应。另外，对应的工作职责和薪酬标准是否也应该做适当的调整？此事我想和人力资源部做深入的沟通，希望您抽时间与我联系。

吴宇

【任务内容】

请给出这份文件的处理思路，并准确、详细地写出将要采取的措施及意图。

【任务要求】

1. 模拟任务情境中人力资源部部长的身份完成本任务；
2. 任务处理具有科学性、可行性和可控性；
3. 任务处理考虑周全，措施合理；
4. 符合公文语言表达要求、形式适当。

【任务实施】

1. 本任务以个人形式完成，教师限定任务时间；
2. 任务完成后，教师抽选学生进行演示汇报；
3. 其他同学进行提问与评价；
4. 教师最后进行点评、总结。

【任务小评】

完成时间：_____分钟　知识点：□熟练掌握　□需要查阅资料　□需要向他人求教

任务收获：_____

◆ 任务三　部门业务重叠

【任务目标】

通过本任务训练，理解工作分析对人力资源管理各个环节的作用，明确工作分析与其他工作的关系，掌握工作分析知识与操作技术。

【任务引入】

振华公司是一家工程设计公司。近年来，随着业务规模扩大，该公司针对不同行业成立了两个事业部，并充分授权各事业部对运营、销售、人事及财务等进行自我管理。第一事业部主要针对化工行业，主要项目来自该公司所在的集团公司，生产经营比较稳定。该事业部也承担集团公司以外的化工项目，但竞争激烈，业务拓展困难。第二事业部主要针对之前涉足不多的环卫及民用建筑等行业，有时也承担一些化工行业的项目。为了适应市场竞争的需要，该公司董事会计划将两个事业部转变为子公司，以提高工程服务的专业性。假定你是振华公司人力资源部部长程子芳，现有一封电子邮件需要处理。

类　　别：电子邮件
发件人：张文生，董事长兼总经理
接收人：程子芳，人力资源部部长
日　　期：11月15日
子芳：

　　公司一直计划将第一、二事业部转为下属子公司。目前这两个事业部的财务已经开始独立核算，生产和人员管理等方面的独立运营状况也满足了成立子公司的条件。但在成立子公司之前，我觉得首先要解决两个事业部业务重叠的问题，主要表现在集团公司以外的化工行业，曾经出现过两个事业部同时投一个标的情况。如果不及时调整，将来成立子公司以后，这种情况可能还会出现，所以我认为成立子公司前应该对两个事业部的职能定位进行重新梳理，将第二事业部的化工业务合并到第一事业部。此事的涉及面较大，需要考虑的问题也比较多，你在人员配置方面多考虑一下，考虑好了和我谈谈你的想法。

张文生

【任务内容】

请给出这份文件的处理思路，并准确、详细地写出将要采取的措施及意图。

【任务要求】

1.模拟任务情境中人力资源部部长的身份完成本任务；
2.任务处理符合该公司实际情况，具有可行性；
3.任务处理考虑全面，措施合理；
4.符合公文语言表达要求、形式适当。

【任务实施】

1.本任务以个人形式完成，教师限定任务时间；
2.任务完成后，教师抽选学生进行汇报；
3.其他同学进行分析与评价；
4.教师最后进行点评、总结。

【任务小评】

完成时间：_____分钟　知识点：□熟练掌握　□需要查阅资料　□需要向他人求教
　　任务收获：_____

◇◇ 任务四　骨干跳槽

【任务目标】

通过本任务训练，掌握工作分析技能，具备工作分析方案编写、工作分析问卷调查等方面的工作能力。

【任务引入】

南华集团是一家以提供国家重大技术装备为主导产品的高新技术企业，在筹划上市期间兼并了一家老国有针织机械制造企业。该公司发展迅速，但人力资源管理体系还不够完善，组织机构调整导致部分中层以上人员跳槽，造成了一定程度的负面影响。你是南华集团人力资源部经理齐菲，现在有一份文件需要处理。

类　　别：便函
发件人：李明凯，总经理
接收人：齐菲，人力资源部经理
日　　期：11月9日
齐菲：
　　我们集团兼并了老国有针织机械制造企业，各方面都做了一些调整，但是组织机构调整后，部分中层以上人员跳槽。人力资源部要关注一下此类现象，建议下个月安排一次工作分析活动，对我们集团人力资源管理方面的问题做一次诊断。你准备一下，抽空我们面谈。

李明凯

【任务内容】

请给出这份文件的处理思路，并准确、详细地写出将要采取的措施及意图。

【任务要求】

1.模拟任务情境中人力资源部经理的身份完成本任务；

2.任务处理符合该集团实际情况；

3.工作安排步骤合理、措施得当；

4.符合公文语言表达要求、形式适当。

【任务实施】

1.本任务以个人形式完成，教师限定任务时间；

2.通过书籍、网络等查询相关资料；

3.任务完成后，教师抽选学生进行汇报；

4.其他同学可进行现场提问与评价；

5.教师最后进行点评、总结。

【任务小评】

完成时间：_____分钟　知识点：□熟练掌握　□需要查阅资料　□需要向他人求教
任务收获：_____

◇◇ 任务五　竞争策略调整

【任务目标】

通过本任务训练，掌握工作分析与工作评价的知识与技能，能够将工作分析工作与人力资源管理基础工作衔接与整合。

【任务引入】

希望集团是一家高等教育集团，经过十几年的发展，希望集团有七所本科高校、一所大专院校，每年为社会培养16 000多名毕业生。你是希望集团人力资源部部长董明军，你既要分管希望集团的人力资源工作，同时也要与各位校长共同负责各院校的人力资源工作。你刚参加会议回来，有一封电子邮件需要处理。

> 类　别：电子邮件
> 发件人：刘成昆，教学管理部部长
> 接收人：董明军，人力资源部部长
> 日　　期：10月3日
> 董部长：
> 　　我们前段时间在征询下属院校的教学建议时发现，有一个方面的建议比较集中，那就是学生是否可以在集团内部跨学校、跨专业选修其他专业的课程，是否可以参考大学的双学位模式培养多技能人才。我们认为这个建议具有一定的可行性，可以先在下属院校内部试行跨专业选修，比如汽车维修专业的学生可以同时选修汽车保险专业的课程。如果试行效果不错，再考虑跨校选修。这个方案我们向董事会汇报过，也得到了董事会的初步认可，一旦落实，势必影响各院校、各专业教师的工作量，甚至会影响各院校的定岗定编情况。请人力资源部考虑一下，如果推行这个方案，在人力资源管理方面可能会有哪些影响，找个时间我们讨论一下。
> 　　　　　　　　　　　　　　　　　　　　　　　　　　　　　　刘成昆

【任务内容】

请给出这份文件的处理思路，并准确、详细地写出将要采取的措施及意图。

【任务要求】

1.模拟任务情境中人力资源部部长的身份完成本任务；

2.态度明确，处理步骤准确、详细；

3.考虑角度全面，分析深入、具体；

4.工作分析全面详细，没有遗漏；

5.符合公文语言表达要求、形式适当。

【任务实施】

1.本任务以个人形式完成，教师限定任务时间；

2.通过书籍、网络等查询相关资料；

3.任务完成后，学生可自荐进行汇报；

4.其他同学进行提问与评价；

5.教师最后进行点评、总结。

【任务小评】

完成时间：_____分钟　　知识点：□熟练掌握　　□需要查阅资料　　□需要向他人求教

任务收获：_____

项目五　管理诊断训练

一、项目目的

通过管理诊断训练，使学生熟练掌握工作分析与工作评价的知识与技能，能有效开展企业工作分析与工作评价工作，及时发现工作中的漏洞与问题，并能够采取措施予以解决，提升人力资源管理能力。

二、项目导图

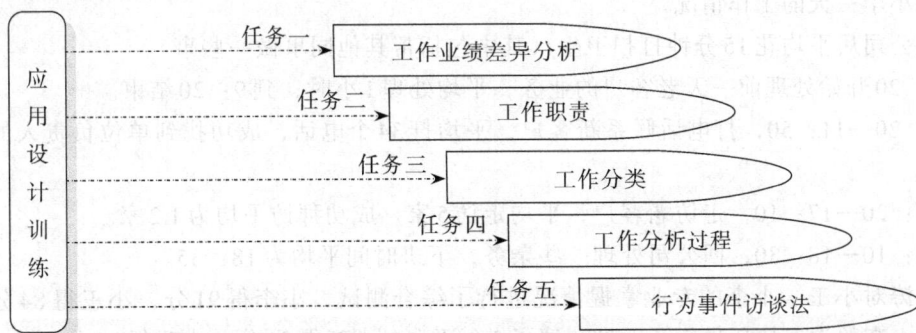

三、项目训练

◇ 任务一　工作业绩差异分析

【任务目标】

通过本任务训练，提升对企业人力资源管理中工作分析问题的诊断能力，掌握工作分析的目的、具体方法，能够根据企业与岗位的实际情况有针对性地进行工作分析。

【任务引入】

卓立公司是一家IT企业，郭涛是该公司人力资源管理专员。卓立公司有十几个业务人员，人员素质相差不大，但业绩差异巨大。其中最明显的是两个人——小王与小李，他俩一个月的绩效有5倍之差。但在对全部员工的调查问卷中，大家一致认为小李比小王更能吃苦、更认真。于是，人力资源部经理安排郭涛对此进行工作分析，进行为期一周的工作日跟踪。

卓立公司规定是8：30上班、17：30下班，中午休息1小时。跟踪一周，情况如下：小王平均8：21到公司，小李平均8：05到公司。以下是两人一天的具体情况：

◆ 小王一天的工作情况

到公司后花5分钟打扫卫生，然后开始电话联系新客户，平均到9：40结束，这期间平均打电话21个，找到对方负责人的电话为15个。

9：40—11：00，处理前一天老客户的成交单据，同时预约下午的老客户拜访。

11：00—11：40以及13：30—14：30，平均打大约18个开拓新客户的电话，找到单位负责人的电话为12个。

14：30—17：00，进行约定拜访，平均走访4家客户，成功拜访（指能见到分管业务的负责人）平均为3.6家。

17：00—17：30，回公司处理一些杂务，离开公司的平均时间是17：43。

◆ 小李一天的工作情况

到公司后平均花15分钟打扫卫生（其中包括帮其他同事做一些事）。

8：20开始处理前一天老客户的业务，平均处理1小时，到9：20结束。

9：20—11：50，打电话联系新客户，平均打34个电话，成功找到单位负责人的电话为9个。

13：20—17：10，走访老客户，平均走访5家，成功拜访平均为1.2家。

17：10—18：30，回公司处理一些杂务，下班时间平均为18：35。

郭涛对小王、小李的专业掌握情况进行了综合测试，小李得91分，小王得84分；对小王、小李的沟通技巧进行了面试，请了5个评委，小李得81分，小王得89分。

同时，郭涛对小李电话访问成功率低的原因进行了分析，发现小李打电话开拓新客户的时间正好是多数客户的负责人外出办事的时间，而小王打电话的时间多数客户的负责人还在各自公司。小李走访客户没有事先预约，所以拜访成功率低，多数客户的负责人不在，仅有的一点成功率也多在 17：00 左右最后一两个拜访中出现；小王的走访多是事先预约过的。

【任务内容】

请对任务情境中小王和小李工作业绩的差异进行诊断。

【任务要求】

1.对工作分析的认识、理解全面；

2.对小王和小李的工作业绩分析客观、具体；

3.对任务情境的诊断结果符合两人的实际情况。

【任务实施】

1.本任务以个人形式完成，教师限定任务时间；

2.可查询相关资料；

3.任务完成后，教师抽选学生对诊断结果进行汇报；

4.其他同学进行提问或点评；

5.教师最后进行点评、总结。

【任务小评】

完成时间：_____分钟　　知识点：□熟练掌握　　□需要查阅资料　　□需要向他人求教

任务收获：_____

◆◆ 任务二　工作职责

【任务目标】

通过本任务训练，掌握工作分析的方法，工作说明书的内容、编写要点，能对工作分析在企业中的应用进行分析与评价。

【任务引入】

贝安婴儿食品集团公司客户服务部门的职责如下：

（1）建立和管理客户档案。

（2）接受和处理顾客投诉并及时向相关部门反馈。

（3）跟踪售后信息反馈，对投诉的顾客进行回访。

（4）处理顾客退换货，承担开具发票、寄存等工作。

该集团公司高层领导认为，该部门应当由被动服务向主动服务转变，于是对该部门进行战略调整。在不增加人员和人工成本的前提下，将该部门变更为针对整个集团公司的客户服务中心，直接为奶粉子公司和特殊婴儿食品公司服务。该中心独立核算，是自负盈亏的法人实体，在过去工作职责的基础上增加了两项新的职责：

（1）主动跟踪并记录顾客的产品使用情况。

（2）阶段性地为顾客和潜在顾客提供喂养指导和咨询。

经过半年实施，虽然该中心员工为顾客和潜在顾客提供喂养指导和咨询花费了大量时间和精力，却没有给该集团公司带来新客户的数量增长，老顾客的满意度也没有明显提高，对顾客投诉的平均处理时间反而增加了20%。各子公司也抱怨该中心干扰了它们的工作，未能提供有效服务，收费也过高。

【任务内容】

请对任务情境中贝安婴儿食品集团公司的不利局面进行诊断。

【任务要求】

1.对任务情境进行认真、全面、客观分析；

2.对该集团公司的管理诊断深入、具体；

3.所诊断出的问题有理有据，客观合理。

【任务实施】

1.本任务以个人形式完成，教师限定任务时间；

2.通过教材、网络等查询相关资料；

3.任务完成后，教师抽选学生对诊断结果进行汇报；

4.其他同学进行提问或点评；

5.教师最后进行讲解、点评与总结。

【任务小评】

完成时间：_____分钟　知识点：□熟练掌握　□需要查阅资料　□需要向他人求教

任务收获：_____

◆◆ 任务三　工作分类

【任务目标】

通过本任务训练，掌握工作分析与工作评价的知识与技能，掌握工作分类的方法，理解其对于企业的意义，能够根据企业情况进行具体应用。

【任务引入】

迅方机械公司是一家大型企业，人力资源部负责人陈奇正在为该公司工作分析事宜伤脑筋。

"袁林，我一直想象不出你究竟需要什么样的操作工人。"陈奇说，"我已经给你提供了四位面试人选，他们好像都满足工作说明书的要求，但你一个也没有录用。"

"什么工人？"袁林答道，"我所关心的是找到一个能胜任那项工作的人，但是你给我派来的人都无法胜任，而且你给我看的工作类别和我的理解好像不同。"

陈奇给袁林一份工作岗位分类图，并逐条解释给她听。他们发现，要么是工作分析中的工作分类不科学，与实际工作不相符；要么是做出规定以后，实际工作又有了很大的变化。

听了袁林对操作工人序列的具体描述后，陈奇说："我想我们现在可以写一份准确的工作序列分类说明了，以它为指导，我们就能找到适合这项工作的人。我们今后要加强工作联系，这种状况再也不要发生了。"

【任务内容】

请对任务情境进行全面诊断，并提出工作建议。

【任务要求】

1.对任务情境进行认真、全面分析；
2.对工作分类认识正确、理解透彻；
3.所提出的建议科学、合理，符合企业实际。

【任务实施】

1.本任务以个人形式完成，教师限定任务时间；
2.通过教材、网络等查询相关资料；
3.任务完成后，教师抽选学生进行汇报；
4.其他同学进行提问或点评；
5.教师最后进行点评、总结。

【任务小评】

完成时间：_____分钟　知识点：□熟练掌握　□需要查阅资料　□需要向他人求教
任务收获：_____

❯❯ 任务四　工作分析过程

【任务目标】

通过本任务训练，全面掌握工作分析的基础知识与技能，重点掌握工作分析的方法与程序，理解工作分析的意义，能够结合具体情况进行正确分析与评价。

【任务引入】

淮安建筑公司近期频频发生安全事故，总经理刘兵认为该公司工作岗位的职责分配出了问题，于是想重新做工作分析，明确各个岗位的工作职责。本来想请正详咨询公司做这件事，但是刘兵认为正详咨询公司的报价偏贵，于是在该公司内部东拼西凑，拉了几个在该公司待了很多年、快退休的老职工。刘兵认为他们比较清闲，又比较有经验，当然人际关系也比较复杂，又找了几个刚招进来的大学生（准备让他们以后专职做工作分析），组成了工作分析项目小组，自己任组长。但是做完之后，刘兵发现，新方案与原来的方案基本没有变化，而各种费用支出越来越多，无奈之下，只好草草收场。

【任务内容】

请对淮安建筑公司总经理刘兵的工作过程进行评价。

【任务要求】

1.对任务情境进行认真、全面分析；
2.对刘兵工作的评价客观、具体。

【任务实施】

1.本任务以个人形式完成，教师限定任务时间；
2.通过教材、网络等查询相关资料；
3.任务完成后，教师抽选学生进行汇报；
4.其他同学进行提问或点评；
5.教师最后进行点评、总结。

【任务小评】

完成时间：_____分钟　知识点：□熟练掌握　□需要查阅资料　□需要向他人求教
任务收获：_____

◈◈ 任务五　行为事件访谈法

【任务目标】

通过本任务训练，提升对工作分析方法的诊断能力，掌握行为事件访谈法的内容、要点和实施步骤。

【任务引入】

达希公司人力资源部拟获取销售经理这一岗位的胜任特征，具体办法为：请该职位的上级和同事提名，以确定效标样本（确定优秀组和普通组）；采用行为事件访谈法获取与胜任特征相关的数据资料。在进行访谈前，将分组情况通知被访谈的员工和访谈者，要求优秀组的员工提前准备谈话内容，并进行必要的行为访谈训练。每个员工的访谈控制在一小时以内，防止员工过多谈论自己的想法和感受等主观内容，将访谈主题集中在该岗位最需要的能力上。访谈内容要录音，并输入计算机整理成统一格式的文稿。

【任务内容】

请对任务情境中达希公司的做法进行评价。

【任务要求】

1.对任务情境进行全面、深入分析；
2.对行为事件访谈法的诊断客观、公正；
3.对本任务情境的诊断条理清楚。

【任务实施】

1.本任务以个人形式完成，教师限定任务时间；
2.通过教材、网络等查询相关资料；
3.任务完成后，教师抽选学生对评价结果进行汇报；
4.其他同学进行提问或点评；
5.教师最后进行点评、总结。

【任务小评】

完成时间：_____分钟　知识点：□熟练掌握　□需要查阅资料　□需要向他人求教

任务收获：_____

项目六　能力拓展训练

一、项目目的

通过能力拓展训练，使学生在掌握工作分析与工作评价知识与技能的基础上，通过综合、复杂的任务情境，进行工作分析与工作评价深度训练，有效提高学生分析、解决问题的能力。

二、项目导图

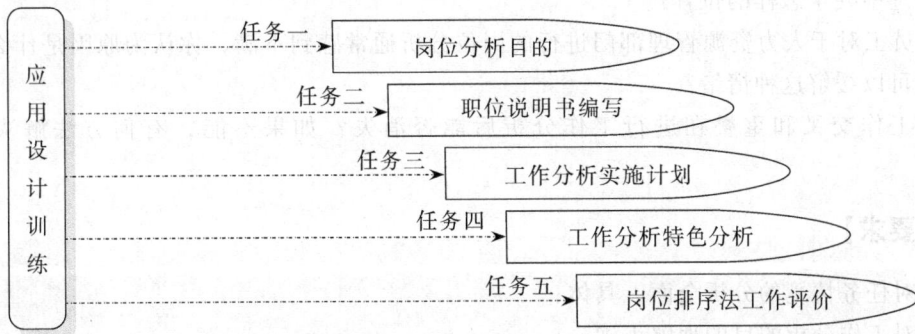

应用设计训练

任务一　岗位分析目的

任务二　职位说明书编写

任务三　工作分析实施计划

任务四　工作分析特色分析

任务五　岗位排序法工作评价

三、项目训练

◆◆ 任务一　岗位分析目的

【任务目标】

通过本任务训练，理解工作分析的目的、意义，掌握工作分析的程序和方法，能够根据工作分析的不同目的和要求，开展工作分析工作。

【任务引入】

鲁新被一家私营企业录用为人力资源部经理，这家企业规模不大，员工只有30人。他进这家企业不久就发现管理有些混乱，员工职责不清，工作流程也不科学。每当发生问题时，A部门说"归B部门管"，B部门称"不知道"，让他找C部门。

他希望进行岗位分析，重新安排组织架构。鲁新和岗位分析小组的成员筹备一番后开始行动。不料，员工们相当不配合。

"我们部门可是最忙的部门，我一个人就要干三个人的活。"

"我每天都要加班到晚上9点以后，你们可别再给我加工作量了。"

"哦，是不是要裁员啦？怎么突然要进行岗位分析了呢？"

"真抱歉，手头忙，等过一阵再谈吧。"

胆小者支支吾吾，疑心重重，态度冷淡、不配合的不在少数。一周下来，鲁新感到筋疲力尽，收获却寥寥。经多方了解后，鲁新才知道他的前任也做过岗位分析。前任不但做了岗位分析，还立即根据分析结果进行了人员大调整；不但减少了人员、合并了岗位，还对员工的工作量做了调整，每个人的工作量有增无减。有了"前车之鉴"，大家忙不迭地夸大了自己的工作量，生怕岗位分析把自己"分析掉了"，或者给自己增加工作量。

【任务内容】

1.岗位分析的目的是不是增加员工的现有工作量？如果不是，你认为岗位分析在人力资源管理中处于怎样的位置？

2.员工对于人力资源管理部门进行的岗位分析通常感到不满，你认为原因是什么？有何良策可以缓解这种情绪？

3.工作交叉和重叠在进行工作分析后能否消失？如果不能，有何方法解决这一问题？

【任务要求】

1.对任务情境的分析全面、具体；

2.对工作分析的目的理解正确；

3.原因分析客观、明确，建议、措施科学、合理。

【任务实施】

　　1.本任务以小组形式完成，教师限定任务时间；

　　2.通过书籍、网络等查询相关资料；

　　3.任务完成后，每个小组派代表进行汇报；

　　4.其他小组进行提问或点评；

　　5.教师最后进行点评、总结。

【任务小评】

　　完成时间：_____分钟　知识点：□熟练掌握　□需要查阅资料　□需要向他人求教

　　任务收获：_____

◈ 任务二　职位说明书编写

【任务目标】

　　通过本任务训练，提升对工作分析工作的诊断能力，掌握职位说明书的编写格式与要点，能够根据企业与岗位的实际情况编写职位说明书。

【任务引入】

　　齐欣是某洗衣公司新入职的人力资源管理专员，她要做的第一件事就是为洗衣店管理人员编写职位说明书。

　　齐欣在大学所学的管理学课程和人力资源管理课程都强调了职位说明书的重要性，但在学习时，她一直不相信职位说明书对一家企业的顺利运转有重要作用。她在上班的最初几周内，多次发现每当她问及洗衣店管理人员为什么违反既定政策和办事程序时，这些人总是回答"因为我不知道这是我的工作内容"或"因为我不知道应该这么做"。齐欣这时才知道，只有花大力气编写职位说明书，并制定一整套标准和程序来告诉大家应该做什么以及如何做，才能使这类问题得到解决。

　　经过几天的努力，齐欣完成了职位说明书的编写，具体如下：

　　就总体而言，洗衣店管理人员负责指挥店里的所有活动，包括生产服务质量监督、顾客关系维护、营业额增长，以及通过控制劳动力、物资、能源等方面的成本实现利润最大化等。

　　在完成这些工作的同时，洗衣店管理人员的任务和职责还包括质量控制、店铺内外清洁、财务和现金管理、成本控制和生产率提高、事故控制、价格控制、库存管理、机器维修、衣物的接收与清洗、雇员安全、人力资源管理、时间控制等。

【任务内容】

　　1.编写洗衣店管理人员职位说明书应采用什么样的格式？

　　2.工作标准和工作程序是应该写进职位说明书，还是应当将它们单独列出来？

3.齐欣如何收集编写工作标准、工作程序以及职位说明书所需要的信息？

【任务要求】

1.对任务情境进行认真、客观、全面分析；

2.提出的措施具有可操作性，并符合该岗位情况。

【任务实施】

1.本任务以个人形式完成，教师限定任务时间；

2.可查询相关资料；

3.任务完成后，教师抽选学生进行汇报；

4.其他同学进行提问或点评；

5.教师最后进行点评、总结。

【任务小评】

完成时间：_____分钟　知识点：□熟练掌握　□需要查阅资料　□需要向他人求教

任务收获：_____

◇ 任务三　工作分析实施计划

【任务目标】

通过本任务训练，全面理解工作分析的内容和实施程序，能够根据企业实际情况撰写工作分析实施计划，并进行具体操作。

【任务引入】

中华实业是一家大型家用电器集团公司，由于近年来发展迅速，人员也飞速增长，目前突出的问题是岗位职责不清，而且经常发生推诿扯皮的现象。现在该公司使用的岗位职责说明书是5年前编制的，各个岗位的职责不清晰，各个岗位的用人标准也比较模糊，从而导致该公司的薪酬激励体系无法与岗位的价值相对等。员工意见很大，士气也有所下降。为了使中华实业高效运行，该公司的新高层团队决定进行一次人力资源管理诊断和重新设计，该项工作从工作分析入手。

人力资源部新任总监李小姐负责此次工作分析。她将此次工作分析分为三个阶段，即准备阶段、实施阶段和结果整合阶段，计划今年6月16日开始，9月16日完成。此次工作分析主要采用工作日志、调查问卷、访谈以及现场观察等方法。同时，李小姐根据现有资料，拟定了人力资源部劳资管理主任的工作目标与职责，具体为：理顺劳资关系，实现劳动用工制度条理化、正常化，确保工资分配与雇员的贡献挂钩，实现工资、福利、奖金等分配制度合理化；为公司领导及部门领导当好政策参谋，加强人力资源的有效利用，配合上级领导制定人力资源管理政策。

【任务内容】

1.假设你是李小姐的助理,请按照此次工作分析的总体时间安排,拟写一份简要的实施程序和时间表。

2.根据劳资管理主任的工作目标与职责,拟写一份劳资管理主任职位说明书供李小姐参考。

【任务要求】

1.时间表中注明各个阶段的起止日期和所需天数;

2.实施程序每个阶段需完成的具体任务叙述简洁明了;

3.列出劳资管理主任职位说明书各个项目的名称,说明填写方法;

4.阐述劳资管理主任职位说明书中"工作内容"的详细内容。

【任务实施】

1.本任务以小组形式完成,教师限定任务时间;

2.小组成员进行讨论、分析;

3.任务完成后,每个小组派代表进行汇报;

4.其他小组进行提问或点评;

5.教师最后进行点评、总结。

【任务小评】

完成时间:_____分钟 知识点:□熟练掌握 □需要查阅资料 □需要向他人求教

任务收获:_____

◆◆ 任务四 工作分析特色分析

【任务目标】

通过本任务训练,进一步理解工作分析的知识,掌握工作分析的技术与方法。

【任务引入】

王教授到东昌钢管公司参观,接待他的刘先生给他留下了深刻的印象。刘先生是该公司人力资源部经理助理,主要负责工作分析。该公司指派了一位工业工程师协助刘先生进行工作设计。王教授也曾被人力资源部聘来研究该公司的工作分析体系,并提出改进的建议。他在人力资源部与刘先生一起浏览了工作说明书,发现工作说明书总体上完整,且与工作直接相关。

参观的第一站是焊接分厂张副厂长的办公室。这是一间十几平方米的房间,位于厂房一楼,四周都装了玻璃窗。当刘先生走近时,张副厂长正站在办公室外面。"您好,刘助理。""您好,张厂长。"刘先生说,"这是王教授。我们能看一看您的工作说明书并跟您聊一会儿吗？""当然。"张副厂长说着打开了门，"请坐。我去把资料拿来。"

从他们坐的地方恰好能看到工作现场的工人。他们查看工作说明书时，可以观察工人的工作情况。"这里的工作说明书是怎样与绩效评估相联系的呢？"王教授问道。张副厂长答道："我根据工作说明书的规定评估工人的业绩，而这些规定是通过工作分析做出的。用这些规定评估工人的业绩能使我在工作发生变化而以前的工作说明书不能准确反映工作情况时，及时修改工作说明书。刘助理为所有中层以上干部制订了培训计划，所以我们都了解工作分析、工作说明书和绩效评估之间的关系。我认为这是一个很好的系统。"

刘先生和王教授继续参观了其他几个生产区，发现了类似的情况。刘先生与每个分厂厂长、车间主任以及他们拜访的三位总厂领导的关系都很好。他们回到办公室时，王教授正在考虑他将向总经理提出什么建议。

【任务内容】

1.运用人力资源管理方面的理论分析并阐述东昌钢管公司工作分析的特点。

2.你认为王教授应向总经理提出什么建议？

3.简要分析工业工程师与人力资源部经理助理刘先生在工作分析中可能存在何种合作关系。

【任务要求】

1.对工作分析特点的分析客观、准确；

2.对工作分析的认识深刻；

3.对任务情境的分析切合实际，具有针对性。

【任务实施】

1.本任务以小组形式完成，教师限定任务时间；

2.通过多种方式查阅资料；

3.任务完成后，每个小组派代表进行汇报；

4.其他小组进行提问或点评；

5.教师最后进行点评、总结。

【任务小评】

完成时间：_____分钟　　知识点：□熟练掌握　　□需要查阅资料　　□需要向他人求教

任务收获：_____

◆◆ 任务五　岗位排序法工作评价

【任务目标】

通过本任务训练，掌握工作评价的知识与技能，理解工作评价的价值，熟练应用岗位排序法等工作评价方法，科学设计工作评价的程序，具备实践应用能力。

【任务引入】

维特公司是一家体育用品制造商，在管理中是这样进行岗位排序的：

1.完成并整理岗位说明书

通过工作分析，对岗位进行清晰描述，包括岗位的目的、职责、权限、工作关系、在组织中的位置等；同时对岗位所需要的任职资格进行分析，明确岗位所需要的教育水平、经验、专业知识和技能的广度与深度等。进行岗位排序前准备好岗位说明书，使岗位排序建立在比较客观的基础上。

2.成立岗位评价委员会

通常情况下，岗位排序要根据各评价者的意见进行汇总整合。岗位评价委员会包括高层管理者、中层管理者、骨干员工和普通员工代表，参与人员较多。该公司在保证合理组成比例的情况下组成了24人的岗位评价委员会，高层管理者、中层管理者、骨干员工、普通员工代表的比例是1：1：1.5：1.5。这样能充分反映员工的意见，解决问题。

3.确定岗位评价的考虑因素

一般来说，进行岗位评价可以从责任因素、知识技能因素、岗位性质（岗位的辛苦程度）、工作环境四个方面考虑。选择标准不宜过多，只需选择最为重要的因素。

4.对岗位评价委员会成员进行培训

培训包括两个方面：一是向成员讲解各岗位的主要职责；二是使成员对岗位排序的标准达成共识。在发给岗位评价委员会成员的岗位评价操作说明中，要着重介绍岗位评价的目的及注意事项。

5.进行比较和排序

岗位评价把所有岗位分为四种类型：高层管理者、部门经理、主管、普通员工。排序时，首先在排序表中找出同类岗位中最重要的，并在该岗位同一行第二列（初排序号栏）标明序号1；然后在该排序表中找出其他岗位中最重要的，并在该岗位同一行第二列标明序号2；以此类推排出其他岗位的次序。排完一类岗位后，按以上步骤完成其他类型岗位排序。

6.检查排序的结果，对不合理的地方进行调整

评价者自查排序的结果，对其中不合理的地方进行调整，然后在排序表"调整后的序号"栏写上经调整后的每个岗位对应的顺序号。

7.综合评价委员会排序的结果，得出最终的排序

将每个评价者对同一岗位评价序号相加后除以评价者数得到每个岗位最终得分，得分越低，岗位最终排序越靠前。由于要消除岗位评价委员会成员个人对岗位理解不全面而造成对某一岗位打分过高或过低的情况，在计算每个岗位的分值时，去掉了该岗位的最高分与最低分。

【任务内容】

1.分析任务情境中的方法体现了工作评价的哪些观点与知识？

2.工作评价方法的主要优缺点是什么？对于其不足应如何改进？

【任务要求】

1.对任务情境分析全面、深入、具体；
2.工作评价方法的优缺点分析准确、客观、实际；
3.建议、措施科学、合理，具有可操作性。

【任务实施】

1.本任务以小组形式完成，教师限定任务时间；
2.通过教材、网络等查询资料；
3.任务完成后，教师抽选小组进行展示汇报；
4.其他小组进行提问或点评；
5.教师最后进行点评、总结。

【任务小评】

完成时间：_____分钟　知识点：□熟练掌握　□需要查阅资料　□需要向他人求教
任务收获：_____

员工招聘与录用

> 一、训练概要

员工招聘与录用是人力资源管理的一项重要职能。这是人力资源进入企业或者具体职位的重要入口，它的有效实施不仅是人力资源管理系统正常运转的前提，也是整个企业正常运转的重要保证。本模块主要针对员工招聘与录用进行专项训练。

> 二、训练目标

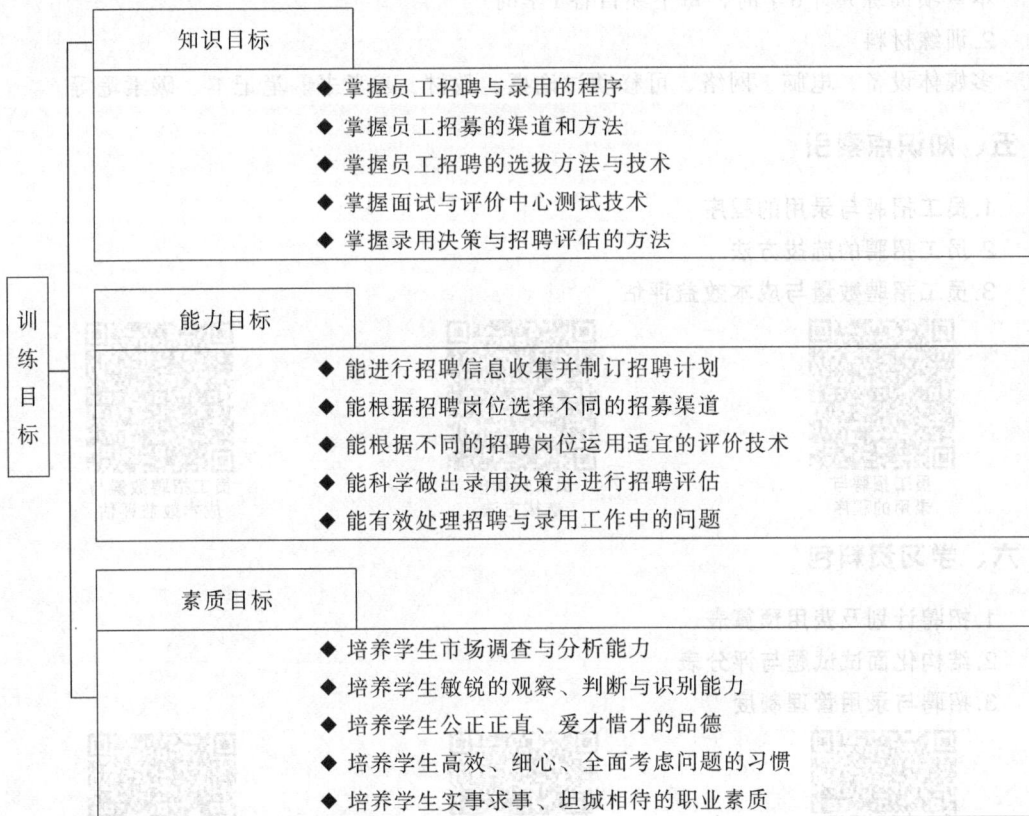

训练目标

知识目标
- ◆ 掌握员工招聘与录用的程序
- ◆ 掌握员工招募的渠道和方法
- ◆ 掌握员工招聘的选拔方法与技术
- ◆ 掌握面试与评价中心测试技术
- ◆ 掌握录用决策与招聘评估的方法

能力目标
- ◆ 能进行招聘信息收集并制订招聘计划
- ◆ 能根据招聘岗位选择不同的招募渠道
- ◆ 能根据不同的招聘岗位运用适宜的评价技术
- ◆ 能科学做出录用决策并进行招聘评估
- ◆ 能有效处理招聘与录用工作中的问题

素质目标
- ◆ 培养学生市场调查与分析能力
- ◆ 培养学生敏锐的观察、判断与识别能力
- ◆ 培养学生公正正直、爱才惜才的品德
- ◆ 培养学生高效、细心、全面考虑问题的习惯
- ◆ 培养学生实事求是、坦诚相待的职业素质

三、训练导图

应用设计训练	数据分析训练	材料解析训练	文件处理训练	管理诊断训练	能力拓展训练
● 编制企业招聘计划 ● 设计招聘广告 ● 设计招聘申请表 ● 设计无领导小组讨论题目与评分表 ● 设计情境式面试问题与评价标准	● 录用人员数量评估 ● 招募方法评估 ● 录用决策 ● 招聘成本效用评估 ● 群体决策法应用	● 笔试与员工素质测评量化技术 ● 面试类型及优势分析 ● 招聘选拔流程 ● 无领导小组讨论应用 ● 选拔性素质测评	● 招聘策略调整 ● 人员招募 ● 内部招聘 ● 人员录用 ● 员工辞职	● 人力资源配置 ● 面试官评价 ● 面试技巧 ● 结构化面试 ● 人力资源甄选	● 面试应答训练 ● 行为描述面试设计 ● 面试座位排列 ● 做出录用决策 ● 招聘信度和效度评价

四、训练条件

1.训练学时

本专项训练共计6学时，每个项目各1学时。

2.训练材料

多媒体设备、电脑、网络、可移动讨论桌、教材、参考书、笔记本、碳素笔等。

五、知识点索引

1.员工招聘与录用的程序

2.员工招聘的选拔方法

3.员工招聘数量与成本效益评估

员工招聘与 录用的程序	员工招聘的 选拔方法	员工招聘数量与 成本效益评估

六、学习资料包

1.招聘计划及费用预算表

2.结构化面试试题与评分表

3.招聘与录用管理制度

招聘计划及 费用预算表	结构化面试试题 与评分表	招聘与录用 管理制度

项目一　应用设计训练

一、项目目的

通过应用设计训练，使学生具有在人力资源管理部门中从事招聘工作的基本能力，具体为编制招聘计划书、设计招聘广告与招聘申请表，以及设计面试题目与评价标准等。

二、项目导图

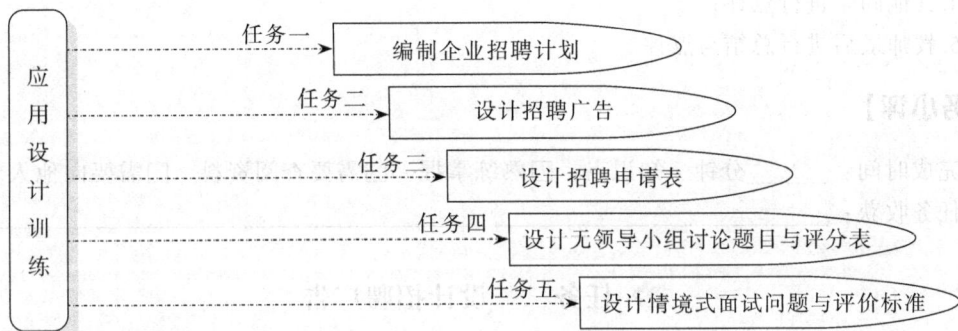

应用设计训练		
任务一	编制企业招聘计划	
任务二	设计招聘广告	
任务三	设计招聘申请表	
任务四	设计无领导小组讨论题目与评分表	
任务五	设计情境式面试问题与评价标准	

三、项目训练

◈ 任务一　编制企业招聘计划

【任务目标】

通过本任务训练，理解招聘计划在员工招聘中的作用，掌握招聘计划的内容，熟悉企业招聘计划的编制流程，掌握招聘计划编制的要点。

【任务引入】

飞华公司由于业务发展需要，决定招聘以下人员：部门主管5名，要求本科以上学历、35岁以下；机械工程师3名，要求机械设计制造及自动化等相关专业本科以上学历；销售代表3名，本科以上学历、相关工作经验3年以上；行政文员1名，要求女性、本科以上学历、30岁以下。预计3个月后上岗，由人力资源部经理王伟及其部下张欣负责招聘。

【任务内容】

如果你是张欣，请拟定一份招聘计划书。

【任务要求】

1.自行拟定任务情境中飞华公司的背景；

2.招聘计划书内容详细、具体，对招聘岗位的要求、招聘渠道、招聘方法、时间安排及招聘预算等逐一介绍；

3.招聘计划书格式规范、条理清晰、语言流畅、方法得当。

【任务实施】

1.本任务由个人独立完成，教师限定任务时间；

2.通过教材、参考书、网络等查询资料；

3.任务完成后，教师抽选学生进行汇报；

4.其他同学进行点评；

5.教师最后进行总结与点评。

【任务小评】

完成时间：_____分钟　　知识点：□熟练掌握　　□需要查阅资料　　□需要向他人求教

任务收获：_____

◈◈ 任务二　设计招聘广告

【任务目标】

通过本任务训练，体验招聘广告设计工作，掌握招聘广告的主要内容和注意事项。

【任务引入】

腾达公司因业务发展需要，决定招聘以下人员：部门主管4名，要求本科以上学历、40岁以下、有两年以上工作经验；销售代表10名，要求专科以上学历；行政秘书1名，要求女性、本科以上学历、28岁以下。预计2个月后上岗，由人力资源部招聘主管赵晶负责招聘。

【任务内容】

假定你是赵晶，请设计一份招聘广告。

【任务要求】

1.自行拟定腾达公司的背景情况；

2.招聘广告用词准确，不能模棱两可、含混不清；

3.内容合法，不含有歧视性内容；

4.招聘广告形式不限，具有吸引力。

【任务实施】

1.本任务以小组形式完成，教师限定任务时间；

2.任务完成后，将每个小组的招聘广告进行展示；

3.各小组同学参观，并针对各小组成果的优点与不足进行评价；

4.教师最后进行讲解、点评与总结。

【任务小评】

完成时间：_____分钟　　知识点：□熟练掌握　　□需要查阅资料　　□需要向他人求教

任务收获：_____

◈ 任务三　设计招聘申请表

【任务目标】

通过本任务训练，掌握招聘申请表的内容与设计要点，并能够运用OFFICE办公软件绘制相关表格。

【任务引入】

白卓公司是一家经营光电缆原辅材料及设备的专业公司，主要产品有光纤、聚酯绳以及各种光缆测试设备、施工工具等。该公司实力雄厚，技术人员均有多年工作经验，熟悉光电缆生产工艺、测试技术。本着诚实、可信的宗旨，该公司为客户提供尽善尽美的服务。

今年9月，白卓公司因业务发展需要，面向社会公开招聘销售人员、货运协调员、前台秘书、电工和销售工程师。

【任务内容】

请根据任务情境的信息，为白卓公司设计一份招聘申请表。

【任务要求】

1.招聘申请表结构完整，体现招聘者需要的各种信息；

2.招聘申请表布局合理、形式美观；

3.运用EXCEL或WORD软件绘制招聘申请表；

4.招聘申请表体现白卓公司的特点。

【任务实施】

1.本任务由个人独立完成；

2.对每位同学设计的招聘申请表进行展示；

3.教师对招聘申请表的设计要点进行讲解；

4.教师最后进行点评与总结。

【任务小评】

完成时间：_____分钟　知识点：□熟练掌握　□需要查阅资料　□需要向他人求教
任务收获：_____

◆◆ 任务四　设计无领导小组讨论题目与评分表

【任务目标】

通过本任务训练，掌握无领导小组讨论的原理、题目的类型以及设计题目的原则，掌握题目设计的流程以及无领导小组讨论评价的要点。

【任务引入】

春阳家电销售公司准备招聘3名地区销售主管，经过层层筛选，最终留下24名应聘者。招聘人员将24名应聘者分为3组，用无领导小组讨论法测评应聘者的计划能力、决策能力、影响能力、人际关系能力、团队合作能力、语言沟通能力。

【任务内容】

1.结合任务情境为应聘者提供一个资源争夺型讨论题目。
2.根据讨论题目设计一份无领导小组讨论评分表。

【任务要求】

1.无领导小组讨论题目属于资源争夺型，能引起应聘者辩论；
2.讨论题目的设计实在、具体，避免出现抽象、空洞、言之无物的争论；
3.无领导小组讨论评分表的要素设计科学、合理、全面。

【任务实施】

1.本任务以小组形式完成，教师限定任务时间；
2.任务完成后，每个小组分别进行汇报，其他小组进行点评；
3.从中选出一组无领导小组的讨论题目与评分表，教师抽选学生进行现场讨论与评价；
4.教师最后进行讲解、点评和总结。

【任务小评】

完成时间：_____分钟　知识点：□熟练掌握　□需要查阅资料　□需要向他人求教
任务收获：_____

任务五 设计情境式面试问题与评价标准

【任务目标】

通过本任务训练，理解情境式面试的内涵，掌握此类面试问题设计的原则、步骤和要点，体验情境式面试的问题设计与评价标准设计工作。

【任务引入】

京远网络公司为下属分公司客户服务部招聘5名客户经理，主要负责该公司网络产品的市场推广和客户服务。人力资源专家通过对现有客户经理中的绩优者进行素质分析，得到了客户经理的胜任能力模型，见表3-1。

表3-1   客户经理的胜任能力模型

指标	指标解释
沟通能力	口头语言准确，能简洁地表达自己的思想；能根据表述内容和沟通对象的特点采取适当的表达方式；在人际交往中，能通过各种途径和线索准确地把握和理解对方的意图，并使别人接纳自己的建议和想法
应变能力	在有压力的情境下（如发生没有预料到的不利于目标实现的事件），能够随机应变，及时做出正确的判断和处理
影响力	能够通过引导、劝诱、说服等方式影响他人，以赢得他人的支持
成就动机	富有挑战精神，能够为自己树立新的目标，并坚持不懈地采取一定行动去实现目标

京远网络公司人力资源部准备采用面试方法对应聘者进行甄选。面试分为两轮：第一轮是初试，由一名招聘专员对应聘者进行面试，每名应聘者的面试时间不超过20分钟，评价内容包括仪表、言谈举止、亲和力、语言表达、性格气质、逻辑条理等；第二轮采用情境式面试方法，面试官根据应聘者的应答表现，对其胜任能力做出相应的评价。

【任务内容】

请结合任务情境为客户经理的四个指标设计情境式面试问题和评分标准，填写在表3-2中。

表3-2   客户经理情境式面试问题和评分标准

"沟通能力"面试问题		
等级	评分标准	分值
A级（优）		
B级（良）		
C级（中）		
D级（差）		
"应变能力"面试问题		
等级	评分标准	分值
A级（优）		
B级（良）		

等级	评分标准	分值
C级（中）		
D级（差）		

"影响力"面试问题		
等级	评分标准	分值
A级（优）		
B级（良）		
C级（中）		
D级（差）		

"成就动机"面试问题		
等级	评分标准	分值
A级（优）		
B级（良）		
C级（中）		
D级（差）		

【任务要求】

1.所设计的面试问题与实际工作相关，符合要求；

2.所设计的问题涉及应聘者在未来工作中最重要、最经常、最关键的活动，而并非次要的、偶然的事件；

3.评分标准的设计清晰、具体，并分出3~4个等级。

【任务实施】

1.本任务以个人形式完成，可查询相关资料；

2.教师讲解面试问题与评分标准设计的具体要求；

3.任务完成后，同学之间进行互检，并进行修改；

4.教师抽选学生进行汇报，并进行现场评价；

5.教师最后进行讲解、点评和总结。

【任务小评】

完成时间：_____分钟　知识点：□熟练掌握　□需要查阅资料　□需要向他人求教

任务收获：_____

项目二　数据分析训练

一、项目目的

通过数据分析训练，使学生具备从事招聘工作所需要的基础计算能力，掌握招聘成本、录用比、完成比、应聘比、招聘成本效用等指标的计算方法，能通过一定的计算做出录用决策。

二、项目导图

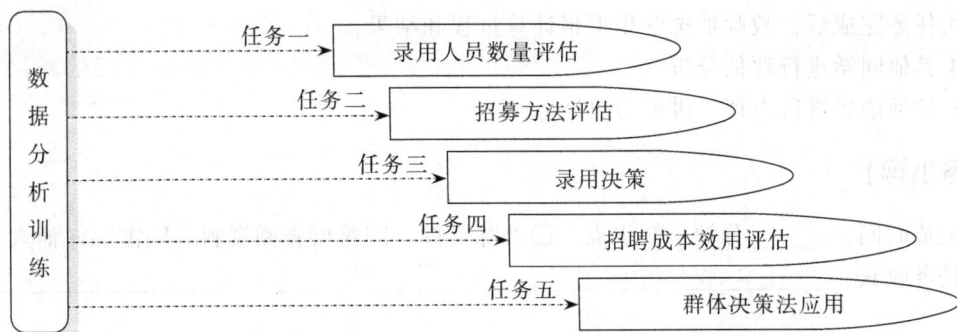

三、项目训练

◇ 任务一　录用人员数量评估

【任务目标】

通过本任务训练，理解招聘评估工作，掌握招聘成本的含义、分类，招聘成本效用的含义与计算公式，以及录用人员数量的计算方法。

【任务引入】

启文公司准备招聘副总经理1人、生产部经理1人、销售部经理1人。副总经理：应聘者38人，参加招聘测试25人，送企业候选3人，录用0；生产部经理：应聘者19人，参加招聘测试14人，送企业候选3人，录用1人；销售部经理：应聘者35人，参加招聘测试29人，送企业候选3人，录用1人。招聘经费包括广告费20 000元、招聘测试费15 000元、体检费2 000元、应聘者纪念品1 000元、招待费3 000元、杂费3 500元、录用人员家属安置费用5 000元。

【任务内容】

请结合任务情境，计算该公司招聘成本效用、录用比、完成比、应聘比。

【任务要求】

1.对任务情境进行全面分析；
2.对招聘成本效用、录用比等计算过程完整；
3.针对各项指标计算结果进行评估分析。

【任务实施】

1.本任务以个人形式完成，教师限定任务时间；

2.教师带领学生进行任务知识点回顾；

3.任务完成后，教师抽选学生汇报计算过程和结果；

4.其他同学进行评估分析；

5.教师最后进行点评、讲解与总结。

【任务小评】

完成时间：_____分钟　知识点：□熟练掌握　□需要查阅资料　□需要向他人求教

任务收获：_____

◇ 任务二　招募方法评估

【任务目标】

通过本任务训练，熟练掌握各种招聘渠道和方法，能够评价不同招聘渠道的产出率，掌握招聘方法评估技术。

【任务引入】

齐月是辉创公司人力资源部的招聘专员，人力资源部经理安排齐月对近期的招聘工作进行评估，以了解招聘工作的效果。齐月对该公司各招聘渠道所吸引人员、录用人员及所支付费用进行了统计，具体见表3-3。

表3-3　　　　　　　　　　　辉创公司各招聘渠道评估指标表

项目	参加招聘会	员工推荐	报刊广告	网络招聘	猎头公司
应聘人数（人）	250	50	500	400	20
接受面试的求职人数（人）	200	45	400	160	20
合格的应聘人数（人）	120	40	100	40	19
实际录用人数（人）	100	30	40	15	15
总成本（元）	300 000	120 000	200 000	150 000	450 000

【任务内容】

1.计算各招聘渠道的录用比和实际录用人员的单位成本。

2.选择最适合的招聘渠道时应考虑哪些问题？

【任务要求】

1.对评估指标数据进行全面分析；
2.对各招聘渠道录用比与成本的计算过程完整；
3.各项数据计算准确；
4.对四种招募方法的评估全面、具体。

【任务实施】

1.本任务以小组形式完成，教师限定任务时间；
2.教师带领学生进行任务知识点回顾；
3.任务完成后，教师抽选学生进行汇报；
4.教师最后进行讲解、点评和总结。

【任务小评】

完成时间：_____分钟　　知识点：□熟练掌握　　□需要查阅资料　　□需要向他人求教

任务收获：_____

◇◇ 任务三　录用决策

【任务目标】

通过本任务训练，理解录用决策的含义，掌握录用决策的程序，熟练掌握录用决策的方法，能根据不同的岗位要求做出科学、合理的录用决策。

【任务引入】

达林公司拟招聘两名工作人员，表3-4是人力资源部通过笔试进行初选之后，对所挑选出来的甲、乙、丙、丁四名候选人进行综合素质测评的得分，以及A和B两类岗位素质测评指标的权重。

表3-4　　　　　　　　　　应聘人员综合素质测评得分与岗位测评指标权重

项目 应聘人员		测评项目						
		知识水平	事业心	表达能力	适应能力	沟通能力	协调能力	决策能力
甲		0.9	0.5	1.0	1.0	0.8	0.9	1.0
乙		0.7	1.0	0.5	0.6	1.0	0.8	0.9
丙		0.8	0.8	0.7	0.8	0.8	1.0	0.8
丁		1.0	0.9	1.0	0.9	0.7	0.7	0.9
权重	A岗位	0.8	0.9	0.7	0.8	1.0	0.6	0.7
	B岗位	0.9	1.0	0.8	0.9	0.9	1.0	1.0

【任务内容】

请根据表3-4的数据，分别对A和B两类岗位提出一名最终候选人。

【任务要求】

1.对应聘人员的综合素质测评分数与岗位素质测评指标权重进行全面分析；

2.结合任务情境，运用科学方法做出录用决策；

3.写出录用决策过程，各项数据计算准确，计算过程详细、完整。

【任务实施】

1.本任务以个人形式完成，教师限定任务时间；

2.教师带领学生进行任务知识点回顾；

3.任务完成后，教师抽选学生进行汇报；

4.教师最后进行知识点讲解、点评和总结。

【任务小评】

完成时间：_____分钟　知识点：□熟练掌握　□需要查阅资料　□需要向他人求教

任务收获：_____

◈ 任务四　招聘成本效用评估

【任务目标】

通过本任务训练，理解招聘评估工作要点，掌握招聘工作的定性评估与定量评估方法，能够通过各招聘环节数据的计算检验招聘工作成果与方法的有效性。

【任务引入】

今年3月，千诚公司开展了招聘活动，招聘结果和招聘经费见表3-5、表3-6。

表3-5　　　　　　　　　　　　**招聘情况统计表**　　　　　　　　　　　单位：人

招聘岗位	计划招聘人数	应聘人数	参加测试人数	候选人数	录用人数
销售主管	3	100	90	9	3
生产主管	2	90	70	7	2
人力资源主管	1	80	60	5	1

表3-6   **招聘费用细目表**

招聘阶段	费用项目
招聘方案设计	方案设计费：20 000元
招募	广告费：10 000元
	招聘测试费：20 000元
	应聘者纪念品：2 700元
招聘实施	招待费：5 000元
	杂费：3 500元
	体检费：10 000元
录用	家属安置费：5 000元

【任务内容】

请计算本次招聘的总成本效用、招募成本效用、完成比、录用比和应聘比。

【任务要求】

1. 对招聘情况统计表与招聘费用细目表中的数据理解透彻；
2. 运用招聘成本效用与录用人员评估方法进行评估；
3. 各项评估数据计算准确，体现计算过程；
4. 针对各项评估指标计算的结果进行分析。

【任务实施】

1. 本任务以个人形式完成，教师限定任务时间；
2. 教师带领学生进行任务知识点回顾；
3. 任务完成后，教师抽选学生汇报计算过程和结果；
4. 其他同学进行评价、分析；
5. 教师最后进行讲解与总结。

【任务小评】

完成时间：_____分钟   知识点：□熟练掌握   □需要查阅资料   □需要向他人求教

任务收获：_____

◇◇ 任务五 群体决策法应用

【任务目标】

通过本任务训练，能够对选拔过程中获取的信息进行综合评价和分析，理解人员录用的原则，掌握人员录用的程序和方法，能够做出科学的录用决策。

【任务引入】

林洋家电销售企业准备招聘3名地区销售主管，经过层层筛选，最终留下24名应聘者。人力资源部决定用群体决策法进行面试并确定录用人选，为此成立了由销售副总经理、人力资源部经理、集团销售部经理、地区资深销售主管4人组成的面试小组。表3-7是面试小组对甲、乙、丙、丁、戊5名候选人的评分结果。

表3-7 评分结果汇总表

面试考官	候选人					权重（%）
	甲	乙	丙	丁	戊	
1.销售副总经理	80	80	75	75	85	20
2.人力资源部经理	85	80	80	75	85	25
3.集团销售部经理	90	85	85	85	80	30
4.地区资深销售主管	85	85	75	80	80	25
最终得分						

【任务内容】

请运用群体决策法从5名候选人中选出最适合的录用人选。

【任务要求】

1.对任务情境进行认真、全面分析；
2.运用群体决策法做出录用决策；
3.各环节数据计算过程完整，计算结果准确；
4.录用决策科学、合理。

【任务实施】

1.本任务以个人形式完成，教师限定任务时间；
2.教师带领学生进行任务知识点回顾；
3.任务完成后，教师抽选学生汇报计算过程与录用人选；
4.教师最后进行点评、讲解与总结。

【任务小评】

完成时间：_____分钟　知识点：□熟练掌握　□需要查阅资料　□需要向他人求教
任务收获：_____

项目三   材料解析训练

一、项目目的

通过材料解析训练，列出不同的招聘工作情境，让学生运用员工招聘与录用的理论知识进行讨论与思考，回答任务情境中所提出的问题，提高学生对员工招聘与录用工作进行分析的能力。

二、项目导图

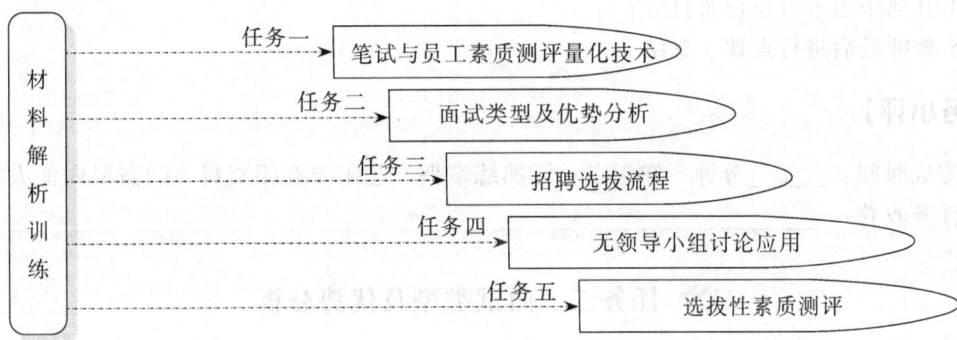

材料解析训练
- 任务一　笔试与员工素质测评量化技术
- 任务二　面试类型及优势分析
- 任务三　招聘选拔流程
- 任务四　无领导小组讨论应用
- 任务五　选拔性素质测评

三、项目训练

◇ 任务一　笔试与员工素质测评量化技术

【任务目标】

通过本任务训练，掌握笔试的要点和设计步骤，理解员工素质测评量化技术及其特点，能够结合企业实际情况具体应用该方法。

【任务引入】

精正电子公司拟招聘20名营销经理。该公司人力资源部制订了招聘计划，将招聘工作分为初选、复选和终选三个阶段；在对应聘者的简历、求职表和推荐信等资料进行初选的基础上，对应聘者进行一次笔试，然后进行员工素质测评，从80名应聘者中选出40名候选人。

【任务内容】

1.如果你是精正电子公司招聘人员，安排笔试时有哪些步骤？笔试重点考核应聘者哪些方面的能力？

2.对应聘者进行素质测评时，应采用何种量化技术？

【任务要求】

1.结合该公司实际情况，并体现针对性；

2.对笔试环节及考核重点的分析全面、具体，逻辑关系清晰；

3.对应聘者进行素质测评时采用了量化技术，分析具体原因。

【任务实施】

1.本任务以小组形式完成，教师限定任务时间；

2.教师带领学生回顾相关知识点；

3.任务完成后，每个小组分别进行汇报；

4.其他小组进行点评及打分；

5.教师最后进行点评、总结。

【任务小评】

完成时间：_____分钟　知识点：□熟练掌握　□需要查阅资料　□需要向他人求教

任务收获：_____

◆》 任务二　面试类型及优势分析

【任务目标】

通过本任务训练，掌握面试的目的、类型以及每种面试的特点和适用对象，能够对面试类型进行区分，并针对不同的应聘人员采取不同的面试方式。

【任务引入】

远乔家用电器公司每年都要招聘一定数量的应届毕业生，该公司选拔人才时，通常用笔试与面试两种方式。第一轮面试采取一对一的方式，面试考官由具有一定经验并受过面试培训的部门经理担任。第二轮面试是30分钟的复试，面试考官由用人部门高层经理组成。在面试过程中，面试考官按照预定的方案向应聘者提问，应聘者按要求作答；随着问题的减少，面试进入尾声，这时面试考官会给应聘者一定时间，由应聘者提几个自己关心的问题。面试结束后，面试考官立即整理记录，根据应聘者回答问题的情况及总体印象做出最终评定。在复试过程中，面试考官通常会提以下5个问题：

1.您在哪些单位实习过？

2.您认为职业成功的评价标准是什么？

3.我们发现您的知识与技能结构不太适合我们公司的要求，您怎么看这个问题？

4.如果上司交给您一项任务，您必须搜集相关信息才能完成，您会怎么做？

5.请举一个例子，说明如何兑现对他人的承诺。

【任务内容】

1.该公司在复试阶段采用了哪种类型的面试？

2.该公司在复试中提出的5个问题各属于哪种类型的面试问题？

3.上述提问方式有哪些优点？

4.您认为上述提问是否妥当？您有哪些补充提问？

【任务要求】

1.结合该公司实际情况完成本任务；

2.对面试的分类界定准确；

3.对该公司面试问题的补充体现对应届毕业生的针对性。

【任务实施】

1.本任务以个人形式完成，教师限定任务时间；

2.教师带领学生回顾相关知识点；

3.任务完成后，教师抽选学生进行汇报、扮演应聘者回答提问；

4.教师就任务完成情况及学生现场面试情况进行分析；

5.教师最后进行知识点讲解与总结。

【任务小评】

完成时间：_____分钟　　知识点：□熟练掌握　　□需要查阅资料　　□需要向他人求教

任务收获：_____

◈ 任务三　招聘选拔流程

【任务目标】

通过本任务训练，理解选拔的内涵，熟练掌握人员选拔的流程、工具，能够根据企业的不同需求安排适宜的选拔流程和筛选工具。

【任务引入】

诚奇公司计划招聘一名负责销售与市场业务的销售总监，该职位要求有十年以上本行业销售经验、五年以上销售部门经理资历，并且在同行业其他公司担任过高层职位。该公司对该职位的招聘选拔拟按照表3-8的步骤进行。

表3-8　　　　　　　　　　　　诚奇公司招聘选拔步骤

序号	选拔步骤	选拔内容、方法和流程
1	简历筛选	由人力资源部通过报纸、网络等媒体进行公开招聘，对申请人提交的简历进行资格审核

序号	选拔步骤	选拔内容、方法和流程
2	初步面试	人力资源部对符合条件的人员进行初步面试，核查申请者的情况是否和简历一致，并与申请者进行薪酬水平协商
3	心理测试	对职业兴趣、职业人格等进行考查
4	专业笔试	进行销售知识等方面的笔试
5	结构化面试	和公司高层领导一起对通过笔试的人员进行结构化面试，内容涉及对行业的了解、销售计划以及销售能力等方面
6	评价中心测试	让最后入选的4~6人参加评价中心测试
7	背景调查与通知	对评分第一的候选人进行背景调查，并通知其他候选人未能竞聘成功

【任务内容】

1.该公司对销售总监的招聘流程存在哪些问题？

2.在企业招聘评价中心测试中，常用公文筐测试对中高层管理人员进行甄选，公文筐测试具有哪些特点？

【任务要求】

1.对招聘流程中存在的问题分析具体、详细，所提出的解决问题的措施合理；

2.评价中心测试技术的选取体现销售总监选拔的针对性。

【任务实施】

1.本任务以小组形式完成，教师限定任务时间；

2.任务完成后，每个小组分别进行汇报，其他小组进行点评；

3.教师最后进行点评、总结。

【任务小评】

完成时间：_____分钟　　知识点：□熟练掌握　　□需要查阅资料　　□需要向他人求教

任务收获：_____

◈ 任务四　无领导小组讨论应用

【任务目标】

通过本任务训练，理解无领导小组讨论的内涵，熟悉无领导小组讨论的特点、适用范围，掌握无领导小组讨论的具体流程以及评价要点。

【任务引入】

庆兴集团公司拟从大学毕业生中招募一批储备人员，经过简历筛选及简单初试之后，准备对入选人员进行一次无领导小组讨论评估。该公司相关人员准备好场地和题目，让入选人员进行讨论。讨论过程中不指定谁是领导，也不指定入选人员应坐的位置，让入选人员自行安排，考官观察入选人员的组织能力、口头表达能力、辩论说服能力等是否达到拟任岗位的要求。

【任务内容】

1.无领导小组讨论的前期准备应做好哪些工作？
2.进行无领导小组讨论时，考官应重点评估入选人员哪些方面的表现？

【任务要求】

1.结合任务情境完成本任务；
2.所列出的无领导小组讨论前期准备工作具体、全面；
3.对无领导小组讨论要点的分析科学、合理，切合实际。

【任务实施】

1.本任务以小组形式完成，教师限定任务时间；
2.任务完成后，每个小组就分析结果以 PPT 形式进行展示汇报；
3.其他小组进行提问或点评；
4.教师最后进行点评、讲解与总结。

【任务小评】

完成时间：＿＿＿＿＿＿分钟　　知识点：□熟练掌握　　□需要查阅资料　　□需要向他人求教
任务收获：＿＿＿＿＿＿＿＿＿＿＿＿＿＿＿＿＿＿＿＿＿＿＿＿＿＿＿＿＿＿＿＿＿＿＿＿＿＿＿

◆〉 任务五　选拔性素质测评

【任务目标】

通过本任务训练，掌握选拔性素质测评的内涵，理解选拔性素质测评的特点、操作与运用原则，能够结合企业实际开展选拔性素质测评工作。

【任务引入】

新思电子公司拟在本年度内为下属地区销售部招聘20名营销经理。该公司人力资源部王经理对新招聘来的大学毕业生小文说："这项重要任务就交给你了，你先提出一个招聘方案吧！"小文欣然接受了任务，一周以后，他设计了一份详细的招聘计划，送到王经理面前。在小文所提交的招聘计划中，营销经理的招聘工作分初选、细选和终选三个阶段。在根据应聘人员的简历、求职表和推荐信等资料进行初选的基础上，应当对候选人进行一次选拔性素质测评，然后再面试，使用无领导小组讨论等方法选拔最终候选人。

【任务内容】

1.对应聘者进行选拔性素质测评时，应当做好哪些准备工作？
2.对营销经理的"团队管理能力"进行选拔性素质测评时，需要把握哪些测评要素？

【任务要求】

1.列出的选拔性素质测评准备工作全面、充分；
2.测评要素的设计科学、合理、全面，并具有可操作性。

【任务实施】

1.本任务以小组形式完成，教师限定任务时间；
2.任务完成后，每个小组就讨论结果进行汇报；
3.其他小组进行提问或点评；
4.教师最后进行点评、总结。

【任务小评】

完成时间：_____分钟　知识点：□熟练掌握　□需要查阅资料　□需要向他人求教

任务收获：_____

项目四　文件处理训练

一、项目目的

通过文件处理训练，给学生提供企业工作情境，让学生扮演企业人力资源管理部门经理，结合模拟企业情况，对相关部门提交的有关招聘工作的文件进行批阅、处理，使学生对角色进行真实感知，提高学生对员工招聘与录用工作的处理能力。

二、项目导图

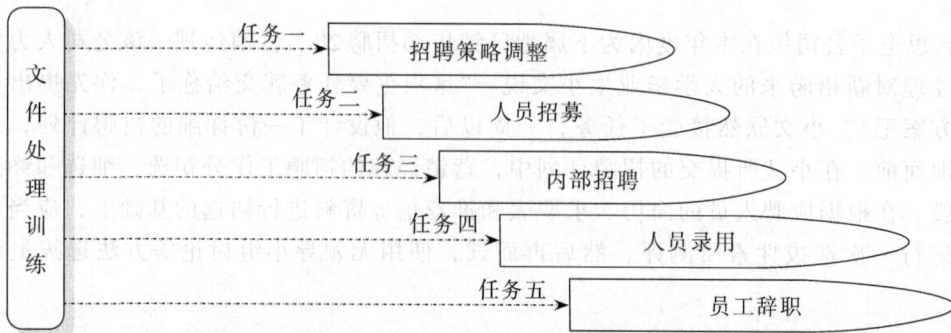

三、项目训练

>> 任务一 招聘策略调整

【任务目标】

通过本任务训练，熟悉大中型企业人力资源管理业务处理的方式，了解招聘形式，熟练掌握并应用招聘策略。

【任务引入】

品源公司是一家大型制造企业，其产品具有较高的市场地位和良好的品牌形象，发展前景广阔。你是品源公司人力资源总监田斌，你刚结束会议回到办公室，收到了招聘主管的电子邮件。

类　　别：电子邮件
发件人：董光，招聘主管
收件人：田斌，人力资源总监
日　　期：5月19日
田总：

今年的招聘工作遇到很大困难，本市其他企业遇到的"民工荒"问题在我们企业也很明显。今年春节后，我们在各个城市加大招聘力度，招聘职位中的一线工人的薪酬水平比去年提高了10%，但招聘效果依然不够理想，现在离预定招聘结束的时间还有一个月，距1 500人的招聘目标还有450人的缺口。去年的员工流失率比较高，春节后的返岗率又下降了6个百分点，人员紧缺的形势很严峻。在招聘过程中，我们适当降低了对工作经验和技术能力的要求，但依然不能达到人员需求的数量。我分析了一下，现在的工人主要以"00后"为主，与过去相比，这些工人对工作职位以及薪酬福利的看法有了很大的变化。我们目前的招聘方法和几年前差别不大，招聘条件也仅仅是在工资上有所提高，这已经不适应当今的招聘形势了，我希望就此事尽快和您商议一下。

董光

【任务内容】

请给出这份文件的处理思路，并准确、详细地写出将要采取的措施及意图。

【任务要求】

1. 模拟任务情境中人力资源总监的身份完成本任务；
2. 拟采取的措施及意图用文字形式表述；
3. 对文件的批阅、处理符合角色身份与文件处理口吻；
4. 解决任务情境中的问题时考虑全面、措施合理。

【任务实施】

1.本任务以个人形式完成,教师限定任务时间;

2.任务完成后,教师抽选学生进行展示汇报;

3.其他同学进行分析与评价;

4.教师最后进行点评、讲解与总结。

【任务小评】

完成时间:_____分钟   知识点:□熟练掌握   □需要查阅资料   □需要向他人求教

任务收获:_____

◆◆ 任务二   人员招募

【任务目标】

通过本任务训练,熟悉企业招聘工作中的业务处理方式,理解人员招募的含义,掌握招募的渠道、方法以及各种方法的适用岗位。

【任务引入】

东林印刷厂成立十几年了,现有员工近200人,目前该厂市场份额稳定,发展前景良好。但近几年,印刷行业人员招募比较困难。你是东林印刷厂人力资源部部长,刚收到一封印刷管理部的电子邮件,需要你处理。

> 类　别:电子邮件
> 发件人:孙林杰,印刷管理部部长
> 接收人:白晓宇,人力资源部部长
> 日　期:10月23日
> 白部长:
> 　　原来我们印刷管理部有10个人,最近咱们单位进行机构改革,我们部门的骨干员工中有3人离职去了竞争对手单位,目前我们部门加上我自己共7名员工,其中有2名员工的年龄已经超过55岁。我们单位的印刷管理工作非常繁重,我已经面试了多个应聘者,都不太满意,不是能力不足就是经验欠缺,希望人力资源部能再帮我们拓展一下招聘渠道,尽快找到合适的人员。
>
> 　　　　　　　　　　　　　　　　　　　　　　　　　　　　　　　　孙林杰

【任务内容】

请给出这份文件的处理思路,并准确、详细地写出将要采取的措施及意图。

【任务要求】

1.模拟任务情境中人力资源部部长的身份完成本任务;

2.拟采取的措施及意图用文字形式表述；

3.对文件的批阅、处理符合角色的身份与文件处理口吻；

4.解决任务情境中的问题时考虑全面、措施合理。

【任务实施】

1.本任务以个人形式完成，教师限定任务时间；

2.任务完成后，教师抽选学生进行展示汇报；

3.教师进行讲解、点评与总结。

【任务小评】

完成时间：_____分钟　知识点：☐熟练掌握　☐需要查阅资料　☐需要向他人求教

任务收获：_____

◇ 任务三　内部招聘

【任务目标】

通过本任务训练，熟悉招聘与录用的概念、原则，掌握招聘与录用的程序、招聘途径与选拔方法。

【任务引入】

华森公司是一家大型建筑工程公司，现有员工近700人。该公司下设多个事业部，业务涉及工程设计、城市规划、道路桥梁、污水处理等多个领域。你是华森公司人力资源部部长刘宇辰，现收到一份招聘主管发来的电子邮件，需要你来处理。

类　别：电子邮件

发件人：郑迪，招聘主管

收件人：刘宇辰，人力资源部部长

日　　期：11月16日

刘部长：

　　工程设计事业部副部长岗位内部竞聘的准备工作已经开始了，我昨天按照您的要求已经拟好了内部竞聘公告，申请条件除了学历、专业等方面的规定外，还要求熟悉工程设计事业部的业务领域，并且有8年以上经理级管理经验，有5年以上担任项目总设计师（项目经理）的业务背景，参与过工程项目管理、工程承包或工程承包经营工作。这是我们公司第一次在这个级别上进行内部竞聘，上次您也提到，公司领导非常重视，要求我们务必做到公平公正、选拔出最合适的人才，为今后的内部竞聘做出好的示范。对于竞聘方案中的一些具体内容，特别是竞聘流程、竞聘方式以及一些要注意的细节问题，希望能够得到您的指导。您什么时间方便，请随时找我，我向您详细汇报。

郑迪

【任务内容】

请给出这份文件的处理思路，并准确、详细地写出将要采取的措施及意图。

【任务要求】

1. 模拟任务情境中人力资源部部长的身份完成本任务；
2. 拟采取的措施及意图用文字的形式表述；
3. 对文件的批阅、处理符合角色的身份与文件处理口吻；
4. 解决任务情境中的问题时考虑全面、措施合理。

【任务实施】

1. 本任务以个人形式完成，教师限定任务时间；
2. 任务完成后，教师抽选学生进行展示汇报；
3. 教师最后进行点评、总结。

【任务小评】

完成时间：_____分钟　知识点：□熟练掌握　□需要查阅资料　□需要向他人求教
任务收获：_____

◆ 任务四　人员录用

【任务目标】

通过本任务训练，熟悉大中型企业人力资源管理招聘业务处理方式，了解招聘的形式，掌握人员选拔与录用的方式。

【任务引入】

宇安集团是一家煤炭企业，主要经营煤炭生产、洗选和贸易。近年来，宇安集团并购了几家老煤矿，并计划将业务重点从传统的煤炭生产转向利润更高、更环保的煤油项目、煤层气开发和煤化工转化。你是宇安集团人力资源总监温明，今天你提前来到办公室处理文件。

类　别：便条
发件人：朱海涛，技术研究中心一部主任
收件人：温明，人力资源总监
日　　期：5月16日
温总：您好！
有件事情想和您当面商议。今年集团给了我们部聘用两个应届毕业生的名额，经过多轮筛选，我们确定了两名候选人，即将签定合同。这两名候选人均为地质大学的硕士

研究生，其中一名已经在我们部实习了半年，基本功扎实，具有一定的项目经验，与我们部的其他同事合作也非常愉快。另一名在硕士研究生阶段重点研究煤层气的开发，毕业论文的质量非常高，在选聘过程中表现不错。昨天我们集团的张克渊副总裁交给我一份简历，希望我对该应聘者给予照顾。我看过简历后，觉得无论从学历、资历甚至专业上，该应聘者都不具备进入我们部的条件。我不便直接回绝张总，此事希望能得到您的帮助。

朱海涛

【任务内容】

请给出这份文件的处理思路，并准确、详细地写出将要采取的措施及意图。

【任务要求】

1.模拟任务情境中人力资源总监的身份完成本任务；

2.拟采取的措施及意图用文字形式表述；

3.对文件的批阅、处理符合角色的身份与文件处理口吻；

4.解决任务情境中的问题时考虑全面、措施合理。

【任务实施】

1.本任务以个人形式完成，教师限定任务时间；

2任务完成后，教师抽选学生进行展示汇报；

3.教师最后进行知识点讲解、点评和总结。

【任务小评】

完成时间：_____分钟   知识点：□熟练掌握   □需要查阅资料   □需要向他人求教

任务收获：_____

◆◆ 任务五   员工辞职

【任务目标】

通过本任务训练，掌握员工招聘与录用的知识与技能，具备在大中型企业进行人员选拔、录用与人员配置的工作能力。

【任务引入】

任务引入背景与任务四相同。你是人力资源总监温明，你收到下属发来的电子邮件，需要处理。

类　别：电子邮件
发件人：刘晓宏，人力资源部专员
收件人：温明，人力资源总监
日期：9月10日
温总：您好！

　　原常石矿矿长魏安成（现任副矿长）今天向集团提出了辞职，听说他经常和集团委派的张立峰矿长发生冲突，认为张矿长不了解矿里的情况，采取的管理措施过于生硬，挤走了自己的很多老部下。魏矿长认为自己无法和张矿长合作，希望集团做出选择。附件是他的辞呈，尚未递交给集团领导，您看该如何处理？

刘晓宏

【任务内容】

　　请给出这份文件的处理思路，并准确、详细地写出将要采取的措施及意图。

【任务要求】

　　1.模拟任务情境中人力资源总监的身份完成本任务；

　　2.拟采取的措施及意图用文字形式表述；

　　3.对文件的批阅、处理符合角色的身份与文件处理口吻；

　　4.解决任务情境中的问题时考虑全面、措施合理。

【任务实施】

　　1.本任务以个人形式完成，教师限定任务时间；

　　2.任务完成后，教师抽选学生进行展示汇报；

　　3.其他同学进行提问与点评；

　　4.教师最后进行知识点讲解和总结。

【任务小评】

　　完成时间：_____分钟　　知识点：□熟练掌握　　□需要查阅资料　　□需要向他人求教

　　任务收获：_____

项目五　管理诊断训练

一、项目目的

　　通过管理诊断训练，使学生掌握招聘管理诊断知识，能针对企业人力资源管理部门招聘管理工作的开展情况，迅速找出存在的问题，并提出有效的解决方案，从而提升企业的招聘管理水平。

二、项目导图

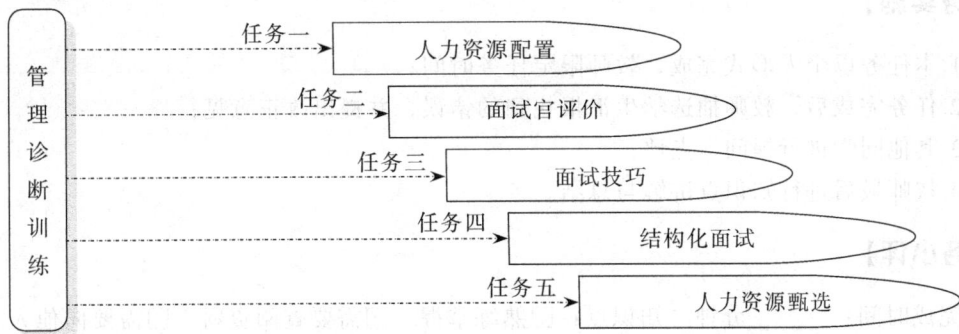

管理诊断训练

任务一 → 人力资源配置
任务二 → 面试官评价
任务三 → 面试技巧
任务四 → 结构化面试
任务五 → 人力资源甄选

三、项目训练

❯❯ 任务一　人力资源配置

【任务目标】

通过本任务训练，理解人力资源配置的含义，掌握人力资源配置的原理，提升对企业人力资源配置工作的诊断能力。

【任务引入】

满峰刚刚入职某一公司，从事人力资源管理工作。在公司的研讨交流会议中，满峰对人力资源配置工作发表了如下观点：

在人力资源配置中，要遵循这样一个宗旨：没有无用之人，只有没有用好之人。人力资源配置的目的是为优秀人员创造其发挥作用的条件。企业推行双向选择、公开招聘，就是为人才提供适合其发展的工作环境和条件。将能力特点和能力水平不同的人安排到相应的职位上，使个人的能力与职位要求相适应，这就是要素有用原理。每个人都有长处，也有短处，因此要注意互补原理的运用。不管怎样，群体的整体功能都会得到放大。当然，人与工作的匹配不是绝对的，适应也会变成不适应，这就是弹性冗余原理。在人与事的匹配过程中，要尽可能满负荷，这样能给工作者造成一定的紧迫性，变压力为动力，从而达到有效利用人力资源的目的。

【任务内容】

请对满峰关于人力资源配置的观点进行评价，错误之处予以改正。

【任务要求】

1.对任务情境中的观点或论断进行认真辨别、判断；

2.对观点或论断的判断具体、明确，不能含糊其辞；

3.对错误观点或论断予以改正。

【任务实施】

1.本任务以个人形式完成，教师限定任务时间；

2.任务完成后，教师抽选学生汇报找到的错误，并提出改正意见；

3.其他同学进行提问、点评；

4.教师最后进行知识点讲解与总结。

【任务小评】

完成时间：_____分钟　知识点：□熟练掌握　□需要查阅资料　□需要向他人求教

任务收获：_____

◆◆ 任务二　面试官评价

【任务目标】

通过本任务训练，提高对所学面试知识的掌握程度、理解程度，提升对面试工作的诊断能力。

【任务引入】

下面是某公司的招聘面试经过：

考官：如果你的亲人患病住院，需要你陪护，而此时单位有一项紧急任务需要你完成，你将如何处理？

应聘者：我会毫不犹豫地将工作放在第一位。

考官：如果你的亲人患的是急性病，比如心脏病、脑血栓，你也丢下亲人不管而完成工作吗？

应聘者：（略作思索）这种情况我没有遇到过，如果遇到了，我会先选择工作，以工作为重，先干完工作再说。

考官：假如患病的是你的至亲之人呢？比如是你的父亲、母亲或孩子。

应聘者：对不起，我认为我已经回答了您的问题。

【任务内容】

请结合任务情境，分析考官是否具备足够的面试技巧？如果你来做考官，同样的问题你会如何提问？

【任务要求】

1.对任务情境中的面试经过进行认真、全面的分析；

2.对考官面试技巧的评价公正、客观；

3.对面试问题的设计体现面试技巧的应用。

【任务实施】

1.本任务以小组形式完成，教师限定任务时间；

2.任务完成后，每个小组对任务情境中的面试技巧进行评价，并就设计的面试问题进行汇报；

3.教师最后进行讲解、点评和总结。

【任务小评】

完成时间：_____分钟　　知识点：□熟练掌握　　□需要查阅资料　　□需要向他人求教

任务收获：_____

◈ 任务三　面试技巧

【任务目标】

通过本任务训练，提升对所学面试技巧的掌握程度和对面试工作的诊断能力，掌握面试的提问技巧和注意事项，并能够灵活应用。

【任务引入】

下面是某公司的招聘面试经过：

当考官得知应聘者来自同行一家倒闭的单位时，他很感兴趣，马上问："你认为你原来单位倒闭的原因是什么？"应聘者迟疑了一下，然后说"原因很复杂"，心里却思索着：是对原来单位的业务定位进行评价，还是说是因为经营策略调整？似乎都不太妥当，而不回答明显是不行的。应聘者正在迟疑中，考官口气生硬地说："你不说，我们怎么知道？"应聘者尽力回答了这个问题。考官抓住这个问题继续问："你们单位倒闭后人员去向如何？"应聘者说："老员工安排去处，新员工各自找出路。"考官沉着声音说："这么说，你是被辞退的喽？"应聘者不知所措。考官紧接着问："那你这些天都干什么去了？"应聘者说自己这两个月一直待业在家。考官说："看来你挺内向的，我问一句，你才答一句。我们的面试到此结束。"

【任务内容】

请对任务情境中考官的面试技巧做出评价。

【任务要求】

1.对任务情境中的招聘面试经过进行认真、全面分析；

2.对任务情境中考官的面试技巧评价公正、客观。

【任务实施】

1.本任务以小组形式完成，教师限定任务时间；

2.任务完成后，每个小组就任务情境中的面试技巧进行评价；

3.教师最后进行任务知识点讲解、点评和总结。

【任务小评】

完成时间：_____分钟　知识点：□熟练掌握　□需要查阅资料　□需要向他人求教

任务收获：_____

◆◆ 任务四　结构化面试

【任务目标】

通过本任务训练，提升对企业招聘过程中结构化面试工作的诊断能力，能够就结构化面试题目的设计与应用进行评价，并提出解决问题的措施。

【任务引入】

以下是某公司招聘的结构化面试题目：

（1）你对要应聘的单位有什么了解？是通过什么渠道知道的？

（2）你有个朋友生病在家，你带着礼物前去看望，偏巧在楼道里遇见了你领导的家人，对方以为你是来看你领导的，接下礼物并连连道谢。这时你如何向对方说明你的真正来意，又不让对方失了面子？

（3）从你的自我介绍中知道你做过管理工作，能否请你举一个你认为成功的例子？详细说明你从事计划、组织、协调的情况。

（4）随着经济的发展，环境污染成为百姓关注的问题。你对环境与发展的关系有何见解？

（5）《红楼梦》中你最喜爱的人物是哪一位？作者塑造的这一人物的个性是什么？

（6）如果报酬等条件相当，任你选择，你倾向于图书馆管理员还是大学生政治辅导员？

（7）如果在工作中，你的上级非常器重你，经常让你做一些属于别人职权范围的工作，同事因此对你颇有微词，你如何处理这类问题？

【任务内容】

请对任务情境中采用的结构化面试方法提出自己的见解并说明理由。

【任务要求】

1.对结构化面试题目进行认真、全面的分析；

2.对结构化面试题目的评价公正、客观；

3.所提出的见解与理由明确、清晰。

【任务实施】

1.本任务以小组形式完成，教师限定任务时间；

2.教师带领学生回顾任务知识点；

3.任务完成后，每个小组分别进行汇报；

4.教师最后进行点评、讲解与总结。

【任务小评】

完成时间：_____分钟　　知识点：□熟练掌握　　□需要查阅资料　　□需要向他人求教

任务收获：_____

◈ 任务五　人力资源甄选

【任务目标】

通过本任务训练，熟悉员工甄选的步骤，能熟练使用甄选工具，掌握员工甄选的一般程序和方法，提升对人员甄选工作的诊断能力。

【任务引入】

元达公司总裁李先生8个月前将负责公司内部管理的林某提拔为副总裁。再过3年，李先生就要退休了，他觉得到那时林某就可以独当一面了，他对林某感到很满意。为了让业内人士尽快了解和熟悉林某，李先生带他去各种社交场合。可是，人们对李先生很尊重，而对林某很冷淡，林某常常觉得心里不平衡，他认为自己比李先生更加辛苦，如果他当上总裁，就可以扭转这种局面。有一天，从一个业内聚会回来以后，林某找到李先生，下面是他们的对话：

林　某：小时候，我很希望自己成为一名舵手，希望自己能够早日实现梦想。

李先生：请问你希望在什么时候实现呢？

林　某：现在。

李先生："现在"是什么概念？3年以后我就退休了。

林　某：现在就是立刻，3个月以内，而不是3年。

李先生：你如此迫切，让我想想吧。

李先生不愿意失去一个自己精心培养多年的公司领导，又因为长期授权给林某，现在收回也非常困难。李先生最后决定提前退休。

一年后，该公司经营业绩下滑，濒临破产。

【任务内容】

1.李先生在用人、识人上出现了哪些失误？

2.你从林某的言行中可以看出他存在哪些问题？

【任务要求】

1.对任务情境进行认真、全面、深入分析；

2.对李先生在用人、识人方面的分析客观、全面；

3.对林某的分析深入、具体，所提出的见解具有指导性。

【任务实施】

1.本任务以小组形式完成，教师限定任务时间；

2.任务完成后，每个小组分别进行汇报；

3.其他小组进行点评；

4.教师最后进行点评、讲解与总结。

【任务小评】

完成时间：_____分钟　知识点：□熟练掌握　□需要查阅资料　□需要向他人求教

任务收获：_____

项目六　能力拓展训练

一、项目目的

通过能力拓展训练，让学生运用所学的招聘与录用知识进行讨论与思考，通过综合、复杂的任务情境，提高学生在招聘与录用工作中分析问题与解决问题的能力。

二、项目导图

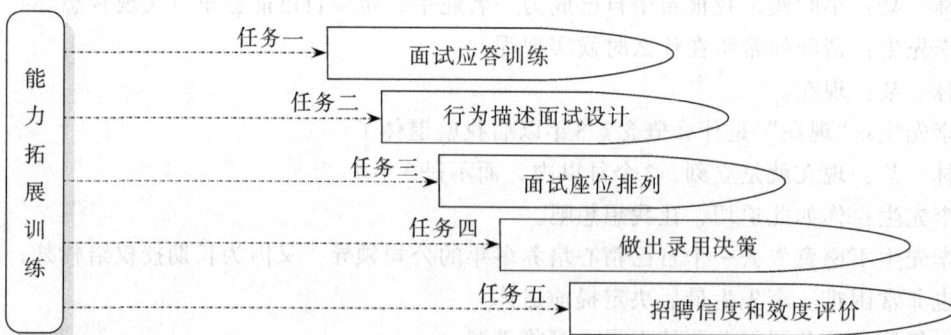

三、项目训练

◆◆ 任务一　面试应答训练

【任务目标】

通过本任务训练，掌握面试礼仪与面试沟通要点，掌握不同类型面试题目的形式与特点，能够有效回答各种类型的面试提问。

【任务引入】

某公司在招聘人力资源总监助理时提出了各种类型的问题，其面试过程的节录如下：

1.考官：当你与用人部门的主管对某一岗位的用人要求有不同意见时，你是怎样处理的？（开放性问题）

2.考官：你能不能举出一两个你所遇到的实例？当时用人部门的主管与你在某个岗位的要求上没有达成共识，给我讲一讲当时的情况是怎样的。（行为性问题）

3.考官：为什么？（探索性问题）

4.考官：后来怎么样了？（探索性问题）

5.考官：用人部门的主管是怎样反应的？（探索性问题）

6.考官：你是怎样做的？（探索性问题）

7.考官：接下来的情况怎么样？（探索性问题）

8.考官：这次你和那位主管意见不一致是否影响了你们之间的关系？（封闭式问题）

【任务内容】

结合任务情境，若你是候选人，如何回答面试考官的问题？

【任务要求】

1.正确区分各种类型的面试问题；

2.对各种类型面试问题的回答符合要求；

3.对问题的回答达到面试标准。

【任务实施】

1.本任务以个人形式完成，教师限定任务时间；

2.任务完成后，教师抽选学生担任面试考官，向其他学生进行面试提问并现场点评；

3.教师对每种面试问题类型及回答要点进行点评；

4.教师最后进行知识点讲解与总结。

【任务小评】

完成时间：＿＿＿＿分钟　知识点：□熟练掌握　□需要查阅资料　□需要向他人求教

任务收获：＿＿＿＿＿＿＿＿＿＿＿＿＿＿＿＿＿＿＿＿＿＿＿＿＿＿＿＿＿＿＿＿

◈ 任务二　行为描述面试设计

【任务目标】

通过本任务训练，掌握行为描述面试的含义、要素，能够根据不同岗位设计行为描述面试问题，并掌握评价要点。

【任务引入】

某企业需要招聘一名市场营销经理，下面是某位求职者简历的部分内容：

1.2014—2015年，A企业销售部营销助理，连续两次获得该企业销售冠军；

2.2016—2018年，A企业销售部营销主管，产品销售额连续3年增长10%；

3.2019年至今，B企业市场总监，成功策划了2次全国性的大型产品展销活动。

依据这些情况，人力资源部决定对其进行面试。

【任务内容】

依据任务情境，如何采用行为描述面试方式来考查该求职者，以便深入、准确地了解该求职者的真实情况？

【任务要求】

1.对招聘岗位的分析深入、具体，提炼出关键特征；

2.所设计的面试问题体现岗位特征，并符合STAR原则。

【任务实施】

1.本任务以个人形式完成，教师限定任务时间；

2.教师带领学生回顾任务知识点；

3.任务完成后，教师抽选学生进行展示汇报；

4.其他同学扮演应聘者进行现场回答；

5.教师最后进行点评、讲解与总结。

【任务小评】

完成时间：＿＿＿＿分钟　知识点：□熟练掌握　□需要查阅资料　□需要向他人求教

任务收获：＿＿＿＿＿＿＿＿＿＿＿＿＿＿＿＿＿＿＿＿＿＿＿＿＿＿＿＿＿＿＿＿

>> 任务三 面试座位排列

【任务目标】

通过本任务训练，掌握面试的座位安排、每种面试座位排列方式的优缺点和适用人群，能够根据不同的面试对象布置合适的面试场地。

【任务引入】

刘子星是某电子公司的招聘专员，在招聘选拔的最后阶段，该公司总经理要采取一对一的面试方式对候选人进行最终筛选，刘子星负责面试场地的布置工作。为了更好地完成此项工作，刘子星在网上查询了常见的面试座位排列方式，具体如图3-1所示。

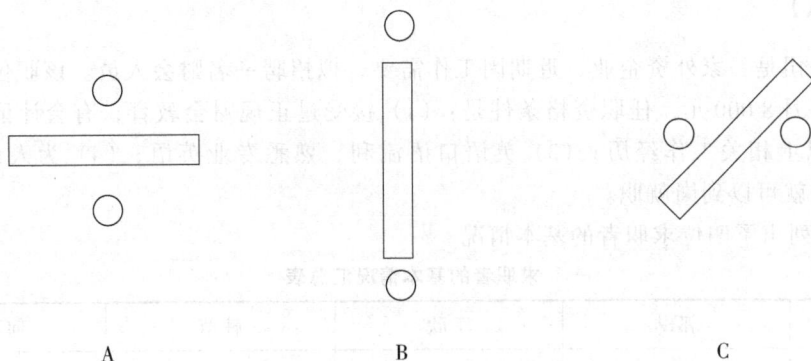

图3-1 常见的面试座位排列方式

【任务内容】

1.结合图3-1，对常见的一对一面试座位排列方式做出说明。
2.如果你是刘子星，你会选择何种座位排列方式？为什么？
3.如果面试考查的重点是应聘者的压力承受力，你会选择何种座位排列方式？

【任务要求】

1.面试座位排列说明详细而具体，避免抽象、空洞的描述；
2.所选择的座位排列方式理由充分，分析有理有据；
3.所做的分析全面、具体，符合一对一面试要求。

【任务实施】

1.本任务以小组形式完成，教师限定任务时间；
2.任务完成后，每个小组分别进行汇报；
3.其他小组进行点评；
4.教师最后进行知识点讲解、点评和总结。

完成时间：_____分钟　知识点：□熟练掌握　□需要查阅资料　□需要向他人求教
任务收获：_____

◆ 任务四　做出录用决策

【任务目标】

通过本任务训练，理解人员录用的重要性，掌握录用决策的方法与技术，能够结合企业实际情况做出录用决策。

【任务引入】

斯瑞公司是一家外资企业，近期因工作需要，拟招聘一名财会人员。该职位在该公司的薪酬为每月 8 000 元，任职资格条件是：（1）接受过正规财会教育，有会计证；（2）至少有一年以上相关工作经历；（3）英语口语流利，熟悉专业英语；（4）为人诚实可靠；（5）一周内就可以到岗就职。

表 3-9 列出了四位求职者的基本情况。

表 3-9　　　　　　　　　　　　　求职者的基本情况汇总表

姓名	郭琳	于欣	韩苗	何丽丽
性别	女	男	男	女
学历与证书情况	大学本科，注册会计师	大学本科，有会计证	大学本科，有会计证	大学专科，有会计证
工作经历和能力	四年涉外财会工作经验，知识丰富，工作能力强	两年涉外酒店财会工作经验，熟悉财会业务	应届毕业生，在大型国有企业实习半年以上，工作能力较强	三年国有企业财会工作经验，工作能力较强
个性特征	老练、灵活	诚实、稳重	诚实、稳重	文静、细心
应聘动机	与目前公司同事有矛盾	寻求更好的发展	认同企业文化，认为企业有利于自己发展	现工作单位距离较远
预测未来发展	较快适应本公司财会业务	较快胜任本公司财会业务，极具潜力	经过一周培训可以上岗，对企业有很强的归属感	立即可以上岗，能够胜任工作，但是很难晋升
最低薪资（元）	12 000	7 000	6 000	6 000

【任务内容】

1.根据表3-9，说明斯瑞公司在人员选择时应该注意的事项。

2.根据上述资料，对四名求职者的基本情况进行分析，并说明谁是最佳候选人。

【任务要求】

1.对四名求职者基本情况的分析深入、具体；

2.所提出的人员选择注意事项考虑全面、要点明确；

3.所做出的录用决策科学、合理，分析到位。

【任务实施】

1.本任务以个人形式完成，教师限定任务时间；

2.任务完成后，教师抽选学生进行汇报；

3.其他同学进行提问与点评；

4.教师最后进行讲解、点评和总结。

【任务小评】

完成时间：_____分钟　　知识点：□熟练掌握　　□需要查阅资料　　□需要向他人求教

任务收获：_____

❯❯ 任务五　招聘信度和效度评价

【任务目标】

通过本任务训练，加深对招聘工作信度与效度的理解，掌握招聘信度与效度的内涵、评估方法，能够针对企业招聘工作开展信度与效度评价。

【任务引入】

信度即可靠性，是指采取同样的方法对同一对象重复进行测量时，其所得结果相一致的程度；或者说，信度是指测量结果的一致性或稳定性。效度即准确度，是指测量工具或测量手段能够准确测出所要测量的变量的程度，或者说能够准确、真实地度量事物属性的程度。

【任务内容】

在招聘工作中难免发生信度和效度误差，针对一项招聘活动，设计一套信度和效度评价体系，有针对性地设计规避误差的方法。

【任务要求】

1.所设计的评价体系既包括信度评价又包括效度评价的内容；

2.评价体系设计完整、全面，具有可操作性；

3.评价体系的设计体现对误差的规避方法。

【任务实施】

1.本任务以小组形式完成，教师限定任务时间；

2.通过网络等查询相关资料；

3.任务完成后，每个小组运用多媒体进行展示汇报；

4.教师和其他小组进行提问；

5.教师最后进行点评、讲解与总结。

【任务小评】

完成时间：_____分钟　知识点：□熟练掌握　□需要查阅资料　□需要向他人求教

任务收获：_____

员工培训与开发

＞ 一、训练概要

　　员工培训与开发是企业人力资源管理的核心工作。有效的培训与开发工作能够帮助员工更快、更好地掌握新技术和新方法，改变工作态度，提高工作绩效，进而改善组织的整体绩效，使组织在市场中立于不败之地。本模块主要针对员工培训与开发进行专项训练。

＞ 二、训练目标

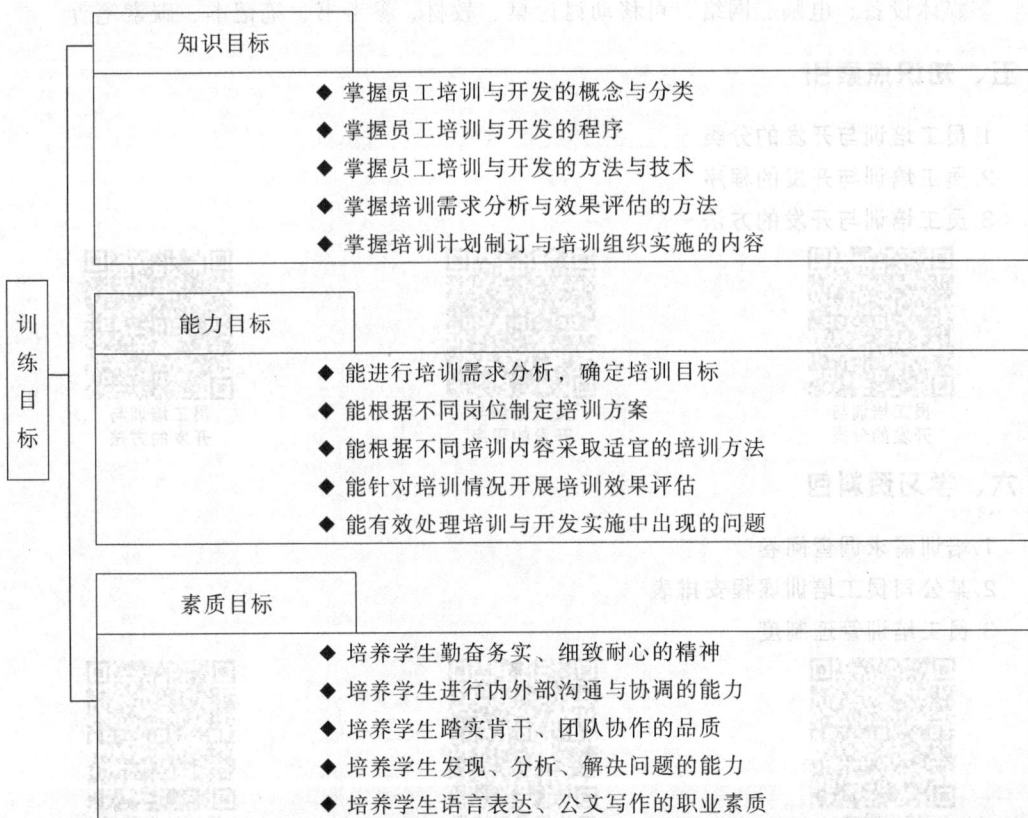

训练目标

知识目标
- ◆ 掌握员工培训与开发的概念与分类
- ◆ 掌握员工培训与开发的程序
- ◆ 掌握员工培训与开发的方法与技术
- ◆ 掌握培训需求分析与效果评估的方法
- ◆ 掌握培训计划制订与培训组织实施的内容

能力目标
- ◆ 能进行培训需求分析，确定培训目标
- ◆ 能根据不同岗位制定培训方案
- ◆ 能根据不同培训内容采取适宜的培训方法
- ◆ 能针对培训情况开展培训效果评估
- ◆ 能有效处理培训与开发实施中出现的问题

素质目标
- ◆ 培养学生勤奋务实、细致耐心的精神
- ◆ 培养学生进行内外部沟通与协调的能力
- ◆ 培养学生踏实肯干、团队协作的品质
- ◆ 培养学生发现、分析、解决问题的能力
- ◆ 培养学生语言表达、公文写作的职业素质

三、训练导图

应用设计训练	数据分析训练	材料解析训练	文件处理训练	管理诊断训练	能力拓展训练
● 拟定员工入职培训制度 ● 新员工入职培训程序设计 ● 制订员工培训计划 ● 培训课程评估表设计 ● 培训服务协议拟定	● 培训成本计算 ● 培训成本与收益计算 ● 培训效果量化评估 ● 培训费用预算分析 ● 投资回报率计算	● 培训需求分析 ● 岗前培训 ● 培训组织实施 ● 培训质量分析 ● 培训技能成果评估	● 培训需求分析 ● 培训预算管理 ● 培训管理 ● 培训模式 ● 岗前培训	● 培训方法诊断 ● 培训方案评价 ● 培训组织诊断 ● 培训效果诊断 ● 培训组织与管理诊断	● 培训分类与内容 ● 培训保障措施 ● 培训师标准 ● 培训成果转化 ● 培训综合分析

四、训练条件

1.训练学时

本专项训练共计6学时，每个项目各1学时。

2.训练材料

多媒体设备、电脑、网络、可移动讨论桌、教材、参考书、笔记本、碳素笔等。

五、知识点索引

1.员工培训与开发的分类

2.员工培训与开发的程序

3.员工培训与开发的方法

员工培训与
开发的分类

员工培训与
开发的程序

员工培训与
开发的方法

六、学习资料包

1.培训需求调查问卷

2.某公司员工培训课程安排表

3.员工培训管理制度

培训需求
调查问卷

某公司员工培训
课程安排表

员工培训管理
制度

项目一　应用设计训练

一、项目目的

通过应用设计训练，使学生具备从事员工培训与开发工作的能力，能够运用所学知识并结合企业实际情况，有针对性地设计培训流程，制订培训计划，设计培训评估表格，拟定员工培训制度与培训服务协议等。

二、项目导图

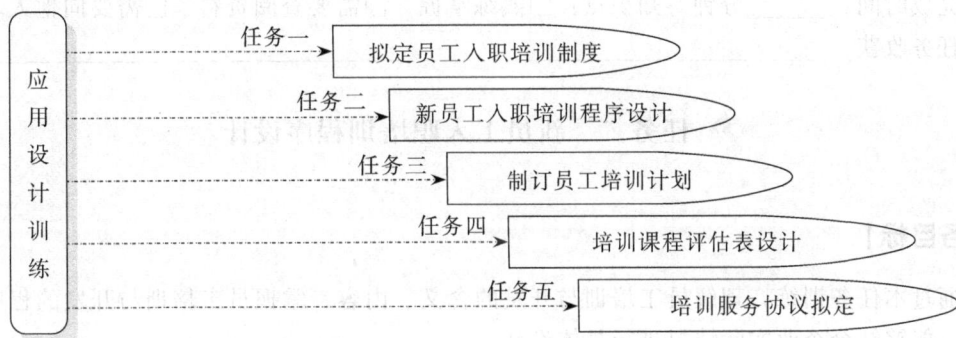

三、项目训练

◆◇ 任务一　拟定员工入职培训制度

【任务目标】

通过本任务训练，理解员工培训与开发的意义，掌握员工培训与开发的内容和程序，能制定适合企业情况的员工入职培训制度。

【任务引入】

企业为了实现发展目标，获取竞争优势，需要不断充实和完善企业的人力资源，而员工培训与开发制度是各种管理制度的重点之一。

【任务内容】

请以熟悉的公司为背景，拟定一项员工入职培训制度。

【任务要求】

1.所拟定的员工入职培训制度全面、具体，并符合企业实际情况；

2.员工入职培训制度的文字表述清晰、明确。

【任务实施】

1.本任务以小组形式完成，教师限定任务时间；

2.任务完成后，教师抽选小组进行汇报；

3.其他小组进行提问或点评；

4.教师最后进行讲解、点评与总结。

【任务小评】

完成时间：_____分钟　知识点：□熟练掌握　□需要查阅资料　□需要向他人求教

任务收获：_____

◇◇ 任务二　新员工入职培训程序设计

【任务目标】

通过本任务训练，理解员工培训与开发的含义、内容，掌握员工培训与开发的程序与方法，能够结合企业实际情况进行具体设计。

【任务引入】

某电信公司2021年3月从各大高校招收了一批本科生和硕士研究生，这些人将填补该公司市场营销、财务、人事、技术研发等部门120多个工作岗位的空缺。

【任务内容】

结合任务情境，拟定一份员工入职培训程序。

【任务要求】

1.所设计的入职培训程序科学、合理、具体；

2.所设计的入职培训程序具有可操作性。

【任务实施】

1.本任务以小组形式完成，教师限定任务时间；

2.通过教材、参考书、网络等查询资料；

3.任务完成后，每个小组依次进行汇报；

4.教师最后进行讲解、点评和总结。

完成时间：_____分钟　知识点：□熟练掌握　□需要查阅资料　□需要向他人求教

任务收获：_____

❯❯ 任务三　制订员工培训计划

【任务目标】

通过本任务训练，掌握员工培训计划制订的知识与技能，能够结合企业实际情况进行具体的设计。

【任务引入】

德成公司是一家高科技企业，随着生产规模和市场范围的不断扩大，现有员工的综合素质无法满足该公司发展的需要。针对频频出现的技术短板和管理不到位等一系列问题，该公司决定定期进行专门的培训来解决这些问题。为了更好地完成预定目标，该公司有关领导请负责培训的主管尽快制订一份详细的员工培训计划。

【任务内容】

结合任务情境，制订一份员工培训计划。

【任务要求】

1.员工培训计划规范、详细，具有实用性；

2.员工培训计划的内容全面、具体。

【任务实施】

1.本任务以小组形式完成，教师限定任务时间；

2.可查询相关资料；

3.任务完成后，每个小组分别进行汇报；

4.其他小组进行提问或点评；

5.教师最后进行点评、讲解与总结。

【任务小评】

完成时间：_____分钟　知识点：□熟练掌握　□需要查阅资料　□需要向他人求教

任务收获：_____

任务四　培训课程评估表设计

【任务目标】

通过本任务训练，理解培训效果评估的意义，掌握培训效果评估的含义、内容和方法，能够进行培训效果评估设计。

【任务引入】

志远外贸公司为提升企业的竞争力，针对部分业务人员进行了为期三天的商务礼仪培训，希望通过培训，受训者能运用规范的商务礼仪来进行各种商务活动，塑造良好的企业形象。培训结束后，人力资源管理部门为了解受训者对培训项目的感性认识，也为将来培训课程的改进收集信息，要求受训者填写培训课程评估表。

【任务内容】

根据任务情境，为该公司设计一份培训课程评估表。

【任务要求】

1.培训课程评估表的设计条理清晰、内容明确；
2.培训课程评估表的设计符合该公司实际需要；
3.培训课程评估表具有可操作性、可实施性。

【任务实施】

1.本任务以个人形式完成，教师限定任务时间；
2.通过书籍、网络等查询相关资料；
3.任务完成后，教师抽选学生进行展示汇报；
4.其他同学进行提问或点评；
5.教师最后进行讲解、点评与总结。

【任务小评】

完成时间：_____分钟　知识点：□熟练掌握　□需要查阅资料　□需要向他人求教
任务收获：_____

任务五　培训服务协议拟定

【任务目标】

通过本任务训练，掌握员工培训的知识与技能，具备员工培训组织与实施能力，能够设计培训服务协议，做好培训控制与管理。

【任务引入】

达立公司是一家高科技企业，其科研人员经常需要接受专项培训，如该公司有一项在欧洲多国进行的技术人员培训，每年需派数十人参加，为期6个月，人均费用达10万元。

【任务内容】

结合任务情境，为该公司设计一份培训服务协议，以明确该公司和受训员工的责任和权利。

【任务要求】

1.培训服务协议内容全面、具体；
2.所拟定的培训服务协议文字规范。

【任务实施】

1.本任务以小组形式完成，教师限定任务时间；
2.任务完成后，每个小组分别进行汇报；
3.其他小组进行提问或点评；
4.教师最后进行点评、总结。

【任务小评】

完成时间：_____分钟　知识点：□熟练掌握　□需要查阅资料　□需要向他人求教
任务收获：_____

项目二　数据分析训练

一、项目目的

通过数据分析训练，使学生具备培训与开发工作中的数据分析与计算能力，熟练掌握培训费用预算、培训成本与收益计算方法，能够结合企业实际情况，有效控制培训与开发的预算、成本，进一步提高工作能力。

二、项目导图

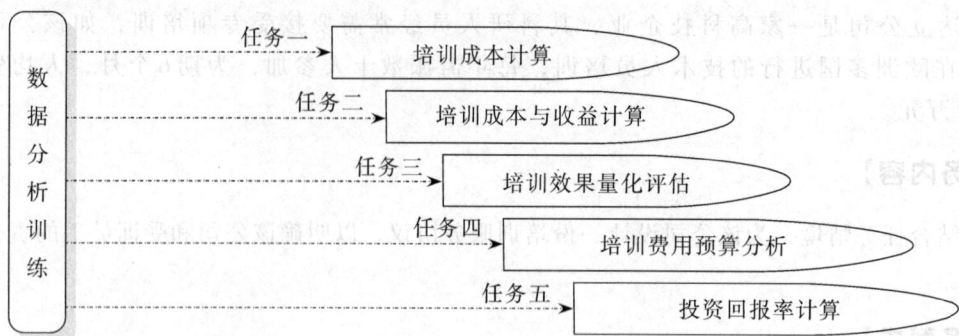

三、项目训练

📎 任务一　培训成本计算

【任务目标】

通过本任务训练，掌握培训效果量化评估的方法，能进行培训成本、培训收益的核算。

【任务引入】

东吉节能灯厂每天生产6 000个节能灯，次品率一直维持在3%左右，每个节能灯的出厂价为10元。为了提高产品质量，降低次品率，该厂对流水线上的60名员工进行了培训。培训费用如下：项目购买费用10 000元，材料费2 000元，受训者工资和福利16 000元，教师费用5 000元，设备租赁费3 000元，其他杂费3 000元。经过培训，次品率下降了1%，假定该厂的年工作日为240天。

【任务内容】

请结合任务情境，计算东吉节能灯厂的培训成本和培训收益。

【任务要求】

1.对任务情境进行认真、全面分析；
2.培训成本与收益计算过程详细、具体、准确。

【任务实施】

1.本任务以个人形式完成，教师限定任务时间；
2.查阅书籍及相关资料进行任务知识点回顾；
3.任务完成后，教师抽选学生汇报核算过程与结果；

4.教师对任务知识点进行提问；

5.教师最后进行点评、总结。

【任务小评】

完成时间：_____分钟　知识点：□熟练掌握　□需要查阅资料　□需要向他人求教

任务收获：_____

◈ 任务二　培训成本与收益计算

【任务目标】

通过本任务训练，掌握培训效果量化评估知识，能够结合企业实际情况，进行培训成本与收益的量化计算。

【任务引入】

风兴公司是一家非常注重培训的企业，最近将对60名员工进行为期10天的培训。其费用如下：培训使用的教材每人60元，培训后的自学材料每人25元，教室和视听设备租赁费7 000元，每天每人餐费10元，培训管理人员工资及福利6 000元，受训员工的工资每人每天60元，企业内培训教师的受训费用2 200元，培训教师的课时补贴2 000元，管理费用占已支出总培训费用的20%。经过培训后，该公司新增收益200万元，其中由培训产生的收益为100万元、由技术改进产生的收益为60万元、其他收益为40万元。

【任务内容】

1.计算总的培训成本和每个受训者的培训成本。

2.计算该培训项目的投资回报率。

【任务要求】

1.对任务情境进行认真、全面分析；

2.根据任务情境，运用合理的培训效果量化评估方法；

3.培训成本与收益计算过程详细、准确。

【任务实施】

1.本任务以个人形式完成，教师限定任务时间；

2.查阅书籍及相关资料进行任务知识点回顾；

3.任务完成后，教师抽选学生汇报计算结果，并讲解计算过程；

4.教师最后进行点评与总结。

◆◆ 任务三　培训效果量化评估

【任务目标】

通过本任务训练，掌握培训效果量化评估的知识和方法，能够对企业培训费用进行管理与控制。

【任务引入】

益佳公司从2016年开始实施全员培训计划，该计划已经实行了5年。2016年，该公司培训员工200名，以后每年都有5名受过培训的员工离开该公司，又有25名新员工加入该公司（见表4-1）。该公司5年来各年度培训费用见表4-2。

表4-1　　　　　　　　　　　　**近5年益佳公司员工培训人数**　　　　　　　　　　单位：人

年度	增加的受训员工	离开的受训员工
2016	200	0
2017	25	5
2018	25	5
2019	25	5
2020	25	5

表4-2　　　　　　　　　　　　**近5年益佳公司员工培训费用**　　　　　　　　　　单位：元

年度	初始投入	运转费用
2016	500 000	100 000
2017	0	100 000
2018	0	100 000
2019	0	100 000
2020	0	100 000

【任务内容】

1. 5年中，在企业工作的员工累计培训了多少人次？

2. 5年中，培训总成本是多少？

3. 5年中，以下两种情况下的培训投资回报率是多少？

A.培训收益为833.33元/人；

B.培训收益为1 000元/人。

【任务要求】

1.对任务情境进行认真、全面分析；

2.对培训人次与成本的计算步骤清晰、准确；

3.两种情况下的培训投资回报率计算过程详细、准确。

【任务实施】

1.本任务以个人形式完成，教师限定任务时间；

2.查阅教材及相关资料回顾任务知识点；

3.任务完成后，教师抽选学生汇报计算结果；

4.教师最后对计算过程进行讲解。

【任务小评】

完成时间：_____分钟 知识点：□熟练掌握 □需要查阅资料 □需要向他人求教

任务收获：_____

◆◆ 任务四 培训费用预算分析

【任务目标】

通过本任务训练，掌握员工培训组织与实施的知识与技能，能够根据企业实际情况编制培训预算，并进行管理与控制。

【任务引入】

广祥公司人力资源部对员工进行了一次为期4天的集中培训，参加培训的员工共50人。根据以往经验，人力资源部做了80 000元的培训预算。培训期间的费用标准及实际支出情况如下：

1.培训讲师的报酬为10 000元/天；

2.交通住宿费500元/天；

3.培训场地及设备租赁费1 500元/天；

4.学员教材费100元/天；

5.餐费每人20元/天；

6.参加培训员工的误工费平均为每人100元/天；

7.其他培训费合计2 000元。

【任务内容】

根据任务情境，计算此次培训的实际成本和每位员工的平均成本，分析培训预算执行情况。

【任务要求】

1.对任务情境进行认真、全面的分析；
2.准确进行培训成本核算；
3.对培训预算执行情况分析客观、合理。

【任务实施】

1.本任务以个人形式完成，教师限定任务时间；
2.查阅书籍及相关资料进行任务知识点回顾；
3.任务完成后，教师抽选学生汇报分析过程与计算结果；
4.教师最后进行点评、总结。

【任务小评】

完成时间：_____分钟　　知识点：□熟练掌握　　□需要查阅资料　　□需要向他人求教
任务收获：_____

◇▷ 任务五　投资回报率计算

【任务目标】

通过本任务训练，掌握培训效果量化评估的方法与技术，能够计算企业培训投资回报率、培训收益、培训投资收益率等。

【任务引入】

宏志公司生产手机专用的滤波器，日产量200件（每件20元）；现有60名工人、6名一线主管、2名监督管理员和1名项目主管。该公司有10%的不合格品，而且工人闹情绪、缺勤率高。该公司决定进行培训。培训项目4月份开始，5月初完成。经过一个多月的实践，到6月底时，产品质量问题彻底改观，产量每天增加了40件。培训成本明细见表4-3。

表4-3　　　　　　　　　　　宏志公司培训成本明细表

类型	成本明细	费用（元）
直接成本	培训项目购买费用	8 000
	咨询专家费用	6 500
	场地租借费用	3 000
	视听设备租借费用	1 200

类型	成本明细	费用（元）
间接成本	培训组织者及辅助员工的工资	7 250
	受训者工资及福利	36 250
	因联系培训分摊的电话费	680
	企业高层管理者的时间成本（（直接成本+间接成本）×10%）	6 288
总成本	—	69 168

【任务内容】

1.如果产品单价不变，下半年该公司的收益为多少？

2.培训投资回报率为多少？

3.该公司用多少天可收回培训成本？

【任务要求】

1.对任务情境进行认真分析；

2.计算准确，计算过程详细、完整。

【任务实施】

1.本任务以个人形式完成，教师限定任务时间；

2.查阅教材及相关资料回顾任务知识点；

3.任务完成后，教师抽选学生汇报计算过程和结果；

4.教师对任务知识点进行提问；

5.教师最后对计算过程进行讲解。

【任务小评】

完成时间：_____分钟　　知识点：□熟练掌握　　□需要查阅资料　　□需要向他人求教

任务收获：_____

项目三　材料解析训练

一、项目目的

通过材料解析训练，列出不同企业培训与开发工作的情境，让学生运用所学知识与技能进行讨论与思考，解决任务情境中出现的问题，提高学生对培训与开发工作内容、工作程序和工作方法进行具体分析的能力。

二、项目导图

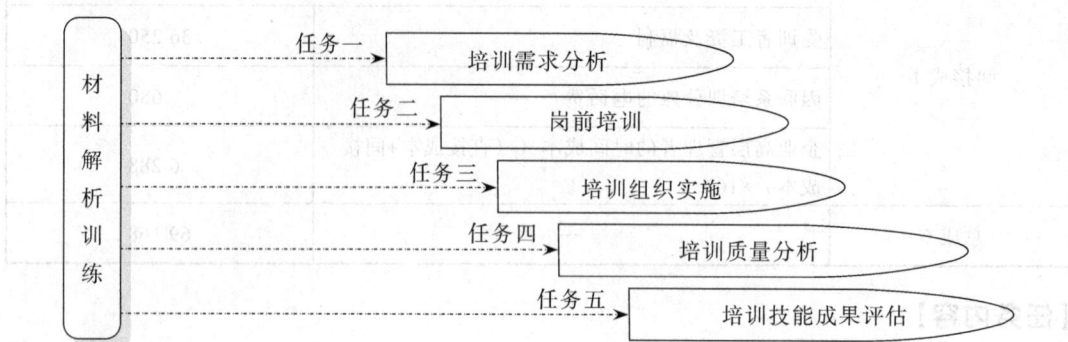

三、项目训练

◇◇ 任务一　培训需求分析

【任务目标】

通过本任务训练，掌握培训需求分析的含义、内容和方法，能够收集培训需求信息，开展培训需求分析工作。

【任务引入】

某起重机械总公司由于海外市场不断扩大，每年都会引进一批既有一定技术或经营管理水平，又能熟练使用英语与客户进行交流的专业人员，但囿于当地人才市场的局限性，经常出现人才供不应求的情况，影响了该公司海外市场的拓展。该公司领导决定，选拔一批既有工科背景，又有一定外语水平的新毕业的大学生作为该公司外派人员的后备人选，并要求人力资源部制订一个切实可行的培训计划，培训时间不超过3个月，力争在一年之内培养出50名左右的专门人才。人力资源部经过认真的讨论，制定了实施方案，第一项任务就是进行一次培训需求调查，通过各种渠道和方法收集培训需求信息。

【任务内容】

1.可采用哪些方法收集这类受训者真实、全面的培训需求信息？
2.在取得受训者的培训需求信息后，如何分析与输出培训需求结果？

【任务要求】

1.所进行的分析符合该公司实际情况，体现针对性；

2.对培训需求结果的分析逻辑清楚，具有可操作性。

【任务实施】

1.本任务以小组形式完成，教师限定任务时间；
2.查阅教材及相关资料回顾任务知识点；
3.任务完成后，每个小组分别进行汇报；
4.其他小组进行提问或点评；
5.教师最后进行点评、总结。

【任务小评】

完成时间：_____分钟　　知识点：□熟练掌握　　□需要查阅资料　　□需要向他人求教
任务收获：_____

◆◆ 任务二　岗前培训

【任务目标】

通过本任务训练，理解培训与开发的意义，掌握岗前培训的内容、方法和实施步骤，能解决企业培训中的实际问题。

【任务引入】

上品公司是国内一家民营医药企业，为应对新产品上市导致的人员紧缺，在全国各地招聘了60名刚毕业的大学生。为了使这些新员工尽快适应工作，该公司人力资源部对这些新员工进行了为期一天的岗前培训，培训的内容以"任务与要求""权利与义务"为主，培训结束后还发给每人一本《员工手册》。令人意想不到的是，在不到一个月的时间内，就有20多名新员工辞职。问及他们辞职的理由，有的人认为，该公司给他们的薪酬还可以，只是工作压力太大；有的人则认为，自己对销售工作心中没底，又没有老员工带，什么都靠自己摸索，工作难度太大了。

【任务内容】

1.该公司的岗前培训存在哪些问题？
2.企业在组织岗前培训时应按什么步骤进行？

【任务要求】

1.对任务情境进行深入、全面、具体的分析；
2.对该公司岗前培训步骤的设计具体、可行，符合该公司实际。

【任务实施】

1.本任务以小组形式完成，教师限定任务时间；

2.通过教材或网络查阅相关资料；

3.任务完成后，每个小组进行汇报；

4.其他小组进行提问或点评；

5.教师最后进行点评、总结。

【任务小评】

完成时间：_____分钟　知识点：□熟练掌握　□需要查阅资料　□需要向他人求教

任务收获：_____

◇◆ 任务三　培训组织实施

【任务目标】

通过本任务训练，掌握员工培训与开发的知识和技能，能够对企业员工培训工作进行计划、组织、实施与评估。

【任务引入】

王明是吉诚公司新上任的人力资源部部长，他在一次研讨会上听到其他企业一些成功的培训经验，回来后就向该公司领导提交了一份全员培训计划书，要对全体人员进行为期一周的计算机脱产培训，以提升全体人员的计算机操作水平。该计划书很快获批，该公司领导还专门拨了十几万元的培训费。可是，为期一周的培训过后，大家对这次培训说三道四，议论纷纷。除办公室的几名文员和45岁以上的几名中层管理人员觉得有所收获外，其他员工要么觉得收获甚微，要么觉得学无所获，白费工夫；大多数人认为，十几万元的培训费只买来了一时的"轰动效应"；有的员工甚至认为，这次培训是新官上任点的"一把火"，是某些领导拿单位的钱往自己脸上贴金。听到这些议论后，王明感到很委屈，他百思不得其解：在当前的竞争环境下，学点计算机知识应该是很有用的呀，怎么就这么不受欢迎呢？

【任务内容】

1.导致这次培训失败的主要原因是什么？

2.企业应如何把员工培训落到实处？

【任务要求】

1.对任务情境中培训失败原因的分析思路清晰、全面、具体；

2.所提出的培训落实措施具体明确，符合实际，具有可操作性。

【任务实施】

1.本任务以个人形式完成，教师限定任务时间；

2.通过教材、网络或其他方式查阅任务知识点；

3.任务完成后，教师抽选学生进行汇报；

4.其他同学进行提问或点评；

5.教师最后进行点评、总结。

【任务小评】

完成时间：_____分钟　　知识点：□熟练掌握　　□需要查阅资料　　□需要向他人求教

任务收获：_____

◇◇ 任务四　培训质量分析

【任务目标】

通过本任务训练，掌握员工培训与开发的知识和方法，能够结合企业实际确定适宜的培训内容，有针对性地开展培训工作，有效提高培训工作效率。

【任务引入】

为提升员工的业务能力，立跃物流公司邀请一位培训师给员工上了一次为期三天的培训课。在课堂上，培训师时而长篇大论地讲述，时而在白板上书写，但是讲台下很混乱。中间休息时，学员们聚集在一起议论，仓储主管小李说："你们觉得这位名师如何？我可是耐着性子听了两天半的课了，本以为他会讲些实用的内容，可是这三天的培训课快完了，我也没听到与我工作相关的内容！"货运主管小齐说："领导在培训前可是发话啦，受训完回岗可是有任务的！我是做运输的，我想知道如何解决运输中的突发事故，比如遇到发错货了、途中遭劫或货物被人做手脚了等问题时应该如何处理，结果听了半天，还没有摸到门道！""这可不行，我们可是花了大价钱请他来上课的！平常工作这么忙，能坐到这里听课多不容易啊！要不是看他斯斯文文的样子，我早就提议大家将他赶下台了！"检验员小杨也急切地插话。仓储主管小李又接着说："我们抱怨也没用啊，快想想办法吧。要不我们将这些情况向人力资源管理部经理反映一下。"货运主管小齐说："对！我们花钱并不是坐在这里听听课就行了，他虽然讲的都没错，但对我们没有用啊！这些想法一定要讲出来！"

【任务内容】

1.什么原因导致了上述培训质量问题？

2.为了提高培训师的教学质量和效果，应当抓好哪些工作？

【任务要求】

1.对原因的分析思路清晰、全面具体；

2.所提出的措施具体可行，符合企业培训实际。

【任务实施】

1.本任务以小组形式完成，教师限定任务时间；

2.查阅教材及相关资料回顾任务知识点；

3.任务完成后，教师抽选小组汇报；

4.教师对任务知识点进行提问；

5.教师最后进行点评与总结。

【任务小评】

完成时间：_____分钟　知识点：☐熟练掌握　☐需要查阅资料　☐需要向他人求教

任务收获：_____

◆◆ 任务五　培训技能成果评估

【任务目标】

通过本任务训练，掌握培训效果评估的方法与技术，能够根据企业实际情况，采用适宜的评估方法，有效开展培训效果评估工作。

【任务引入】

某大型超市为了提高服务质量，减少顾客在收银台结账排队的时间，调整了收银台通道的整体布局，使通道总数由原来的16个增加到24个，并招聘了一批收银员。人力资源部对收银员的入职培训以及入职后的技能培训非常重视。为了保证培训达到预期效果，人力资源部决定加强培训评估工作，要尽快设计收银员培训技能成果评估方案。

【任务内容】

1.收银员培训技能成果评估包括哪些内容？请举例说明。

2.可以采用哪些方法对收银员培训技能成果进行评估。

【任务要求】

1.结合任务情境完成本任务；

2.培训技能成果评估全面、具体，具有针对性；

3.培训技能成果评估方法选择科学合理，具有可操作性。

【任务实施】

1.本任务以小组形式完成，教师限定任务时间；

2.查阅教材及相关资料回顾任务知识点；

3.任务完成后，各小组选派代表进行汇报；

4.教师对任务知识点进行提问；

5.教师最后进行点评与总结。

完成时间：_____分钟　知识点：□熟练掌握　□需要查阅资料　□需要向他人求教

任务收获：_____

项目四　文件处理训练

一、项目目的

通过文件处理训练，给学生提供企业工作情境，让学生扮演人力资源管理部门经理，结合模拟企业情况，对相关部门提交的有关培训与开发工作的文件进行批阅、处理，使学生感知未来工作角色，提高学生对企业培训管理工作的分析与处理能力。

二、项目导图

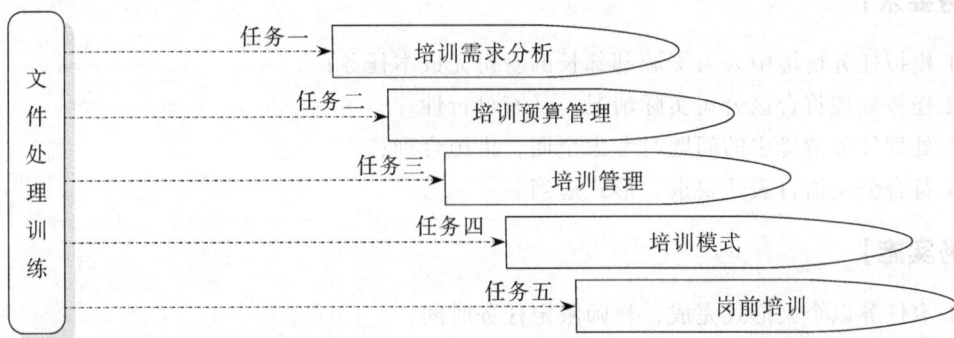

```
                    任务一 ──→ 培训需求分析
              任务二 ──→ 培训预算管理
文件
处理          任务三 ──→ 培训管理
训练
              任务四 ──→ 培训模式
                    任务五 ──→ 岗前培训
```

三、项目训练

◆◆ 任务一　培训需求分析

【任务目标】

通过本任务训练，掌握培训与开发的知识和技术，具备在企业中进行培训需求分析、制订培训计划、组织与实施培训的能力。

【任务引入】

盛汇工程公司成立于2010年，凭借深厚的技术基础和完备的专业素质迅速站稳了市场，前景发展广阔。该公司现有员工500余人，技术人员占比达到70%。你是盛汇工程公司人力资源部部长谭兴凯，刚收到一封电子邮件，需要你处理。

类　　别：电子邮件
发件人：姜立岩，培训主管
收件人：谭兴凯，人力资源部部长
日　　期：11月17日

谭部长：

　　我上周统计了一下各部门报上来的培训需求，发现项目总包管理与风险控制是培训需求的焦点，几乎所有业务部门都提出了相关需求，我觉得有必要开展这方面的培训。我查看了一下培训预算，这类课程在年初培训计划中的预算只有4万元，最多够40人参加培训，而我统计出来的需要培训的人数有80多个。您看我们是否能申请增加这类培训的预算？另外，这类培训以前咱们公司没做过，我收集了一些培训机构的资料，请您有时间帮助筛选一下，看看在具体培训内容设置以及培训组织实施等方面有什么好的建议。

姜立岩

【任务内容】

请给出这份文件的处理思路，并准确、详细地写出将要采取的措施及意图。

【任务要求】

1.模拟任务情境中人力资源部部长的身份完成本任务；

2.任务处理符合该公司实际情况，具有可行性；

3.处理任务情境中的问题时考虑全面，措施合理；

4.符合公文语言表达要求、形式适当。

【任务实施】

1.本任务以个人形式完成，教师限定任务时间；

2.通过教材、网络等查询相关资料；

3.任务完成后，教师抽选学生进行汇报；

4.其他同学进行提问或点评；

5.教师最后进行讲解与总结。

【任务小评】

完成时间：_____分钟　知识点：□熟练掌握　□需要查阅资料　□需要向他人求教

任务收获：_____

◈ 任务二　培训预算管理

【任务目标】

通过本任务训练，充分认识培训管理工作的重要性，掌握培训与开发的内容、培训管理的要点、培训预算管理以及培训风险防范的知识和技能。

【任务引入】

昌德公司是一家营养保健品公司，主要生产中低档营养口服液。近年来，随着该公司的市场扩展，年产值由之前的5 000万元迅速提升至3亿元，员工人数也由之前的120人迅速增加至400多人。你是刚上任的人力资源部经理邵元丽，在企业发展壮大时期，人力资源管理有较大的工作量。现在你刚回到办公室，有一份文件需要你来处理。

类　别：便　函
发件人：徐兵兵，培训主管
收件人：邵元丽，人力资源部经理
日　　期：9月20日
邵经理：您好!

我们公司近期筹备上市，为了从根本上强化团队管理意识，董事长上个月已选派有培养潜质、学习能力很强的两名副总经理参加了企业高端培训。董事长非常重视这件事。现在的问题是：这两名副总经理在参加了为期三天的企业高管培训以后，发现培训效果并不理想。

董事长与两名副总经理总结了培训效果不理想的原因后，认为以往培训太过注重"术"的层面，其实应该从改变内心世界入手，注重道术结合的内在动力提升。于是，董事长决定安排他们参加为期四个多月的、道术结合的企业教练技术培训，每人费用为18 000元。可是我刚刚得知，财务部不同意支付培训费用，理由是事先没有上报培训经费预算。请您出面协调一下。

徐兵兵

【任务内容】

请给出这份文件的处理思路，并准确、详细地写出将要采取的措施及意图。

【任务要求】

1.模拟任务情境中人力资源部经理的身份完成本任务；
2.任务处理具有科学性、可行性和可控性；
3.任务处理考虑周全，措施合理；
4.符合公文语言表达要求、形式适当。

【任务实施】

1.本任务以个人形式完成，教师限定任务时间；
2.任务完成后，教师抽选学生进行任务汇报；
3.其他同学进行提问与评价；
4.教师最后进行讲解、点评和总结。

◆◆ 任务三　培训管理

【任务目标】

通过本任务训练，模拟人力资源管理工作角色，感知培训与开发工作业务，强化培训管理的知识与技能，能够结合企业实际情况进行培训管理分析。

【任务引入】

松华公司是一家大型贸易企业，经过十几年的发展，该公司的业务主要是出口大型机械到欧美等发达国家，该公司在国内建立了自己的生产基地。你是新调到松华公司的人力资源部经理丁晓兰，你刚回到办公室，就收到一条语音留言，有一项业务需要你来处理。

类　　别：语音留言
留言人：杜子宣，培训科科长
接收人：丁晓兰，人力资源部经理
日　　期：5月8日
丁经理：你好！

近年来，W国因发展建设需要，急需大量工程机械，公司看好出口机械到W国的商机，但是目前公司报关人员严重不足，临时招聘难度很大且难解燃眉之急。根据公司人力资源规划，我们也需要自己培养报关员。据了解，本市的海关、院校和社会培训机构经常举办报关员培训班，但考试通过率都不是很高。公司内部想考报关员的人很多，其中还有新生代农民，但是相当一部分人是想考完跳槽。另外，今年的公司培训经费预算中没有培训报关员的经费。这件事迫在眉睫，怎么办？请丁经理具体指示。

杜子宣

【任务内容】

请给出这份文件的处理思路，并准确、详细地写出将要采取的措施及意图。

【任务要求】

1.模拟任务情境中人力资源部经理的身份完成本任务；

2.任务处理符合该公司实际情况；

3.任务处理考虑周全，措施有力，具有指导性和可行性；

4.符合公文语言表达要求、形式适当。

【任务实施】

1.本任务以个人形式完成，教师限定任务时间；

2.通过书籍、网络等查询相关资料；

3.任务完成后，教师抽选学生进行汇报；

4.其他同学进行提问与评价；

5.教师最后进行点评、总结。

【任务小评】

完成时间：_____分钟　知识点：□熟练掌握　□需要查阅资料　□需要向他人求教

任务收获：_____

◈ 任务四　培训模式

【任务目标】

通过本任务训练，感知未来培训管理工作角色，深刻理解并掌握培训与开发的内涵、模式与管理流程，能够结合企业实际情况进行培训分析与业务处理。

【任务引入】

昌宏集团是一家知名餐饮连锁企业，在全国多个城市开设了分店。随着业务规模不断扩大，集团总部考虑将物流中心、中央厨房等事业部转为独立核算的专业中心，为全国的子公司和连锁分店提供更加专业的服务。你是昌宏集团的人力资源部部长邵欣丽，你刚出差回来，收到一份培训主管发来的电子邮件，需要你来处理。

类　　别：电子邮件

发件人：程思明，培训主管

收件人：邵欣丽，人力资源部部长

邵部长：

最近我一直在考虑我们集团培训模式的问题，我们当前采取的是分店自主培训模式，这种方式易于操作，但很难保证培训结果的一致性，另外由于培训资源比较分散，也难以确保培训质量。我研究了其他一些大型餐饮集团的做法，发现其中很多企业成立了自己的培训中心或培训学校，由集团统一招聘新员工，通过统一培训后再分配到各连锁分店，我认为这种模式很适合我们集团。这种模式除了涉及培训外，还涉及招聘方案的改变，我想听听您的想法。

程思明

【任务内容】

请给出这份文件的处理思路，并准确、详细地写出将要采取的措施及意图。

【任务要求】

1.模拟任务情境中人力资源部部长的身份完成本任务；
2.拟采取的措施及意图用文字形式表述；
3.对文件的批阅、处理符合角色身份，语言表达规范；
4.解决任务情境中的问题时考虑全面、措施合理。

【任务实施】

1.本任务以个人形式完成，教师限定任务时间；
2.任务完成后，教师抽选学生进行展示汇报；
3.其他同学进行提问与评价；
4.教师最后进行点评、总结。

【任务小评】

完成时间：_____分钟　知识点：□熟练掌握　□需要查阅资料　□需要向他人求教
任务收获：_____

◆◇ 任务五　岗前培训

【任务目标】

通过本任务训练，掌握人力资源战略规划的知识与技能，并具有分析和解决人力资源战略规划问题的能力。

【任务引入】

汇创公司是一家软件科技公司，经过多年的发展，公司的运营能力、客户服务能力、技术保障能力，以及销售网络都居行业领先水平。你是汇创公司的人力资源总监史斌，刚开会回来，你收到了一封电子邮件，需要你来处理。

类　　别：电子邮件
发件人：郭志刚，培训主管
接收人：史斌，人力资源总监
日　　期：5月18日
史总：

我最近和技术研发部门的经理进行培训需求沟通时，他们反映了一个问题，我们公司每年都要在各大院校的计算机专业招聘很多新员工，这些应届毕业生在学校里学习的内容和工作实际有很大差距，新员工一般要通过至少半年的培训和辅导才能满足岗位的需要，公司会耗费很大成本，但应届毕业生也有很多优势，比如薪酬要求低、工作勤奋、愿意接受公司的培训。我有一个想法：能否在招聘前和这些院校进行更深入的合作，帮助院校开设一些实践性选修课程，欢迎实习生到我们公司实习。这样有助于我们挑选合适的员工，也将部分岗前技术培训提前到他们的学生时期，我们也能节约大量培训成本和筛选成本。

不知道您对这个想法有什么建议，能否和您讨论一下？

郭志刚

【任务内容】

请给出这份文件的处理思路，并准确、详细地写出将要采取的措施及意图。

【任务要求】

1.模拟任务情境中人力资源总监的身份完成本任务；

2.任务处理步骤准确、详细；

3.任务处理考虑周全，措施有力；

4.符合公文语言表达要求、形式适当。

【任务实施】

1.本任务以个人形式完成，教师限定任务时间；

2.通过书籍、网络等查询相关资料；

3.任务完成后，学生可自荐进行展示汇报；

4.其他同学进行提问与评价；

5.教师最后进行点评、总结。

【任务小评】

完成时间：_____分钟　　知识点：□熟练掌握　　□需要查阅资料　　□需要向他人求教

任务收获：_____

项目五　管理诊断训练

一、项目目的

通过管理诊断训练，使学生熟练掌握所学的知识与技能，能有效开展企业培训管理工作，及时发现培训工作中的疏漏与问题，并采取有效措施予以解决，快速提升培训工作的管理能力。

二、项目导图

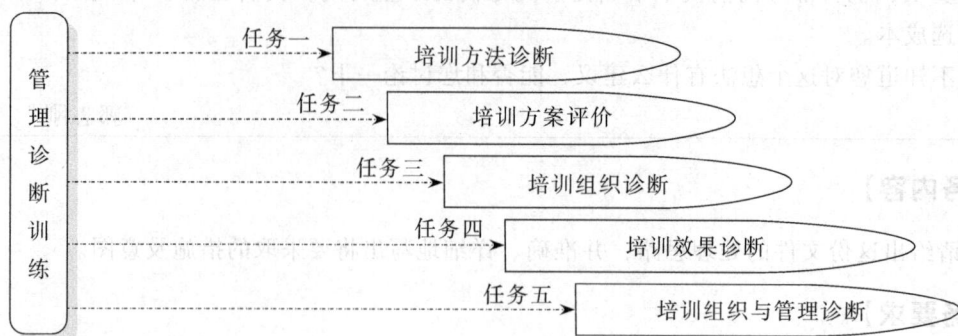

三、项目训练

◆◆ 任务一 培训方法诊断

【任务目标】

通过本任务训练，提升对企业培训管理工作的诊断能力，掌握员工培训的内容、方法，理解各种培训方法的优缺点和适用性。

【任务引入】

程晓晓刚刚大学毕业，入职A公司从事培训工作，他对培训工作的开展有如下认识：

企业员工培训方法很多，应根据培训的目的、对象和资源进行选择。事件处理法要求学员根据有关教科书、报纸宣传或他人经验编写案例；专题讲座法在形式上和课堂教学法基本相同，它适合企业内各层次人员的参与性培训；头脑风暴法的操作要点是规定多个主题，使参加者毫无拘束地提出解决问题的建议；敏感性训练法经常采用集体住宿、小组讨论、个别交流的活动方式；模拟训练法以假定的工作和生活条件为基础，将工作中可利用的资源、约束条件和工作过程模型化；角色扮演法的精髓在于"以动作和行动作为练习的内容进行设想"。虚拟培训具有无须将学员从各地召集在一起，从而节省费用的优越性；自学的缺点之一是容易使学员感到单调乏味，学习中遇到的疑难问题得不到有效解决。

【任务内容】

请对任务情境中程晓晓关于培训方法的描述进行评价，指出错误并予以改正。

【任务要求】

1.对任务情境进行认真、全面分析；

2.对培训方法的诊断应客观、全面，具有针对性；

3.对任务情境中培训方法描述的错误之处予以更正。

【任务实施】

1.本任务以个人形式完成，可查询相关资料；

2.任务完成后，教师抽选学生对评价结果进行汇报；

3.其他同学进行提问或点评；

4.教师最后进行点评、总结。

【任务小评】

完成时间：_____分钟　知识点：□熟练掌握　□需要查阅资料　□需要向他人求教

任务收获：_____

◈◈ 任务二　培训方案评价

【任务目标】

通过本任务训练，提升对企业员工培训与开发工作的诊断能力，全面掌握培训与开发工作的方法与步骤，具备在企业中进行应用的能力。

【任务引入】

云立公司是一家以创新为核心竞争力的信息技术公司，它针对研发部门的员工设计了一套培训方案。从员工进入公司的第一天起，公司就开始记录每一位员工的能力发展情况。每年年底，公司根据每位员工的能力现状、能力发展的可能性、为公司服务的时间以及岗位级别等情况，为每一位员工提供一份下一年度的培训发展建议。员工培训预算包括三部分：第一部分根据公司的发展战略分解到各部门，满足各个岗位的培训需求，通常情况下，这部分培训费用占员工培训预算的60%左右；第二部分根据上级主管对员工的培训建议，主要选择第一部分没有涉及却对员工能力培养至关重要的一些培训项目，约占培训预算的25%；第三部分是员工根据个人兴趣选择参加的培训项目，约占培训预算的15%。相对而言，该公司对员工的平均培训投入要远高于同行业的其他公司。该公司规定，只要员工申请的培训费用在预算之内，上级都应当支持，特殊情况下还可以增加培训预算。

【任务内容】

根据任务情境，对云立公司为研发部门员工设计的培训方案进行评价。

【任务要求】

1.对任务情境进行认真、全面、具体分析；

2.对任务情境中培训方案的评价客观、实际；

3.评价结果应对该公司发展具有积极意义。

【任务实施】

1.本任务以个人形式完成，教师限定任务时间；

2.通过教材、网络等查询相关资料；

3.任务完成后，教师抽选学生对评价结果进行汇报；

4.其他同学进行提问或点评；

5.教师最后进行点评、总结。

【任务小评】

完成时间：_____分钟　　知识点：□熟练掌握　　□需要查阅资料　　□需要向他人求教

任务收获：_____

❖ 任务三　培训组织诊断

【任务目标】

通过本任务训练，全面掌握员工培训与开发工作的知识与技能，理解培训对企业的价值，具备进行培训需求分析、制订培训计划、组织与实施培训的能力。

【任务引入】

科安公司是一家民营家电生产企业，近期对营销人员进行了一次专业知识培训，受训人员大多是刚刚走上工作岗位的专科毕业生。培训结束后，他们将被派往当地各大商场，成为常住商家的推销员，协助商家面对面地为消费者提供咨询服务，以提高企业产品的知名度。该公司人力资源部和销售部没有为本次为期2周的培训确定培训内容，而是由来自某高校的几位市场营销学教授作为培训师自行安排。培训教室选在公司空置的厂房内，由于是炎热的夏季，教室里又没有空调等降温设备，受训人员的注意力难以集中。教授们所讲授的内容，受训人员早已在学校系统学习过。开始时，培训还能引起大家的关注，但终因"灌输式"的教学方式枯燥无味，受训人员觉得十分疲倦。最后，公司专职的培训师讲授了公司主打产品的主要性能等内容。培训结束后，受训人员被派到各大商场参加公司产品的促销活动。当顾客问及有关产品的性能和特点时，他们还能作答，但遇到更深层次的提问时，这些新上岗的推销员常常无言以对，甚至当着顾客的面反复翻阅说明书和宣传材料，以便做出答复。一个月下来，该公司主打产品的销售量和市场占有率并没有任何起色，大家纷纷抱怨这次培训没有起到什么作用。人力资源部的负责人也做了检讨，没有制订清晰的培训计划是导致本次培训失败的原因之一。

【任务内容】

请根据任务情境，对本次培训没有达到预期效果的原因进行诊断。

【任务要求】

1.对任务情境进行认真、全面、深入分析；

2.对任务情境中存在问题的原因分析具体、准确。

【任务实施】

1.本任务以个人形式完成，教师限定任务时间；

2.通过教材、网络查询相关资料；

3.任务完成后，教师抽选学生就诊断结果进行汇报；

4.其他同学进行提问或点评；

5.教师最后进行讲解、点评和总结。

【任务小评】

完成时间：_____分钟　　知识点：□熟练掌握　□需要查阅资料　□需要向他人求教

任务收获：_____

◆◆ 任务四　培训效果诊断

【任务目标】

通过本任务训练，提升对企业培训工作的诊断能力，掌握培训效果评估知识与技术，具备在企业中开展培训效果评估工作的能力。

【任务引入】

福安公司生产厨具和壁炉设备，有150名员工。近几个月来，因为产品质量问题，该公司已经失去了3个主要客户。经调查发现，该公司产品的次品率为12%，是同行业平均水平的两倍。为此，人力资源部培训主管张平制订了一份关于质量控制的培训计划，目的是使次品率降低到同行业平均水平以下。张主管向所有一线主管发出通知，要求他们检查工作记录，确定哪些员工的操作存在问题，派其参加本次培训。该通知还附有一份课程大纲，具体如下：

培训目标：在6个月内将次品率降低到行业平均水平。

培训地点：公司餐厅。

培训时间：8个工时，分解为4个单元；每周实施一个单元，具体安排在早餐之后、午餐之前的时间。

培训方式：教师讲课、学员讨论、案例研讨和电影演示。准备课程时，教师把讲义中的很多内容印发给每个学员，以便学员提前熟悉每一单元的内容。在培训过程中，学员花费相当多的时间来讨论讲义中每章后面的案例。

培训人数：本来应该有大约50名员工参加培训，但是平均每天参加培训的只有30名左右。大部分一线主管向张主管强调生产的重要性，有些学员告诉张主管，那些真正需要培训的人已经回到车间工作去了。

张主管因工作太忙一直没有亲临培训现场。培训结束后，该公司产品的次品率并没有发生明显的变化，公司领导对培训没有实现预定的目标感到非常失望。

【任务内容】

请对任务情境中的培训工作进行诊断。

【任务要求】

1.对任务情境进行全面、深入、客观分析；
2.对任务情境的诊断思路清楚、准确；
3.对任务情境的分析符合该公司实际。

【任务实施】

1.本任务以个人形式完成，教师限定任务时间；
2.通过教材、网络等查询相关资料；
3.任务完成后，教师抽选学生对诊断结果进行汇报；
4.其他同学进行提问或点评；
5.教师最后进行讲解、点评和总结。

【任务小评】

完成时间：_____分钟 知识点：□熟练掌握 □需要查阅资料 □需要向他人求教
任务收获：_____

◇ 任务五 培训组织与管理诊断

【任务目标】

通过本任务训练，提升对企业培训组织与管理工作的诊断能力，掌握培训与开发的内容，理解培训工作的要点，具备在企业中进行培训组织与实施的能力。

【任务引入】

和泰公司是一家皮鞋制造企业，拥有近400名员工。针对该公司生产线频频出现质量事故、质量检查员疏忽大意、管理部门质量意识淡薄等一系列问题，公司领导决定进行专门的质量管理培训来解决这些问题。

质量管理培训安排在每周五晚上7点至9点进行，为期10周。员工可以自愿听课，公司不给员工支付额外的工资，但是公司领导表示，如果员工能积极参加培训，那么其培训的考核结果将记入个人档案，作为以后提职或加薪的重要依据。

培训课程由质量监控部门的李工程师主讲，培训形式包括讲座、放映有关质量管理的录像片及一些专题讨论，内容包括质量管理的必要性、影响质量的客观条件、质量检验标准、检查的程序和方法、质量统计分析方法、抽样检查以及程序控制等。公司里所有对此感兴趣的员工和管理人员都可以去听。

课程刚开始时，听课人数平均在60人左右。在课程快结束时，听课人数下降到30人左右。此外，因为课程安排在周五晚上，所以听课的人员都显得心不在焉，有一部分离家远的人员听到一半就提前回家了。

在总结这次培训的时候，人力资源部经理说："李工程师的课讲得不错，内容充实，知识系统，而且幽默风趣，引人入胜，至于听课人数减少，并不是他的过错。"

【任务内容】

请对本次培训的组织与实施进行诊断。

【任务要求】

1.对任务情境进行全面、深入、具体分析；

2.对本次培训工作的诊断客观、公正、准确；

3.所提出的措施有理有据，具有针对性。

【任务实施】

1.本任务以个人形式完成，教师限定任务时间；

2.通过教材、网络等查询相关资料；

3.任务完成后，教师抽选学生对诊断结果进行汇报；

4.其他同学进行提问或点评；

5.教师最后进行点评、总结。

【任务小评】

完成时间：_____分钟　知识点：□熟练掌握　□需要查阅资料　□需要向他人求教

任务收获：_____

项目六　能力拓展训练

一、项目目的

通过能力拓展训练，使学生在掌握员工培训与开发知识和技能的基础上，通过综合、复杂的任务情境，进行员工培训与开发的深度训练，有效提高学生分析、处理与解决企业实际培训问题的能力。

二、项目导图

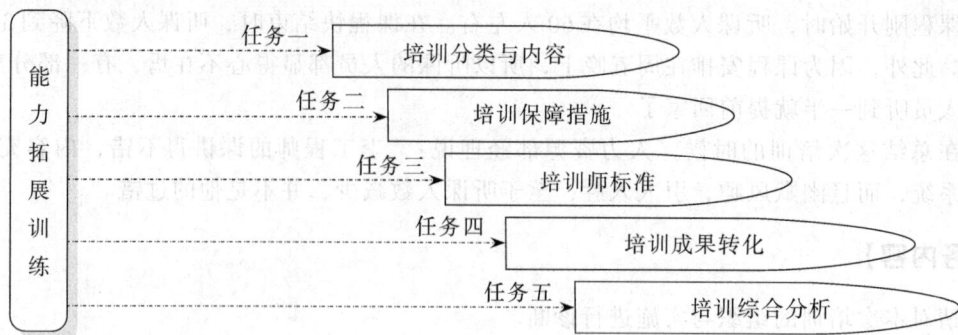

能力拓展训练

任务一 —— 培训分类与内容

任务二 —— 培训保障措施

任务三 —— 培训师标准

任务四 —— 培训成果转化

任务五 —— 培训综合分析

三、项目训练

◇ 任务一　培训分类与内容

【任务目标】

通过本任务训练，掌握员工培训与开发的基础知识和技能，深刻理解培训工作与人力资源管理其他模块的联系，具备培训实施能力。

【任务引入】

贝辰公司人力资源部在总结过去一年绩效管理工作时，发现了一些问题和不足，其中最主要的问题是：在绩效管理准备阶段，很多工作流于形式，没有认真落实，导致考评者对考评的指标和标准概念模糊，把握不准；对具体的考评程序和要求也没吃透；没有掌握绩效反馈的技巧，绩效反馈没有达到预定的目标。同样，被考评者也存在这样或那样的问题，导致绩效管理的效果大打折扣。贝辰公司为了提高绩效考评的质量和绩效管理的总体水平，计划在绩效管理准备阶段进行一系列培训。

【任务内容】

1. 按照不同的培训对象和要求，应当分别对哪几类人员进行培训？
2. 对相关人员绩效管理方面的培训一般应包括哪些具体内容？

【任务要求】

1. 对任务情境的分析全面、具体；
2. 所确定的培训对象具体、适宜，要求明确；
3. 所确定的培训内容具有针对性与可行性。

【任务实施】

1.本任务以个人形式完成，教师限定任务时间；

2.任务完成后，教师抽选学生进行汇报；

3.其他同学进行提问或点评；

4.教师最后进行讲解、点评和总结。

【任务小评】

完成时间：_____分钟　　知识点：□熟练掌握　　□需要查阅资料　　□需要向他人求教

任务收获：_____

◆◆ 任务二　培训保障措施

【任务目标】

通过本任务训练，掌握员工培训与开发的内容、程序，理解员工培训管理的要点，具备培训组织与实施、制订保障措施，以及对员工进行培训激励与约束的能力。

【任务引入】

某大型超市人力资源部正在进行年度总结会议。培训项目主管在汇报时认为，这一年来员工培训工作取得了较好成绩，从培训需求分析到年度培训计划的制订和贯彻落实、从各类人员培训课程的设计和完善到各个培训环节的评估反馈等都达到了预定目标。但就总体来看，依然存在一些问题和不足，特别是与企业培训计划管理相配套的措施不尽如人意，应当给予重视。

【任务内容】

1.为了有效实施培训计划管理，企业应健全哪些配套措施？

2.在建立健全员工培训激励与约束机制方面，可以采取哪些措施？

【任务要求】

1.所提出的培训保障措施全面、具体，具有可操作性；

2.激励与约束机制考虑全面，符合该公司实际。

【任务实施】

1.本任务以小组形式完成，教师限定任务时间；

2.通过教材、网络等查询相关资料；

3.任务完成后，每个小组派代表进行展示汇报；

4.其他小组进行提问或点评；

5.教师最后进行点评、讲解与总结。

完成时间：_____分钟　知识点：□熟练掌握　□需要查阅资料　□需要向他人求教

任务收获：_____

◇◇ 任务三　培训师标准

【任务目标】

通过本任务训练，熟练掌握培训师的要求与选拔技巧，具备对企业培训管理工作进行全面分析的能力。

【任务引入】

青和集团是一家跨地区、跨行业经营的集团公司，创建于2007年5月，经过十几年的打拼，现已形成房地产开发、建筑施工、物业管理等于一体的整体化、系统化产业链，位居全国大型企业集团千强之列。该集团现有资产100亿元，员工4万余人。

青和集团非常重视人才的选拔与培养，公司领导决定在公司内部建立一支培训队伍。人力资源部在公司内部发布了公告，马上就有40多名符合报名条件的人员报了名。如何从这40多名应聘者中选出符合条件的培训师？面试是不可或缺的，除了面试，是否还有其他选拔方法呢？如笔试、无领导小组讨论等。这些问题困扰着人力资源部主管招聘工作的张副经理。

【任务内容】

1.企业选择培训师的基本标准是什么？

2.组织面试时应该注意避免哪些问题？

【任务要求】

1.培训师的标准设计科学合理，具有可实施性；

2.对任务情境的分析全面、具体，条理清晰。

【任务实施】

1.本任务以小组形式完成，教师限定任务时间；

2.小组成员进行讨论、分析，查阅资料；

3.任务完成后，每个小组派代表进行汇报；

4.其他小组进行提问或点评；

5.教师最后进行点评、总结。

【任务小评】

完成时间：_____分钟　知识点：□熟练掌握　□需要查阅资料　□需要向他人求教

任务收获：_____

◇◇ 任务四　培训成果转化

【任务目标】

通过本任务训练，熟练掌握培训效果评估的知识与技术，具备培训效果评估与采取有效措施促进培训效果转化的能力。

【任务引入】

永源保健品公司计划明年推出系列新产品，需要市场部员工根据不同的产品组成团队，在全国各地举办产品发布会和推介会。为了提高市场部员工的宣讲能力，人力资源部组织了公众演讲课程培训，请培训师讲授了公众演讲的准备工作、如何提升演讲技巧等，并请员工参加了模拟训练。

【任务内容】

1.为了更好地提升员工的业绩，该公司可以采取哪些措施来营造培训效果转化的工作环境？

2.如果将培训效果评估与绩效考评结合起来，可以从哪些维度设计考核指标？请列出具体维度和具体指标。

【任务要求】

1.对任务情境的分析全面、深入、具体；

2.拟定的培训效果提升措施合理、具体，具有可实施性。

【任务实施】

1.本任务以小组形式完成，教师限定任务时间；

2.小组成员进行讨论、分析，查阅资料；

3.任务完成后，每个小组派代表进行汇报；

4.其他小组进行提问或点评；

5.教师最后进行讲解、点评和总结。

【任务小评】

完成时间：_____分钟　知识点：□熟练掌握　□需要查阅资料　□需要向他人求教

任务收获：_____

◆◇ 任务五　培训综合分析

【任务目标】

通过本任务训练，熟练掌握员工培训与开发的内容，能够结合实际情况进行培训需求分析、培训计划制订、培训组织实施和培训评估。

【任务引入】

科达空调设备服务公司的一项重要业务是为家庭用户提供空调的安装维修服务。为了满足服务需求，该公司新招聘了50名应届毕业生，这些毕业生都毕业于机电制冷专业，但均没有实际工作经验，为此，该公司为这些新员工安排了为期一个月的培训。

【任务内容】

1.新员工入职培训的内容包括哪些方面？

2.培训结束后，新员工开始正式工作，但部分新员工的工作表现不尽如人意。请从受训者层面进行分析，培训效果不佳可能由哪些原因所导致？

3.该公司让一名有经验的老员工和一名新员工组成一个固定小组为顾客提供服务，在这种情况下，应该从哪些方面为新员工设计绩效考核指标？请举例说明。

【任务要求】

1.对任务情境的分析客观、全面、准确；

2.所拟定的培训内容科学、合理、具体；

3.培训效果分析方法合理，具有针对性。

【任务实施】

1.本任务以小组形式完成，教师限定任务时间；

2.通过多种方式查阅资料；

3.任务完成后，每个小组派代表进行汇报；

4.其他小组进行提问或点评；

5.教师最后进行点评、总结。

【任务小评】

完成时间：＿＿＿＿分钟　知识点：□熟练掌握　□需要查阅资料　□需要向他人求教

任务收获：＿＿＿＿＿＿＿＿＿＿＿＿＿＿＿＿＿＿＿＿＿＿＿＿＿＿＿＿＿＿＿＿＿＿＿＿＿＿

绩效管理

一、训练概要

　　绩效管理是人力资源管理中极为关键的一环，关系到企业的战略目标能否顺利实现。在现代企业经营管理中，绩效管理的好坏直接影响公司战略竞争优势的构建，是企业人力资源管理中极为重要的内容。本模块主要针对绩效管理进行专项训练。

二、训练目标

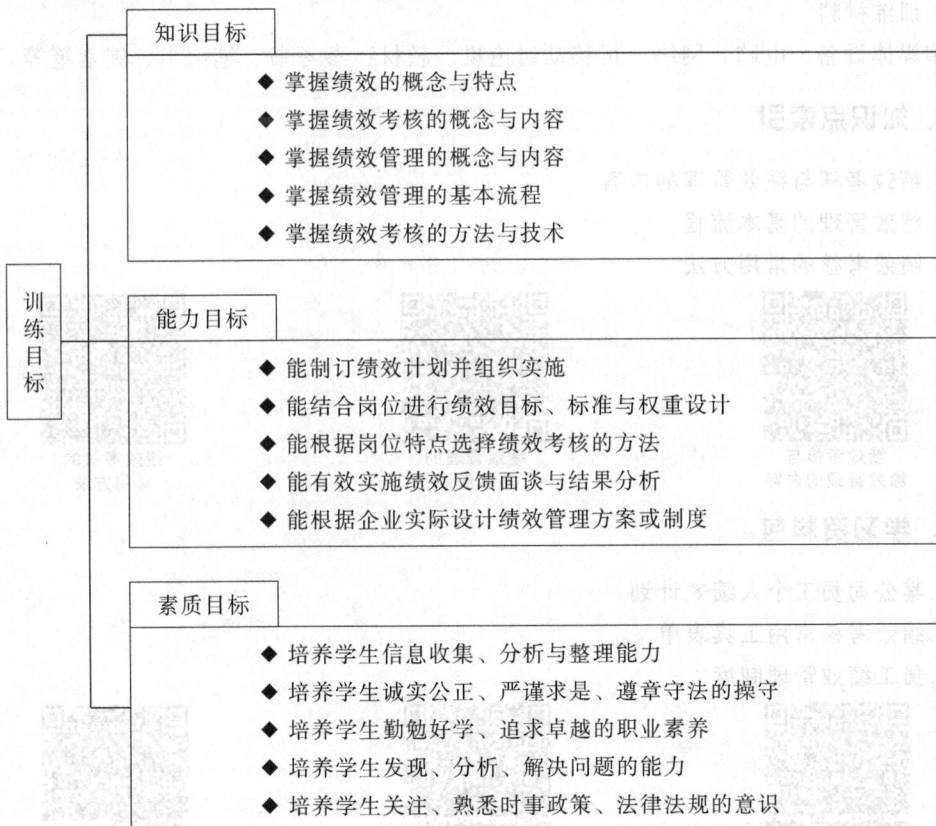

训练目标

知识目标
- ◆ 掌握绩效的概念与特点
- ◆ 掌握绩效考核的概念与内容
- ◆ 掌握绩效管理的概念与内容
- ◆ 掌握绩效管理的基本流程
- ◆ 掌握绩效考核的方法与技术

能力目标
- ◆ 能制订绩效计划并组织实施
- ◆ 能结合岗位进行绩效目标、标准与权重设计
- ◆ 能根据岗位特点选择绩效考核的方法
- ◆ 能有效实施绩效反馈面谈与结果分析
- ◆ 能根据企业实际设计绩效管理方案或制度

素质目标
- ◆ 培养学生信息收集、分析与整理能力
- ◆ 培养学生诚实公正、严谨求是、遵章守法的操守
- ◆ 培养学生勤勉好学、追求卓越的职业素养
- ◆ 培养学生发现、分析、解决问题的能力
- ◆ 培养学生关注、熟悉时事政策、法律法规的意识

三、训练导图

应用设计训练	数据分析训练	材料解析训练	文件处理训练	管理诊断训练	能力拓展训练
●绩效指标标准设计 ●绩效考核指标设计 ●行为评价指标设计 ●行为锚定评价指标设计 ●行为观察量表设计	●配对比较评价 ●绩效考核业绩评价 ●考评方法分析 ● 360 度绩效考评 ●绩效考评误差分析	●强制分布法分析 ●考评制度设计分析 ●绩效面谈 ●绩效反馈面谈 ●绩效管理分析	●考核方案调整 ●绩效考核指标与权重 ●绩效组织实施 ●绩效考核调整 ●绩效结果分析	●绩效考核评价 ●绩效考评制度评价 ●营业人员绩效考评 ●平衡计分卡 ●绩效管理事件评价	●绩效考评指标 ●绩效管理实施 ●绩效薪酬 ●个人业务承诺考核 ●服务性岗位绩效考核

四、训练条件

1.训练学时

本专项训练共计6学时，每个项目各1学时。

2.训练材料

多媒体设备、电脑、网络、可移动讨论桌、教材、参考书、笔记本、碳素笔等。

五、知识点索引

1.绩效考核与绩效管理的内容

2.绩效管理的基本流程

3.绩效考核的常用方法

绩效考核与
绩效管理的内容

绩效管理的
基本流程

绩效考核的
常用方法

六、学习资料包

1.某公司员工个人绩效计划

2.绩效考核常用工具表单

3.员工绩效管理制度

某公司员工
个人绩效计划

绩效考核
常用工具表单

员工绩效
管理制度

项目一　应用设计训练

一、项目目的

通过应用设计训练，使学生具有在人力资源管理部门中从事绩效管理工作的基础设计能力，能够运用所学知识并结合企业实际情况，有针对性地进行绩效考核指标、标准的设计，具备绩效管理流程设计、方案设计、体系设计能力。

二、项目导图

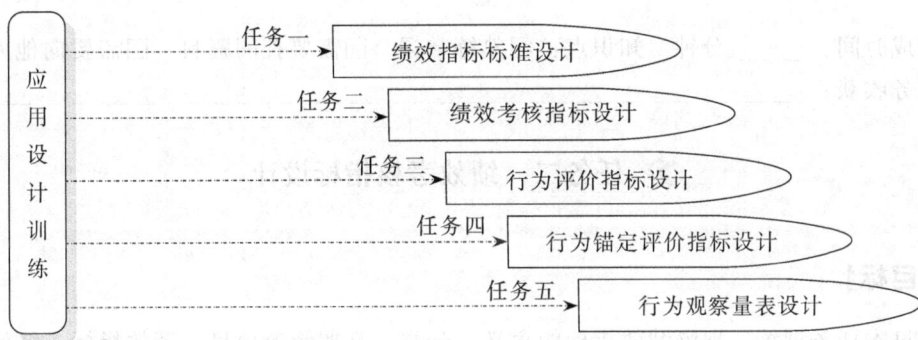

```
          任务一          绩效指标标准设计
应
用     任务二          绩效考核指标设计
设
计   任务三          行为评价指标设计
训
练       任务四          行为锚定评价指标设计
             任务五          行为观察量表设计
```

三、项目训练

◇ 任务一　绩效指标标准设计

【任务目标】

通过本任务训练，理解绩效管理的意义，掌握绩效管理的方法，具备绩效项目、绩效指标、绩效标准的设计能力，提高对管理知识的应用能力。

【任务引入】

某大型汽车销售公司计划明年年底前在全国增设10个营销分部，拟从现有的销售分公司中选拔一批后备人才。经过业绩考评和主管领导推荐，公司人力资源部选出了20名候选人。为了切实保证人才选拔质量，公司领导要求，对初选出来的候选人进行一次全面的素质测评，测评包括战略管理、团队建设、自我意识、市场意识、领导技能等多项指标。

【任务内容】

请为领导技能指标设计一份含A、B、C、D四个等级的评分标准表。

【任务要求】

1.绩效标准设计科学、合理,并符合岗位实际情况;

2.绩效标准等级分明,语言表述清晰、明确。

【任务实施】

1.本任务以个人形式完成,教师限定任务时间;

2.通过教材或网络查询相关资料;

3.任务完成后,教师抽选学生进行汇报;

4.其他同学进行提问与点评;

5.教师最后进行讲解、总结。

【任务小评】

完成时间:_____分钟 知识点:□熟练掌握 □需要查阅资料 □需要向他人求教

任务收获:_____

≫ 任务二 绩效考核指标设计

【任务目标】

通过本任务训练,理解绩效指标的含义、分类,掌握绩效项目、绩效指标、绩效标准的设计方法。

【任务引入】

青山公司是一家煤矿开采企业,随着近年来的不断发展,管理也逐渐规范完善。近期,为了进一步提高员工工作效率,进而提升企业整体绩效,青山公司人力资源部决定重新制定企业各管理岗位的绩效考核指标体系。

【任务内容】

1.该考核指标体系应当包括哪些类别?请分别举例说明?

2.该考核指标体系下各类指标的考核周期是否一致?为什么?

【任务要求】

1.绩效指标分类合理,符合岗位实际;

2.绩效指标设计恰当、全面,举例准确。

【任务实施】

1.本任务以小组形式完成,教师限定任务时间;

2.通过教材、参考书、网络等查询资料;

3.任务完成后，每个小组派代表进行展示汇报；

4.教师最后进行讲解、点评与总结。

【任务小评】

完成时间：_____分钟　　知识点：□熟练掌握　□需要查阅资料　□需要向他人求教

任务收获：_____

◈ 任务三　行为评价指标设计

【任务目标】

通过本任务训练，能够进行行为评价指标的具体设计，掌握绩效指标设计的知识与方法，提升绩效管理能力。

【任务引入】

星洋家用电器公司准备招聘一名采购经理，公司领导认为"谈判能力"是需要考查的一个重要内容，在今后的绩效考评中，也会将该能力列入采购经理的岗位胜任特征指标进行考核。

【任务内容】

1.对"谈判能力"进行考查，采用评价中心测试和文件筐测试法哪种更为合适？为什么？

2.表5-1是星洋家用电器公司用岗位胜任特征指标对"谈判能力"进行考核的表格，请完成该指标各锚定等级的行为描述。

表5-1　　　　　　　　　　　　谈判能力的行为锚定表格

锚定等级	行为描述
0：不合格	
1：合格	

【任务要求】

1.绩效指标设计科学、合理，并符合岗位实际情况；

2.绩效标准体现行为评价指标特点，语言表述规范。

【任务实施】

1.本任务以个人形式完成，教师限定任务时间；
2.通过教材或网络查询相关资料；
3.任务完成后，教师抽选学生进行汇报；
4.其他同学进行提问或点评；
5.教师最后进行点评、总结。

【任务小评】

完成时间：_____分钟　知识点：□熟练掌握　□需要查阅资料　□需要向他人求教

任务收获：_____

◈ 任务四　行为锚定评价指标设计

【任务目标】

通过本任务训练，掌握行为锚定评价法的基础知识与技能，能够进行员工绩效考核，设计绩效考核的指标与具体的工作步骤。

【任务引入】

小张是冰洋啤酒公司的人力资源部经理，该公司最近为进一步提升管理效率，准备对销售部员工进行绩效考核。小张在大学时学的是人力资源管理专业，他认为运用行为锚定评价法进行考核可以提供明确而客观的标准，于是准备采用行为锚定评价法对销售部员工进行考核。

【任务内容】

请帮助小张设计具体的工作步骤，并运用行为锚定评价法设计"销售部经理"岗位的管理行为指标。

【任务要求】

1.对行为锚定评价法理解透彻；
2.运用行为锚定评价法设计的步骤具体、合理；
3.所设计的指标具有可操作性、可实施性。

【任务实施】

1.本任务以小组形式完成，教师限定任务时间；
2.通过书籍、网络等查询相关资料；
3.任务完成后，每个小组派代表进行汇报；
4.教师最后进行点评、总结。

完成时间：_____分钟　知识点：□熟练掌握　□需要查阅资料　□需要向他人求教

任务收获：_____

◇◇ 任务五　行为观察量表设计

【任务目标】

通过本任务训练，掌握行为观察量表的内容和设计方法，能够根据企业岗位情况设计具体、可行的行为观察量表，提升绩效管理能力。

【任务引入】

光华公司总经理认为，对管理人员进行评价的核心应放在行为管理上，而不仅是考查指标完成了多少、销售额达到多少、利润率是多少。在光华公司，一般从六个方面对管理人员进行综合素质考评，这六个方面是战略力、应变能力、协调配合力、团队精神、全局观、学习与创新力。

【任务内容】

根据任务情境，为管理人员的"团队精神"指标设计一个行为观察量表。

【任务要求】

1.绩效指标与权重设计科学、合理；
2.绩效指标设计全面、具体，具有可操作性。

【任务实施】

1.本任务以个人形式完成，教师限定任务时间；
2.通过书籍、网络等查询相关资料；
3.任务完成后，教师抽选学生进行展示汇报；
4.其他同学进行提问或点评；
5.教师最后进行点评、总结。

【任务小评】

完成时间：_____分钟　知识点：□熟练掌握　□需要查阅资料　□需要向他人求教

任务收获：_____

项目二　数据分析训练

一、项目目的

通过数据分析训练，使学生具备从事绩效管理工作所必需的数据分析与应用能力，熟练掌握绩效指标与权重的设计、绩效数据的统计分析与绩效考核的方法，能够结合企业与岗位的实际情况，科学有效地开展绩效管理工作。

二、项目导图

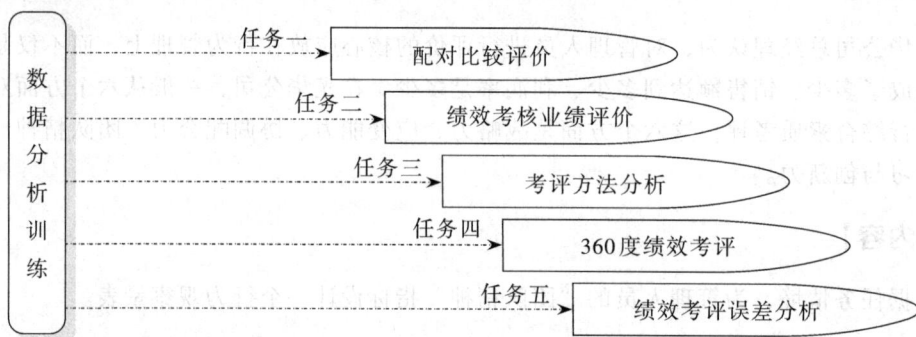

三、项目训练

◇◇　任务一　配对比较评价

【任务目标】

通过本任务训练，掌握配对比较法的内容和程序，能够顺利开展绩效管理工作，进一步提升绩效管理能力。

【任务引入】

大飞公司刚成立不久，规模较小，拟采用配对比较法对业务部门六名员工进行评价，其结果见表5-2。

表 5-2

评价员工	A	B	C	D	E	F	序号
A	0	+	+	+	+	+	
B		0	+	+	−	+	
C			0	−	−	+	
D				0	−	+	
E					0	+	
F						0	
合计							
最终排序:							

【任务内容】

请将表 5-2 中的空白处填写完整，并进行数据汇总，再对这六名员工从高到低进行排序。

【任务要求】

1. 对任务情境信息进行认真、全面分析；
2. 配对比较法运用正确，计算精准。

【任务实施】

1. 本任务以个人形式完成，教师限定任务时间；
2. 可查阅书籍及相关资料；
3. 任务完成后，教师抽选学生进行展示汇报；
4. 教师对任务知识点进行随机提问；
5. 教师最后进行点评、总结。

【任务小评】

完成时间：_____分钟　知识点：□熟练掌握　□需要查阅资料　□需要向他人求教

任务收获：_____

◆》 任务二　绩效考核业绩评价

【任务目标】

通过本任务训练，全面掌握绩效管理的内容、方法和操作程序，能够顺利开展绩效管理工作。

【任务引入】

赵欣是某公司人力资源部的绩效考核专员，表5-3、表5-4是赵欣对该公司销售经理进行绩效考核的结果。

表5-3　　　　　　　　　　　　　**某销售经理的业绩考核结果**

职位	考核内容	考核标准	实际结果
销售经理	销售额	所负责的部门本年度达到450万元，其中个人达到170万元	所负责部门完成320万元，其中个人220万元
	利润率	35%	27%，其中个人44%
	销售费用成本	全年控制在45万元以内	67万元
	部门离职率	10%以内	25%
	客户满意度	所负责的部门在95%以上	86%

表5-4　　　　　　　　　　　　　**某销售经理的行为考核结果**

职位	考核内容	上级	下级	自我	同事	客户
销售经理	授权	3	2	5	3	5
	辅导	3	1	4	3	5
	销售技巧	4	4	4	5	5
	部门间合作	3	2	5	5	4
	成本管理	2	3	3	2	5

注：5为优，4为良，3为一般，2为较差，1为差。

【任务内容】

1.请依据表5-3的数据评价该销售经理的业绩。

2.请结合表5-3、表5-4的数据分析该销售经理的不足之处及改进方法。

3.该公司按照个人销售业绩加行为考核（权重各为50%）模式发放薪酬，该销售经理的总体收入在公司同级别经理中处于中等水平，此种模式对该销售经理有何影响？如果要达到部门绩效目标，该职位的薪酬方案应当如何调整？

【任务要求】

1.对任务情境中数据的分析深入、细致；

2.合理运用绩效考核方法进行绩效评价；

3.绩效评价中权重设计合理，各项数据计算准确。

【任务实施】

1.本任务以个人形式完成，教师限定任务时间；

2.可查阅书籍及相关资料；

3.任务完成后，学生自荐进行展示汇报；

4.教师最后进行讲解、点评与总结。

【任务小评】

完成时间：_____分钟　知识点：□熟练掌握　□需要查阅资料　□需要向他人求教

任务收获：_____

◈ 任务三　考评方法分析

【任务目标】

通过本任务训练，掌握绩效管理的方法、各种方法的优缺点以及适用对象，能够结合岗位实际情况，采用适宜的评价方法。

【任务引入】

志成公司的绩效管理主要采用以下步骤和方法：

第一步，对于部门主管以上的领导干部，年终由上级领导召集其下属员工开会，共同听取其述职报告，再由其下属员工及上级领导根据其一年来的表现填写"年度领导干部考核评议表"。该表汇总后将分数按"领导、部门内同事、下属"（权重为2∶3∶5）加权平均得出总分。

第二步，全体员工分四组排序：一般员工、主管、部门经理、高层领导。每组按考评结果分五个等级，每一等级所占比例见表5-5。

表5-5　　　　　　　　　　　志成公司绩效考评等级与比例

等级	A	B	C	D	E
比例	10%	30%	54%	5%	1%

第三步，考评结果运用：A等级的人有机会晋升，而E等级的人将被淘汰或降级。

【任务内容】

1.指出前两个步骤使用了哪些绩效考评方法。

2.上述考评方法有哪些不足之处？请针对这些不足提出改进建议。

【任务要求】

1.对任务情境的分析全面、深入；

2.对绩效考评方法的分析具体精准、详细完整。

【任务实施】

1.本任务以个人形式完成，教师限定任务时间；

2.可查阅教材及相关资料；

3.任务完成后，教师抽选学生汇报分析结果；

4.教师最后进行讲解和总结。

【任务小评】

完成时间：_____分钟　知识点：□熟练掌握　□需要查阅资料　□需要向他人求教

任务收获：_____

◇◇ 任务四　360度绩效考评

【任务目标】

通过本任务训练，全面掌握绩效管理的基础知识与技能，能够熟练运用360度绩效考评方法组织并实施考核，提高绩效管理能力。

【任务引入】

兴安公司对销售部门的员工采用360度绩效考评方法，每项打分最高6分，最低1分。表5-6是该公司对销售部门员工小张进行考评的结果。

表5-6　　　　　　　　　　　　**销售部门员工小张的360度绩效考评结果**

考评尺度与分数：杰出6分，优秀5分，良好4分，一般3分，较差2分，极差1分

考评项目		权重 （%）	考评得分					
			上级考评 （70%）	同事考评 （10%）	下级考评 （10%）	自我考评 （5%）	客户考评 （5%）	本栏得分
个人 特征	事业心	10	4	5	4	5	5	
	主动性	10	3	4	4	5	4	
工作 行为	合作能力	10	4	5	4	4	5	
	服务水平	10	4	4	4	5	4	
工作 成果	合同维持	30	3	3	4	4	4	
	业务开拓	30	4	4	5	5	4	
总分=								

【任务内容】

请根据任务情境，运用360度绩效考评方法对小张进行评价，并将结果填到表5-6中。

【任务要求】

1.对任务情境进行认真、全面分析；
2.根据任务情境合理进行数据分析与评价；
3.分析过程详细、具体、完整。

【任务实施】

1.本任务以小组形式完成，教师限定任务时间；
2.可查阅书籍及相关资料；
3.任务完成后，教师抽选小组汇报任务完成过程与结果；
4.教师最后进行点评、讲解与总结。

【任务小评】

完成时间：_____分钟 知识点：□熟练掌握 □需要查阅资料 □需要向他人求教
任务收获：_____

◇◇ 任务五 绩效考评误差分析

【任务目标】

通过本任务训练，掌握绩效考评误差知识，能够根据图表中的数据、图形，分析企业在绩效管理方面的问题，提升数据分析能力。

【任务引入】

富成公司近期正在进行绩效考评，员工A、B、C的打分结果如图5-1所示。

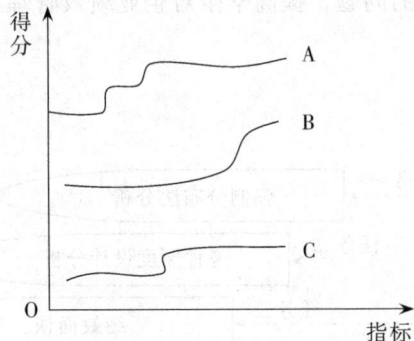

图 5-1 富成公司三名员工绩效考评打分结果

【任务内容】

请根据任务情境，分析三名员工的绩效考评误差，并分析该误差带给企业的不良影响。

【任务要求】

1.对任务情境进行认真分析；

2.根据任务情境合理进行绩效考评误差分析与评价；

3.对图5-1中的数据分析全面、具体，过程翔实完整。

【任务实施】

1.本任务以个人形式完成，教师限定任务时间；

2.可查阅教材及相关资料；

3.任务完成后，教师抽选学生汇报分析结果；

4.教师对任务知识点进行随机提问；

5.教师最后进行讲解。

【任务小评】

完成时间：_____分钟　知识点：□熟练掌握　□需要查阅资料　□需要向他人求教

任务收获：_____

项目三　材料解析训练

一、项目目的

通过材料解析训练，使学生熟悉企业绩效管理中的不同工作情境，能够运用所学知识与技能解决任务情境中出现的问题，提高学生对企业绩效管理工作进行具体分析与解决问题的能力。

二、项目导图

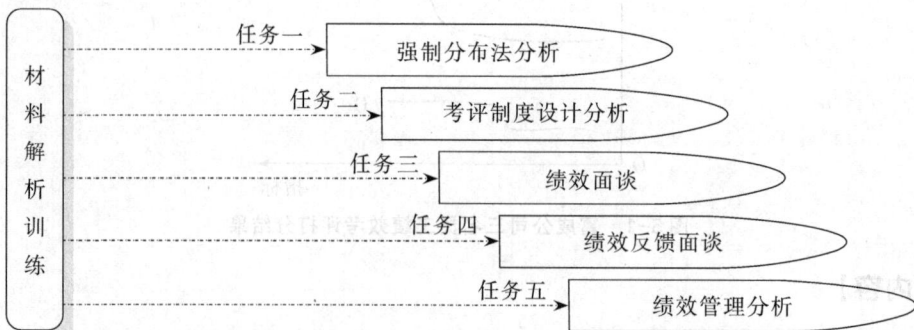

三、项目训练

◆ 任务一 强制分布法分析

【任务目标】

通过本任务训练，掌握绩效管理的方法以及各种方法的适用岗位、优缺点，能够根据岗位特点选择适宜的绩效管理方法，进一步提升绩效管理能力。

【任务引入】

源申公司又到了年终绩效考核的时候了，从主管到员工，每个人都忐忑不安。该公司采用强制分布法的末位淘汰制，每到年底，根据员工的表现，将每个部门的员工划分为A、B、C、D、E五个等级，分别占10%、20%、40%、20%、10%。如果某员工有一次被排在最后一级，工资降一级；如果有两次排在最后一级，则下岗进行培训，培训后根据考查的结果决定是否上岗；如果上岗后再被排在最后10%，则被淘汰。培训期间只领取基本生活费。

主管与员工对这种绩效考评方法都很有意见。财务部主管老高每年都为此煞费苦心，该部门是职能部门，大家都没有什么错误，工作都完成得很好，把谁评为E等级都不合适。去年，小田因家里有事，请了几天假，有几次迟到了，但是也没耽误工作。年底考核时，老高把小田报上去了，为此，小田到现在还耿耿于怀。今年又该把谁报上去呢？

【任务内容】

1.财务部是否适合采用强制分布法进行绩效考评？为什么？

2.如果重新设计该公司财务部的绩效考评方案，应该注意哪些问题？

【任务要求】

1.任务情境分析结合该公司实际情况，具有针对性；

2.对绩效考评方案的分析具体、准确。

【任务实施】

1.本任务以小组形式完成，教师限定任务时间；

2.可查阅教材及相关资料；

3.小组成员进行讨论、分析；

4.任务完成后，每组就分析结果进行展示汇报；

5.教师最后进行点评、总结。

【任务小评】

完成时间：_____分钟　知识点：□熟练掌握　□需要查阅资料　□需要向他人求教

任务收获：_____

◆◆ 任务二 考评制度设计分析

【任务目标】

通过本任务训练，了解绩效管理的意义，掌握绩效管理的基础知识与技术，提高绩效管理能力。

【任务引入】

源格公司已有20年的历史，年营业额在52亿元左右。其以往的考评内容一成不变、考评流于形式，不能真实地反映员工的工作绩效，因此，人力资源管理部门全面修订了考评制度，重新编制了考评表。2020年起，新的考评制度开始实行。该公司对普通员工的考评分为自我考评、上级考评和人力资源管理部门考评；对部门经理的考评分为自我考评、上级考评、人力资源管理部门考评和下级考评。

每月初，部门经理在员工考评表上列出员工本月应当完成的主要工作，将考评表发给员工。考评表除了列出本月的工作要求外，还有固定的考评项目，如工作态度、工作品质、纪律性、协调能力、团队精神等，每项都给出了含义和分值。考评满分为100分，月末员工填写考评表为自己打分，交给部门经理。部门经理在员工交回的考评表上为员工打分，再交给人力资源管理部门。人力资源管理部门对员工进行最终的考评和分数汇总，并向员工通报当月的考评结果。员工对考评结果有疑问的，可直接向人力资源管理部门反映。普通员工的考评自评占30%，人力资源管理部门评分占10%，部门经理评分占60%。部门经理的考评自评占30%，下级评分占20%，人力资源管理部门评分占10%，上级评分占40%。考评结果应用于薪酬、晋升、培训等各方面。

【任务内容】

1.指出任务情境体现了考评制度设计的哪些内容。
2.指出该公司在绩效管理方面存在的主要问题。

【任务要求】

1.绩效考评制度设计全面、完整；
2.对任务情境的分析深入、具体。

【任务实施】

1.本任务以小组形式完成，教师限定任务时间；
2.通过教材或网络查阅相关资料；
3.任务完成后，教师抽选小组进行展示汇报；
4.其他小组进行提问或点评；
5.教师最后进行点评、总结。

完成时间：_____分钟　知识点：□熟练掌握　□需要查阅资料　□需要向他人求教

任务收获：_____

◇◇ 任务三　绩效面谈

【任务目标】

通过本任务训练，全面掌握绩效面谈的内容、意义与要点，掌握绩效面谈的技巧，能够有效开展绩效面谈工作。

【任务引入】

穆可在一家私营公司做基层主管已经3年了，这家公司以前不是很重视绩效考评，但是依靠自己所拥有的资源，发展得很快。去年，该公司从外部引进了一名人力资源总监，至此，绩效考评制度才开始在该公司建立起来，大多数员工也开始知道一些有关员工绩效管理的具体要求。

在去年年终考评时，穆可的上司要同她谈话，穆可很不安，虽然她对一年来自己的工作很满意，但是不知道她的上司对此怎么看。穆可是一个比较内向的人，除了工作上的问题，她很少和她的上司交流。在谈话中，上司对穆可的表现总体上是肯定的，同时，也指出了她在工作中需要改善的地方。穆可也同意此看法，她知道自己有一些缺点。整个谈话过程是令人愉快的，离开她上司办公室时，穆可感觉不错。但是，当穆可拿到上司给她的年终考评书面报告时，她感到非常震惊，并且难以置信，书面报告中写了很多她在工作中存在的问题、缺点等负面的东西，而她取得的成绩、优点等只有一点点。穆可觉得这样的结果有点"不可理喻"。穆可从公司公布的"绩效考评规则"上知道，书面考评报告是要长期存档的，这对穆可今后在公司的工作影响很大。穆可感到很不安和苦恼。

【任务内容】

1.绩效面谈在绩效管理中有什么作用？人力资源管理部门应该围绕绩效面谈做哪些工作？

2.经过绩效面谈，穆可感到不安和苦恼，导致这种结果的原因是什么？怎样做才能避免这类问题的产生？

【任务要求】

1.对任务情境的分析全面、深入、具体；

2.思路清晰、理解正确、分析到位。

【任务实施】

1.本任务以个人形式完成，教师限定任务时间；

2.通过教材、网络或其他方式查阅资料；

3.任务完成后，教师抽选学生进行展示汇报；

4.其他同学进行提问或点评；

5.教师最后进行点评、总结。

【任务小评】

完成时间：_____分钟　知识点：□熟练掌握　□需要查阅资料　□需要向他人求教

任务收获：_____

◈ 任务四　绩效反馈面谈

【任务目标】

通过本任务训练，掌握绩效管理的内容、程序，熟练掌握绩效反馈面谈的方法与技巧，进一步提升绩效管理能力。

【任务引入】

乐华公司销售主管林立对下属韩浩说："你下班前到我办公室来一趟，我想就你的工作表现和你谈一下，也算是年终的考评。"韩浩等这句话很长时间了，因为公司业务发生了重大改变，自己的工作也有所调整，因此他很想与主管讨论一下，可否根据自己工作的变化重新制定新的考评标准。此外，他对考评结果也有一些担心，因为他认为自己在这一年的工作表现不是太好。下班前，在林立的办公室，林立对韩浩说："我已经填好了你的考评表，你不用看了，我在你所有的方面都评了优，签上名吧。今年大家都得了优，因为这个月大家加班加点把订单都赶出来了，这批订单对公司实在太重要了。我没有什么可多说的了，继续好好干吧，我会给你加工资的。"

韩浩看过考评表后签了字，他可以看出主管确实很忙，所以他觉得自己还是离开为好，可是，当韩浩离开主管的办公室时，还是有一种强烈的失落和无助感，"又重复进行了一次无效的交流"。

【任务内容】

请根据任务情境，说明各级主管作为考评者，应当采取哪些有效的措施和方法来提高绩效反馈面谈的质量？

【任务要求】

1.所拟定的措施合理、有效；

2.考虑问题全面，语言阐述清晰、准确。

【任务实施】

1.本任务以个人形式完成，教师限定任务时间；

2.可查阅教材及相关资料；

3.任务完成后，教师抽选学生进行汇报；

4.教师对任务知识点进行提问；

5.教师最后进行讲解、点评与总结。

【任务小评】

完成时间：_____分钟　　知识点：□熟练掌握　　□需要查阅资料　　□需要向他人求教

任务收获：_____

◈ 任务五　绩效管理分析

【任务目标】

通过本任务训练，全面理解与掌握绩效管理的内容、程序和方法，具备在企业中制订绩效考评计划、进行绩效考评和绩效反馈面谈的能力。

【任务引入】

在跃森公司总部会议室里，秦总经理正在听取本年度公司绩效考评情况汇报，其中有两项决策让他左右为难：一是年度考评结果排在最后的几名员工却是平时干活最多的人，这些人是否按照原有的考评方案降职或降薪；二是下一阶段考评方案如何调整才能更加有效。跃森公司成立仅4年，为了更好地激励和评价各级员工，在引入市场化用人机制的同时，建立了一套新的绩效管理制度。它不但明确了考评的程序和方法，还细化了"德、能、勤、绩"等项指标，并分别做了定性描述，考评时只需对照被考评人的实际行为，即可得出考评的最终结果。但这次考评出现了以下问题：工作比较出色和积极的员工，考评成绩被排在后面，而一些工作业绩平平或者很少出错的员工却被排在前面；一些管理人员对考评结果"大排队"的方式不理解，存在抵触心理。为了弄清这套新的绩效管理制度存在的问题，秦总经理深入调查，了解到以下情况：

车辆设备部程经理快人快语："我认为本考评方案需要尽快调整。考评指标虽然有十几个，却不能真实反映我们工作的实际情况。我部共有20个人，却负责公司60台大型设备的维护工作，为了确保它们安全无故障地运行，检修工需要按计划分散到基层各个站点上进行设备检查和维护，在工作中不能有一点违规和失误，任何一次失误都会带来不可估量的生命和财产损失。"

财务部刘经理更是急不可待："财务部门的工作基本上都是按照会计准则和业务规范来完成的，凭证、单据、统计、核算、记账、报表等工作要求万无一失，但这些工作无法与'创新能力'这一指标及其评定标准相对应。如果我们的工作没有某项指标规定的内容，在考评时，是按照最高还是按照最低成绩打分？此外，在考评中沿用了传统的民主评议方式，我对部门内部人员参加考评没有意见，但让部门外的其他人员打分是否恰当？财务工作经常得罪人，让被得罪过的人考评我们，能保证公平公正吗？"

听了大家的各种意见反馈，秦总经理陷入了深深的思考之中。

【任务内容】

1.指出该公司在绩效管理中存在的有待改进的问题。

2.针对该公司绩效管理存在的诸多问题提出具体对策。

【任务要求】

1.结合任务情境对问题进行深入、全面、具体分析；

2.拟定的对策科学、合理，具有可操作性。

【任务实施】

1.本任务以小组形式完成，教师限定任务时间；

2.可查阅教材及相关资料；

3.任务完成后，各小组派代表进行展示汇报；

4.教师对任务知识点进行随机提问；

5.教师最后进行点评与总结。

【任务小评】

完成时间：_____分钟　知识点：□熟练掌握　　□需要查阅资料　□需要向他人求教

任务收获：_____

项目四　文件处理训练

一、项目目的

通过文件处理训练，模拟企业绩效管理工作情境，让学生扮演企业人力资源管理部门经理，结合模拟企业情况，对相关部门提交的有关绩效管理的文件进行批阅、处理，使学生感知并体验未来角色，进一步提升学生进行绩效管理工作的能力。

二、项目导图

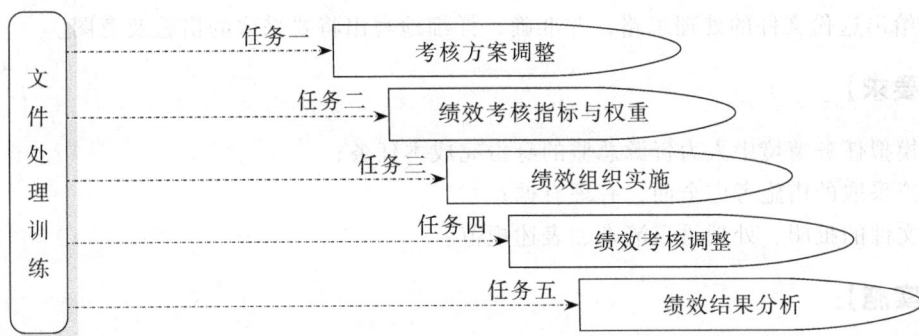

文件处理训练
- 任务一 → 考核方案调整
- 任务二 → 绩效考核指标与权重
- 任务三 → 绩效组织实施
- 任务四 → 绩效考核调整
- 任务五 → 绩效结果分析

三、项目训练

◇◇ 任务一　考核方案调整

【任务目标】

通过本任务训练，感知未来绩效管理工作角色，掌握绩效管理的知识和技能，能够处理绩效管理工作中的具体问题，制订可行的绩效管理方案。

【任务引入】

上和集团成立于2010年，经过多年发展，业务涉及化工、工程设计、煤矿、贸易等多个领域。该集团有5家控股子公司、4家直属企业。你是上和集团人力资源总监任林，现在你有一份文件需要处理。

类　　别：便函
发件人：王泽明，绩效主管
收件人：任林，人力资源总监
日　　期：5月15日

任总：

8月份我们将要对集团的4家直属企业的管理班子进行考核。过去直属企业的考核由两部分组成：业绩考核和行为考核。各公司的业绩考核结果就是该班子成员的个人业绩考核结果，同一家公司的管理人员的业绩考核结果就是该公司的经营业绩评估结果，还要加上集团的几位领导对直属企业的班子成员进行的行为评价结果，业绩考核结果和行为考核结果各占一半权重。上次我们和集团领导开会的时候，集团的几位领导反映他们对多数管理人员并不熟悉，很难给出行为评分。同时，很多直属企业的管理人员也认为，班子成员的业绩考核分数都一样其实是很不公平的。我们想对该考核方案进行调整，不知您的意见如何？

王泽明

【任务内容】

请给出这份文件的处理思路，并准确、详细地写出将要采取的措施及意图。

【任务要求】

1.模拟任务情境中人力资源总监的身份完成本任务；

2.拟采取的措施考虑全面、有理有据；

3.文件的批阅、处理语言清晰、表述规范。

【任务实施】

1.本任务以个人形式完成，教师限定任务时间；

2.任务完成后，教师抽选学生进行展示汇报；

3.其他同学进行提问与评价；

4.教师最后进行讲解、点评与总结。

【任务小评】

完成时间：_____分钟　知识点：□熟练掌握　□需要查阅资料　□需要向他人求教

任务收获：_____

◇◇ 任务二　绩效考核指标与权重

【任务目标】

通过本任务训练，充分认识绩效管理的重要性，全面掌握绩效考核的项目、内容、指标、权重与方法，具有制订绩效考核方案的能力。

【任务引入】

华力集团是从事高低压成套电气、环保、高速铁路设备和新材料等生产销售的大型企业集团。多年来，该集团以精益求精的制造理念、追求卓越的科技理念在市场中不断发展壮大。你是华力集团人力资源总监，你刚开完会回到办公室，收到一封电子邮件需要你来处理。

类　别：电子邮件

发件人：倪可欣，绩效主管

接收人：秦兵，人力资源总监

日　期：5月18日

秦总：

　　我为集团刚成立的法律事务部草拟了绩效考核方案，希望和您讨论一下。

　　考核方案分为两部分：一部分考核工作业绩，另一部分考核工作态度。

　　1.工作业绩是指上级对安排任务的完成情况的考核，占总权重的70%。

（1）上级对安排任务的完成情况打分，按1~5分评分，占工作业绩评分的60%。

（2）部门其他成员对工作配合程度打分，按1~5分评分，最后计算多个团队成员的平均分，占工作业绩评分的40%。

2.工作态度是指对员工工作主动性的考核，占总权重的30%。

（1）考勤情况，全勤为5分，迟到1次减1分，迟到5次及以上为0分，占工作态度评分的50%。

（2）加班情况，加班20小时以上为5分，加班15~20小时为4分，加班10~15小时为3分，加班5~10小时为2分，加班0~5小时为1分，不加班为0分，占工作态度评分的50%。

倪可欣

【任务内容】

请给出这份文件的处理思路，并准确、详细地写出将要采取的措施及意图。

【任务要求】

1.模拟任务情境中人力资源总监的身份完成本任务；

2.任务处理具有科学性、可行性和可控性；

3.任务处理考虑周全，措施合理；

4.符合公文语言表达要求、形式适当。

【任务实施】

1.本任务以个人形式完成，教师限定任务时间；

2.相互之间不要讨论，独自分析并完成任务；

3.任务完成后，教师抽选学生进行展示汇报；

4.其他同学进行提问与评价；

5.教师最后进行讲解、点评和总结。

【任务小评】

完成时间：_____分钟　知识点：□熟练掌握　□需要查阅资料　□需要向他人求教

任务收获：_____

◆◆ 任务三　绩效组织实施

【任务目标】

通过本任务训练，感知未来人力资源管理工作角色，掌握绩效管理知识与技能，具备绩效考核组织与实施的能力，能够结合企业实际情况解决绩效管理的实际问题。

【任务引入】

天华公司是一家以食品生产经营为主的企业，拥有一流的生产车间、先进的生产技术，现有员工200余人。近几年来，天华公司业绩稳定，发展空间广阔。你是天华公司人力资源部经理，你刚到办公室就收到了绩效主管发来的电子邮件，需要你来处理。

类　　别：电子邮件	

发件人：刘林林，绩效主管

收件人：丁广平，人力资源部经理

日　　期：4月19日

丁经理：您好!

　　根据公司的要求，我们在各部门开展了第一季度业绩目标完成情况，以及第二季度业绩目标计划制订完成情况的考核。从本月初开始，要求各部门负责人在25日前完成并上报，然而在工作进程检查时发现：全公司八个部门中只有四个部门完成了绩效考核汇总和下一步计划，其他部门至今还没有开始干。我们督促各部门加快工作进度，但是这些部门的负责人说员工抵触情绪很强，工作不好开展。我很着急，想请您过问此事。

刘林林

【任务内容】

请给出这份文件的处理思路，并准确、详细地写出将要采取的措施及意图。

【任务要求】

1.模拟任务情境中人力资源部经理的身份完成本任务；

2.任务处理符合该公司实际情况，具有可行性；

3.任务处理考虑全面，措施合理；

4.符合公文语言表达要求、形式适当。

【任务实施】

1.本任务以个人形式完成，教师限定任务时间；

2.通过书籍、网络等查询相关资料；

3.任务完成后，教师抽选学生进行汇报；

4.其他同学进行提问、评价；

5.教师最后进行点评、讲解与总结。

【任务小评】

完成时间：_____分钟　知识点：□熟练掌握　□需要查阅资料　□需要向他人求教

任务收获：_____

◆◆ 任务四　绩效考核调整

【任务目标】

通过本任务训练，模拟人力资源管理工作角色，感知绩效管理工作业务，掌握绩效管理知识，提高对企业中绩效管理问题的分析与解决能力。

【任务引入】

安吉公司是一家集研发、设计、生产、销售为一体的高新技术企业，自成立以来，经过艰苦努力，极大地提高了产品与服务质量，发展迅速。你是安吉公司人力资源部经理秦海蓉，你现在收到一封绩效管理专员的电子邮件，需要你来处理。

类　　别：电子邮件
发件人：赵杰，绩效管理专员
收件人：秦海蓉，人力资源部经理
日　　期：11月9日
秦经理：您好！
　　您上次给我布置了对公司绩效考核情况进行系统分析的任务，我用了近一个月的时间进行调研分析，发现营销部和其他部门的考核结果有很大差异，主要问题在于员工的业绩考核结果和行为考核结果的相关性很低，很多业绩考核排名靠前的员工，其行为考核结果都处于部门靠后的位置，而行为考核结果优秀的员工业绩表现却很一般。营销部今年以360度绩效考评方法替代了原来的上级考评方式，我在思考这种新的考评方法是否适合营销部的员工。我已将分析报告整理完毕，请您过目。如有时间，我想和您讨论一下360度绩效考评方法是否还应继续在营销部实施。

赵杰

【任务内容】

请给出这份文件的处理思路，并准确、详细地写出将要采取的措施及意图。

【任务要求】

1. 模拟任务情境中人力资源部经理的身份完成本任务；
2. 任务处理符合该公司实际情况；
3. 对绩效考核问题分析精准，具有指导性和可行性；
4. 符合公文语言表达要求、形式适当。

【任务实施】

1. 本任务以个人形式完成，教师限定任务时间；
2. 通过多种方式查询相关资料；

3.任务完成后，教师抽选学生进行汇报；

4.其他同学进行提问与评价；

5.教师最后进行讲解、点评与总结。

【任务小评】

完成时间：_____分钟　　知识点：□熟练掌握　　□需要查阅资料　　□需要向他人求教

任务收获：_____

❯❯ 任务五　绩效结果分析

【任务目标】

通过本任务训练，掌握绩效管理的知识与技能，具备绩效管理方案设计、绩效考核实施与结果分析的能力，能够有效地解决企业中绩效管理存在的问题。

【任务引入】

腾达速运公司是一家主要经营快递及相关业务的服务性企业，目前在全国31个省、自治区、直辖市（不含香港、澳门两个特别行政区和台湾省，下同）设立了分公司。自成立以来，该公司始终专注于向顾客提供高品质的服务，虽然其产品价格与同类产品相比大约高40%，但在去年国内快递行业评比中，其信息管理、配送速度、客户满意度等指标均名列前茅。腾达速运公司目前已经建立了服务客户的全国性网络。你是腾达速运公司人力资源总监金峰，现在有一份文件需要你来处理。

类　别：便签

发件人：程健，公司执行总裁

接收人：金峰，人力资源总监

金峰：

你提交的31个省级分公司第一季度的考核结果我已经看过了，大部分省级分公司的业绩指标，如提货及时率、妥投率、返款及时率、丢货率等都达到了预期目标，整体业务规模和利润增长情况都不错，只是服务投诉率指标虽然较上个季度有所改观，但还是不尽如人意，仅达到了合格水平。我同时查看了第三方机构给我们提供的客户满意度调查结果，有几个分公司的客户满意度比去年同期下降了3%~5%，而这几个分公司也恰恰是业务增长比较迅猛的。这种现象以上海分公司最为明显，我希望能尽快得到改善。请你收集一下相关资料，找时间我们商议一下。

程健

【任务内容】

请给出这份文件的处理思路，并准确、详细地写出将要采取的措施及意图。

【任务要求】

1.模拟任务情境中人力资源总监的身份完成本任务；

2.任务处理步骤准确、详细；

3.任务处理考虑周全，措施有力；

4.符合公文语言表达要求、形式适当。

【任务实施】

1.本任务以个人形式完成，教师限定任务时间；

2.任务完成后，教师抽选学生进行汇报；

3.其他同学进行提问与评价；

4.教师最后进行点评、总结。

【任务小评】

完成时间：_____分钟　知识点：□熟练掌握　□需要查阅资料　□需要向他人求教

任务收获：_____

项目五　管理诊断训练

一、项目目的

通过管理诊断训练，使学生熟练掌握所学的知识与技能，提升对绩效管理工作的分析能力，能发现绩效计划、绩效考核中存在的问题，并采取科学、合理的措施予以解决，从而快速提升专业能力与业务水平。

二、项目导图

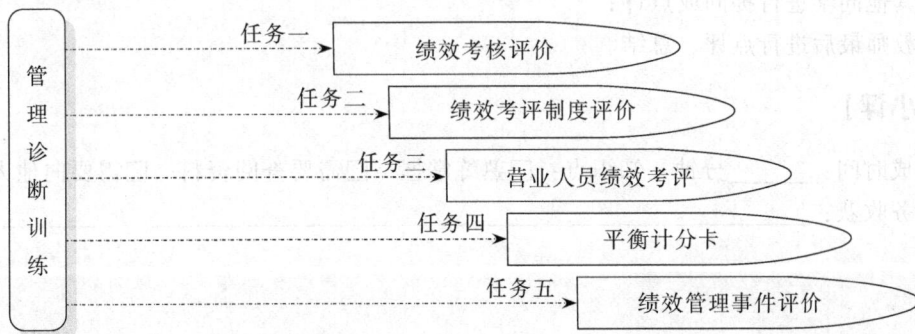

管理诊断训练
- 任务一　绩效考核评价
- 任务二　绩效考评制度评价
- 任务三　营业人员绩效考评
- 任务四　平衡计分卡
- 任务五　绩效管理事件评价

三、项目训练

◆◆ 任务一　绩效考核评价

【任务目标】

通过本任务训练，全面掌握绩效考核的方法和内容，理解不同考核方法的适用岗位，能够结合企业实际具体应用。

【任务引入】

林飞是泰达公司生产部门主管，该部门有20多名员工，其中既有生产人员又有管理人员。该部门的考评方法是排序法，每年对员工考评一次。具体做法是：根据员工的实际表现打分，最高分为100分，其中上级打分占30%、同事打分占70%。在考评时，20多名员工互相打分，以此确定员工的排序。林飞平时很少与员工就工作中的问题进行交流，只是到了年度奖金分配时，才对所属员工进行打分排序。

【任务内容】

请对泰达公司生产部门的绩效考核方法进行评价。

【任务要求】

1.对任务情境进行认真、全面分析；

2.对任务情境中排序法的应用评价具体、客观、准确。

【任务实施】

1.本任务以个人形式完成，教师限定任务时间；

2.通过教材、网络等查询相关资料；

3.任务完成后，教师抽选学生进行汇报；

4.其他同学进行提问或点评；

5.教师最后进行点评、总结。

【任务小评】

完成时间：＿＿＿＿＿分钟　知识点：□熟练掌握　□需要查阅资料　□需要向他人求教

任务收获：＿＿＿＿＿＿＿＿＿＿＿＿＿＿＿＿＿＿＿＿＿＿＿＿＿＿＿＿＿＿＿＿＿

◇◇ 任务二 绩效考评制度评价

【任务目标】

通过本任务训练，掌握绩效管理的知识与技能，熟练掌握绩效考评的方法及其优缺点，进一步提升绩效管理能力。

【任务引入】

科索公司是一家知名的科技企业，近期对员工绩效考评制度进行了调整，取消了以往七个等级（A、B、C、D、E、F、G）的评等方式，取而代之的是四级（一、二、三、四）评等方式。员工如被评定为一等，说明该员工超越了原定目标；如果员工被评为四等，说明该员工业绩很差。数据显示，被评为四等的员工所占比例很小，大部分员工都被评为二等。

新的绩效考评制度规定，除了由各级主管做年终绩效考评外，员工还可以另外寻找六位同事，以匿名方式对他们进行考评，这被称为"360度反馈"。

每年年初，员工都要在充分理解公司的业绩目标和本部门KPI的基础上，在主管的指导下制订自己的绩效计划，并列出自己在"实现业绩目标、执行方案和团队合作"这三个方面需要采取的具体行动，这相当于员工与公司签订了一份绩效合同。

【任务内容】

请对任务情境中新的绩效考评制度进行评价。

【任务要求】

1.对任务情境进行认真、全面分析；

2.对新的绩效考评制度的评价客观、全面；

3.指出新的绩效考评制度的优点与缺点。

【任务实施】

1.本任务以个人形式完成，教师限定任务时间；

2.通过教材、网络等查询相关资料；

3.任务完成后，教师抽选学生进行汇报；

4.其他同学进行提问或点评；

5.教师最后进行讲解、点评和总结。

【任务小评】

完成时间：_____分钟　知识点：□熟练掌握　□需要查阅资料　□需要向他人求教

任务收获：_____

❖❖ 任务三　营业人员绩效考评

【任务目标】

通过本任务训练，提升对企业绩效考评工作的诊断能力，进一步理解和掌握各类绩效考评方法的内容、操作程序和要点，提升应对突发问题的能力。

【任务引入】

福兴公司是一家大型商场，管理人员与员工共500多人。由于大家齐心协力，销售额不断上升。到了年底，福兴公司又开始了一年一度的绩效考评，因为每年年底的绩效考评是与奖金挂钩的，所以大家都非常重视。人力资源部将考评表发给各个部门经理，部门经理在规定的时间内填完表格，再交回人力资源部。

老刘是营业部经理，他拿到人力资源部送来的考评表，却不知道怎么办。考评表主要包括对员工工作业绩和工作态度的评价。工作业绩那一栏分为五档，每一档只有简短的评语，如超额完成工作任务、基本完成工作任务等。年初由于种种原因，老刘并没有将员工的业绩目标清楚地确定下来，因此在对业绩进行考评时，无法判断谁超额完成任务、谁没有完成任务。工作态度就更难填写了，由于平时没有收集和记录员工的工作表现，到了年底，老刘仅对近一两个月的事情有一点记忆。由于人力资源部催得紧，老刘只好在考评表上打勾画圈，再加上一些轻描淡写的评语，然后交给人力资源部。想到绩效考评结果与奖金挂钩，老刘感到自己这样做有些不妥，他决定向人力资源部建议重新设计本部门营业人员的考评方法。

【任务内容】

请对任务情境中的绩效考评方法进行评价。

【任务要求】

1.对任务情境进行认真、全面分析；
2.对绩效考评方法进行详细、具体诊断。

【任务实施】

1.本任务以个人形式完成，教师限定任务时间；
2.通过教材、网络等多种途径查询相关资料；
3.任务完成后，教师抽选学生进行汇报；
4.其他同学进行提问或点评；
5.教师最后进行点评、总结。

【任务小评】

完成时间：_____分钟　知识点：□熟练掌握　　□需要查阅资料　　□需要向他人求教

任务收获：_____

◆◆ 任务四　平衡计分卡

【任务目标】

通过本任务训练，全面理解与掌握平衡计分卡的知识与技术，掌握平衡计分卡的原理、流程和具体的指标设计方法。

【任务引入】

宇思公司为其新开发的 A 产品专门成立了 A 产品事业部，负责 A 产品的研发和销售。A 产品是一种全新的概念产品，发展前景良好，市场上暂时没有类似的产品能与其竞争。宇思公司对该部门的要求是：尽一切可能占领市场，加大对研发的投入，保持技术领先，树立品牌形象，最近两年对利润率的要求不高。宇思公司为该部门设计了今年的平衡计分卡指标，结果见表 5-7。

表 5-7　　　　　　　　　　　A 产品事业部的平衡计分卡指标

指标类别		关键业绩指标项目
财务指标	1	A 产品销售收入成长率
	2	A 产品研发成本与竞争对手比较
	3	A 产品利润率
客户指标	1	A 产品目标客户增长率
	2	A 产品目标顾客满意度
	3	A 产品价格与竞争者比较
内部流程指标	1	A 产品系列新品的推出速度
	2	A 产品原材料的损耗
	3	A 产品的单位成本
学习与成长指标	1	本部门员工满意度
	2	本部门员工的流动率

该部门为了避免销售人员的无序竞争，每个细分地区只安排一个销售人员负责，并按月对销售人员进行奖金发放，发放规则见表 5-8。

表 5-8　　　　　　　　　　A 产品事业部销售人员奖金发放规则

完成销售收入计划额度的比例	对应奖金比例
90% 以下	无奖金
90%~99%	60%
100%~109%	100%
110%~119%	120%
120% 以上	140% 封顶奖金

【任务内容】

1.评价该部门平衡计分卡关键业绩指标的设置情况；

2.指出 A 产品事业部奖金发放方式的优势。

【任务要求】

1.对任务情境进行全面、深入分析；

2.诊断思路清晰、问题精准；

3.考虑问题全面，分析到位。

【任务实施】

1.本任务以小组形式完成，教师限定任务时间；

2.通过教材、网络等查询相关资料；

3.任务完成后，教师抽选小组进行汇报；

4.其他小组进行提问或点评；

5.教师最后进行讲解与总结。

【任务小评】

完成时间：_____分钟　知识点：□熟练掌握　□需要查阅资料　□需要向他人求教

任务收获：_____

◇◇ 任务五　绩效管理事件评价

【任务目标】

通过本任务训练，全面理解和掌握绩效管理的内容、方法与程序，能够有效解决企业绩效管理工作中的实际问题。

【任务引入】

以下是某公司发生的三个事件：

事件一：在全体员工大会上，领导们说："我们是新成立的公司，许多地方还很不完善，希望每一位员工都把这份工作看成自己的事业，有什么新想法就提出来，公司一定会重奖的。"有几个热血青年受到了鼓舞，纷纷向公司递上了自己的建议书，其中石沉大海的不计其数，有的甚至招来了上司的冷嘲热讽："你如果把写建议书的精力用来多见几个客户的话，你的销售业绩也不会这么差了。"

事件二：公司表彰了一批员工，可其中有相当一部分人在大多数员工看来是不应该上这个光荣榜的，因为他们的工作表现一般，无论是工作业绩还是工作态度都只能算中等。经过比较，大家得出了比较一致的结论：和领导走得近一点，私人关系好一点，比工作干得卖力点更为重要。

事件三：B从一名普通员工很快升到总经理秘书，从公司组织结构来看，她的地位和副总是一样的。总经理也总是人前人后地夸她："B是公司最勤奋的人了，每天总是最后一个离开公司。"此后，加班的人逐渐多了起来，可其中干活的有几个呢？大家上网玩游戏的有之，聊天的亦有之。总之，公司里的"人气"的确旺了不少。

【任务内容】

请对任务情境中三个事件进行评价，谈谈这些事件对企业人力资源管理的启示。

【任务要求】

1.对任务情境进行全面、深入、细致分析；
2.对任务情境中的绩效事件评价客观、公正；
3.对任务情境的诊断条理清楚。

【任务实施】

1.本任务以小组形式完成，教师限定任务时间；
2.通过教材、网络等查询相关资料；
3.任务完成后，每个小组分别进行汇报；
4.其他小组进行提问或点评；
5.教师最后进行点评、总结。

【任务小评】

完成时间：_____分钟　知识点：□熟练掌握　□需要查阅资料　□需要向他人求教
任务收获：_____

项目六　能力拓展训练

一、项目目的

通过能力拓展训练，使学生在掌握绩效管理知识与技能的基础上，通过综合、复杂的工作情境，进行绩效管理的深度训练，有效提升学生在绩效考核、绩效管理工作中分析与解决问题的能力。

二、项目导图

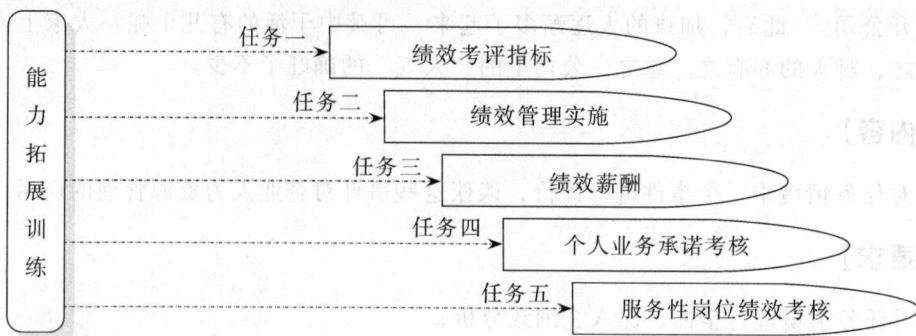

能力拓展训练
- 任务一 → 绩效考评指标
- 任务二 → 绩效管理实施
- 任务三 → 绩效薪酬
- 任务四 → 个人业务承诺考核
- 任务五 → 服务性岗位绩效考核

三、项目训练

◈ 任务一　绩效考评指标

【任务目标】

通过本任务训练，掌握绩效考核指标、标准以及权重的设计知识与技术，能够结合实际工作岗位进行绩效考核指标设计。

【任务引入】

佰成公司是一家知名的家具企业，其产品销售一直采用代理商模式。随着竞争环境的变化，该公司领导决定在保留原有营销方式的同时，组建一支自己的专职营销队伍。去年该公司正式组建了销售部，招聘了20名推销员。经过一年多的努力，该公司取得了较好的销售业绩，但是对这些推销员的考评工作未走上正轨。人力资源部经理用了近一个月的时间为推销员设计了一套包含20多项指标的绩效考评体系。在征询意见时，销售部经理认为，这套体系所包含的指标过多过杂，需要进行认真的推敲与修改。

【任务内容】

1. 在设计推销员绩效考评指标体系时，可采用哪些具体方法？
2. 在确定推销员绩效考评指标时，一般包括哪些步骤？
3. 该公司推销员的绩效考评指标太多，该如何进行调整？
4. 虽然需要调整该公司推销员的绩效考评指标，但是有些指标是必不可少的，请列举至少四个适用于推销员的KPI。

【任务要求】

1. 对任务情境的分析全面、具体、客观；

2.所采取的方法和步骤科学、合理，具有可操作性；

3.拟采用的绩效考评指标调整方案符合岗位实际情况。

【任务实施】

1.本任务以小组形式完成，教师限定任务时间；

2.任务完成后，每个小组就讨论结果进行展示汇报；

3.其他小组进行提问或点评；

4.教师最后进行讲解、点评与总结。

【任务小评】

完成时间：_____分钟　知识点：□熟练掌握　□需要查阅资料　□需要向他人求教

任务收获：_____

◈ 任务二　绩效管理实施

【任务目标】

通过本任务训练，掌握绩效管理的内容、方法，理解绩效管理的过程，掌握绩效管理的实施要点与技巧，进一步提升在企业中开展绩效管理工作的能力。

【任务引入】

今年，立迪公司为所有职能部门制定了绩效管理制度，强调了员工绩效量化考核，并根据绩效考核的结果，对原有的薪酬结构进行了调整，将绩效考核结果与浮动工资直接挂钩。此外，在销售部门和研发部门还实行了末位淘汰制（即连续3个季度部门排名在最后3名的员工将被辞退）。立迪公司每年都会进行员工满意度调查，以便为改进管理工作提供依据。本次员工满意度调查问卷采用的是5分制，调查的维度分别是工作认可度、工作报酬、培训与发展、工作环境、工作关系、安全感和信息沟通7方面。调查对象为立迪公司全体员工。今年与去年的调查结果如图5-2所示。

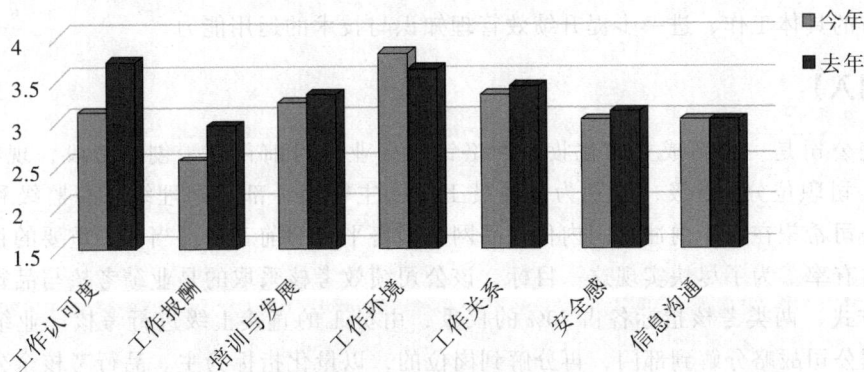

图5-2　立迪公司员工满意度调查结果

【任务内容】

1.根据图5-2,对立迪公司今年的员工满意度进行分析。

2.指出图5-2中值得重点分析的三个方面,并说明选择这些方面的理由。在这些方面中,重点分析销售部门和研发部门的情况。

3.结合评分结果,在人力资源管理方面为研发部门提出改进建议。

【任务要求】

1.对任务情境的分析全面、深入、具体;

2.所进行的分析符合该公司与岗位的实际情况;

3.针对不同部门的分析与建议有所区分。

【任务实施】

1.本任务以小组形式完成,教师限定任务时间;

2.通过教材、网络等查询相关资料;

3.任务完成后,每个小组派代表进行汇报;

4.其他小组进行提问或点评;

5.教师最后进行点评、总结。

【任务小评】

完成时间:_____分钟   知识点:□熟练掌握   □需要查阅资料   □需要向他人求教

任务收获:_____

◈ 任务三   绩效薪酬

【任务目标】

通过本任务训练,能够对绩效管理工作进行全面分析,熟练掌握绩效管理的程序以及每个环节的具体工作,进一步提升绩效管理知识与技术的运用能力。

【任务引入】

焕美公司是一家新成立的化妆品网络销售企业,目前正处于创业阶段,现有员工9人。该公司职位分为5级,分别为普通员工级、主管级、部门经理级、总监级和总经理级。该公司希望在两年内冲进国内化妆品网络销售平台的前三名,当前最重要的目标是扩大市场占有率。为了尽快实现这一目标,该公司绩效考核采取的是业绩考核与品行考核相结合的方式,两类考核指标各占50%的权重,由员工的直接上级进行考核。业绩考核指标是根据公司战略分解到部门,再分解到岗位的,以量化指标为主。品行考核全公司自上而下完全一样,有客户至上、团队合作、积极乐观、善于沟通和正直诚信5个指标。每个指标又划分为5个评价等级,以团队合作指标为例,见表5-9。

表 5-9   团队合作指标的评价等级

分值	团队合作
1分	积极融入团队，尽一切努力完成团队任务
2分	为团队献计献策，服从团队的决定
3分	积极帮助团队其他成员，乐于分享经验
4分	能以自己的工作投入感影响其他团队成员
5分	能带领团队完成艰难的工作，实现业绩突破

除了这两大类指标外，该公司还有一项规定：如果员工出现收受厂商回扣、在销售平台上知假贩假、故意对公司或客户隐瞒信息等违背诚信原则的行为，一经证实，便与员工解除劳动合同。

【任务内容】

1.该公司在品行考核方面存在哪些问题？

2.对该公司而言，绩效薪酬是否要与品行考核结果挂钩？为什么？

3.该公司为了提高各部门专业技术人员的创新能力，可以开展哪些创新技术方面的培训？

【任务要求】

1.对任务情境的分析精准、到位；

2.所提出的建议科学合理，具有可实施性。

【任务实施】

1.本任务以小组形式完成，教师限定任务时间；

2.小组成员进行讨论、分析，查阅资料；

3.任务完成后，每个小组派代表进行汇报；

4.其他小组进行提问或点评；

5.教师最后进行点评、总结。

【任务小评】

完成时间：_____分钟 知识点：□熟练掌握 □需要查阅资料 □需要向他人求教

任务收获：_____

◈ 任务四 个人业务承诺考核

【任务目标】

通过本任务训练，掌握绩效管理的内容、绩效考核的方法，能够结合实际情况对绩效管理工作进行计划、实施与评价。

【任务引入】

科星公司是一家知名的电脑企业，在员工绩效管理上，从去年开始，取消了以往绩效考核的七级评等方式，改为新的四级（一、二、三、四）评等方式。除非有特殊情况，绝大多数员工都能评为二等。

科星公司将这种新的绩效管理方法称为个人业务承诺（PBC）。除了由各级主管进行年终绩效考评外，员工亦可自己另外寻找六位同事，以匿名方式通过电子邮箱进行考评，这被称为"360度反馈"。

员工被评为三等时，代表员工未达成个人业务承诺，他必须更努力地工作，以取得更佳的业绩；

如果员工被评为特别差的四等，就可能被给予"6个月留公司查看"的处罚；

若员工被评为二等，代表其达到目标，是个符合要求的好员工；

被评为一等的人是高成就者，他超越了自己的目标，也没做错什么事情。

按照这一绩效考评体系的要求，年初，科星公司的每个员工都要在充分理解公司业绩目标和具体KPI的基础上，在部门经理的指导下制定自己的PBC，并列举出在业绩目标、执行方案和团队合作这三个方面需要采取的具体行动，这相当于员工与公司签订了一个一年期的业绩合同。

员工在制订绩效计划时，应按下列三个领域设定年度目标：

第一个承诺：承诺必胜。这是要求员工抓住任何可能成功的机会，有坚强的意志，尽力完成任务。市场占有率是最重要的绩效评等考量。

第二个承诺：承诺执行。这里强调六个字，即行动、行动、行动，不仅看你"怎么说"，更重要的是看你"怎么做"，以及取得的成果。

第三个承诺：承诺团队精神，即各个不同单位和岗位之间要配合默契，不能发生无谓的冲突，绝不能让顾客产生疑虑。

这种绩效考核对科星公司一般员工具有重要意义，而对负有管理责任的各级主管来说，则需要根据员工意见调查、高阶主管面谈、门户开放政策的反馈，另加一个评等系数，并且占整体评等50%的权重。

【任务内容】

1. 根据该公司个人业务承诺，即三个承诺的考评要求，采用定性表述，给出PBC四级评等标准，并填入表5-10的第二栏中。

2. 对该公司所推行的PBC考评体系进行剖析，说明其优点和不足。

表5-10　　　　　　　　科星公司个人业务承诺（PBC）评等标准表

考评等级	评等标准
PBC-1	
PBC-2	
PBC-3	
PBC-4	

【任务要求】

1. 对任务情境进行细致、深入、客观分析；
2. 评等标准设计科学，标准明确；
3. 对PBC考核体系的剖析切合实际，具有针对性。

【任务实施】

1. 本任务以小组形式完成，教师限定任务时间；
2. 通过多种方式查阅资料；
3. 任务完成后，每个小组派代表进行汇报；
4. 其他小组进行提问或点评；
5. 教师最后进行点评、总结。

【任务小评】

完成时间：_____分钟　　知识点：□熟练掌握　　□需要查阅资料　　□需要向他人求教

任务收获：_____

◆◆ 任务五　服务性岗位绩效考核

【任务目标】

通过本任务训练，全面掌握绩效指标、绩效标准、指标权重的知识与技术，能够结合具体岗位设计科学有效的绩效指标体系，进一步提升绩效管理能力。

【任务引入】

洛安公司是一家以超市和餐饮连锁经营为主的企业，目前形成了大型综合超市（大卖场）、超级市场、餐饮店等多元业务联动互补的竞争优势，在上海、北京、天津、江苏、浙江等20多个省、自治区、直辖市的100多个城市建立了强大的经营网络，经营环境比较稳定，效益也不错。

近期，洛安公司为了激发员工的工作热情、奖励工作突出者，实行月度优秀员工评选。优秀员工由各部门推荐，向被选为优秀员工者颁发500元现金奖励。最近大家普遍反映月度优秀员工评选流于形式，不能发挥作用。有的员工和主管对优秀员工评选存在抵触情绪，不愿评分和推选。有两种典型的不合理现象：第一种，大家民主投票、轮流坐庄被评为"优秀员工"，除了年龄较小的员工外，基本上每个部门的员工都获得过月度优秀员工奖励，大家对评选结果不在意。第二种，不采用民主投票，由主管自己决定，主管会推荐自己身边的"圈内人""听话员工"为优秀员工。

员工年底考核表包括定量和定性指标两部分，定量指标比较客观，定性指标包括服务态度、责任心等。由于服务性岗位的员工流动性高，招工比较困难，临近年底时，该公司对人员流动要求更严，主管们担心员工考核成绩太差会离职，所以即使员工表现差，主管们也不敢给员工年底考核打低分。

【任务内容】

1.为什么优秀员工评选流于形式，不能发挥作用？
2.对服务性岗位的员工应该采用怎样的考核方法？
3.你认为在绩效考核中如何客观反映员工的努力和能力差异？

【任务要求】

1.对任务情境进行全面、精准分析；
2.所提出的绩效考核方法科学、合理、具体；
3.对任务情境的分析符合企业实际，具有可操作性。

【任务实施】

1.本任务以小组形式完成，教师限定任务时间；
2.小组成员进行讨论、分析；
3.任务完成后，每个小组派代表进行汇报；
4.其他小组进行提问或点评；
5.教师最后进行点评、总结。

【任务小评】

完成时间：_____分钟　知识点：□熟练掌握　□需要查阅资料　□需要向他人求教
任务收获：_____

一、训练概要

薪酬管理是企业人力资源管理体系的重要组成部分，直接关系到企业员工的利益，科学、合理的薪酬管理有助于激发员工的工作热情，有助于改善企业的绩效，有助于塑造良好的企业文化。本模块主要针对薪酬管理进行专项训练。

二、训练目标

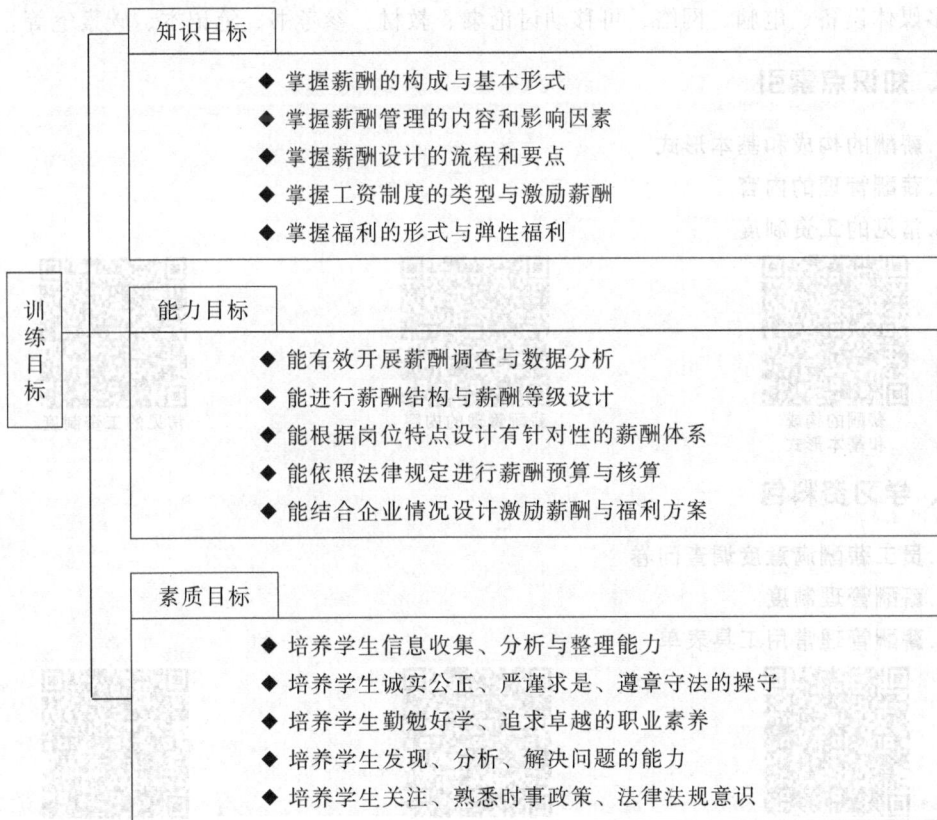

知识目标
- ◆ 掌握薪酬的构成与基本形式
- ◆ 掌握薪酬管理的内容和影响因素
- ◆ 掌握薪酬设计的流程和要点
- ◆ 掌握工资制度的类型与激励薪酬
- ◆ 掌握福利的形式与弹性福利

训练目标

能力目标
- ◆ 能有效开展薪酬调查与数据分析
- ◆ 能进行薪酬结构与薪酬等级设计
- ◆ 能根据岗位特点设计有针对性的薪酬体系
- ◆ 能依照法律规定进行薪酬预算与核算
- ◆ 能结合企业情况设计激励薪酬与福利方案

素质目标
- ◆ 培养学生信息收集、分析与整理能力
- ◆ 培养学生诚实公正、严谨求是、遵章守法的操守
- ◆ 培养学生勤勉好学、追求卓越的职业素养
- ◆ 培养学生发现、分析、解决问题的能力
- ◆ 培养学生关注、熟悉时事政策、法律法规意识

三、训练导图

应用设计训练	数据分析训练	材料解析训练	文件处理训练	管理诊断训练	能力拓展训练
● 薪酬诊断要点对照表设计 ● 薪酬满意度调查问卷设计 ● 员工薪资发放明细表设计 ● 津贴设计 ● 职位薪酬体系设计	● 确定薪酬定位 ● 工资预算与核算 ● 薪点与薪酬计算 ● 薪酬变动率 ● 薪酬区间计算	● 薪酬结构调整 ● 薪酬激励分析 ● 宽带薪酬分析 ● 薪酬结构线分析 ● 工资奖金分配制度	● 薪酬市场调查 ● 薪酬激励模式 ● 奖金分配方案 ● 员工福利计划 ● 薪酬管理	● 薪酬结构分析 ● 薪酬水平与薪酬结构评价 ● 内部激励计划 ● 基本工资体系 ● 员工持股计划诊断	● 薪酬水平确定 ● 薪酬调查分析 ● 薪酬制度设计 ● 薪酬制度改革 ● 奖金分配方案

四、训练条件

1.训练学时

本专项训练共计6学时，每个项目各1学时。

2.训练材料

多媒体设备、电脑、网络、可移动讨论桌、教材、参考书、笔记本、碳素笔等。

五、知识点索引

1.薪酬的构成和基本形式

2.薪酬管理的内容

3.常见的工资制度

薪酬的构成
和基本形式

薪酬管理的内容

常见的工资制度

六、学习资料包

1.员工薪酬满意度调查问卷

2.薪酬管理制度

3.薪酬管理常用工具表单

员工薪酬满意度
调查问卷

薪酬管理制度

薪酬管理常用
工具表单

项目一　应用设计训练

一、项目目的

通过应用设计训练，使学生具有在人力资源管理部门中从事薪酬管理工作的基础设计能力，能够运用所学知识并结合企业实际情况，有针对性地进行薪酬调查、确定薪酬诊断要点、设计各种薪酬统计表格，并具备津贴设计、福利设计、薪酬体系设计的能力。

二、项目导图

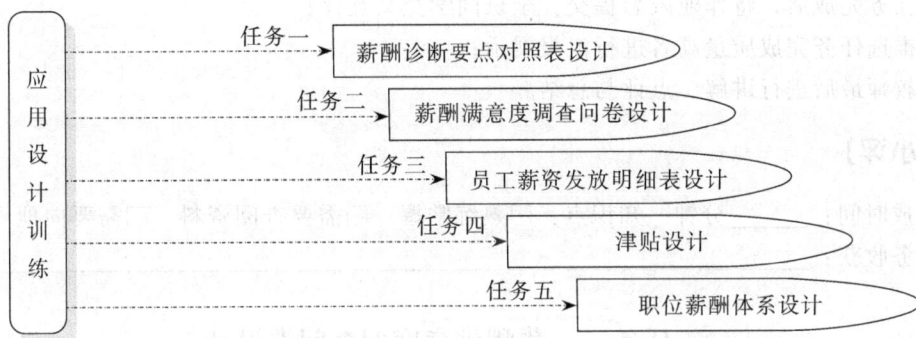

```
                    任务一  ──  薪酬诊断要点对照表设计
       应
       用    任务二  ──  薪酬满意度调查问卷设计
       设
       计         任务三  ──  员工薪资发放明细表设计
       训
       练              任务四  ──  津贴设计
                          任务五  ──  职位薪酬体系设计
```

三、项目训练

◆◆ 任务一　薪酬诊断要点对照表设计

【任务目标】

通过本任务训练，全面掌握薪酬管理的知识，理解薪酬诊断在员工薪酬管理中的地位与作用，掌握薪酬诊断的注意要点。

【任务引入】

旭日公司是一家制造业企业，为了加快技术改造，斥资2 000多万元，从美国A公司引进了一条生产流水线，并特地从A公司驻北京办事处请来2位美方专家安装调试，又培训了部分操作工，仅此项费用就达70多万元。美方专家离开后，这条生产流水线电器部件的维护工作就落到了韩枫肩上，而他也不负众望，已基本熟悉该生产流水线的维修技术，但是负责这么高价值生产流水线维护的技术人员韩枫的工资和普通工人的工资是一样的。

韩枫对此深表不满，他认为自己是一个既有理论知识又有实践经验的技术人才，这样的薪酬不能体现自身的价值。故而，韩枫与单位就此进行协商，希望能够提高工资水平，但协商未果。为此，韩枫辞职离开了该公司。

【任务内容】

请设计一份薪酬诊断要点对照表，便于旭日公司检验薪酬管理状况。

【任务要求】

1.诊断要点详细、具体，符合该公司实际情况；
2.薪酬诊断要点对照表设计规范、条理清晰、语言流畅。

【任务实施】

1.本任务以个人形式完成，教师限定任务时间；
2.通过教材、参考书、网络等查询资料；
3.任务完成后，将作业匿名提交，全班同学交叉互评；
4.推选任务完成质量高者进行汇报展示；
5.教师最后进行讲解、点评与总结。

【任务小评】

完成时间：_____分钟　　知识点：□熟练掌握　　□需要查阅资料　　□需要向他人求教
任务收获：_____

◈ 任务二　薪酬满意度调查问卷设计

【任务目标】

通过本任务训练，明确薪酬满意度调查问卷设计要点，理解薪酬管理对企业的重要意义，掌握薪酬管理的知识与技能。

【任务引入】

飞塘公司近年来产销两旺，高速发展，但员工中仍有不少人辞职。该公司人力资源部认为员工离职的主要原因是薪酬不合理，为此，人力资源部拟在员工中进行一次薪酬满意度调查。

【任务内容】

请为飞塘公司人力资源部设计一份员工薪酬满意度调查问卷。

【任务要求】

1.所设计的调查问卷易读、易懂、易回答；
2.调查内容与被调查人员岗位直接相关；
3.调查问卷中所列出的调查项目全面、有效。

【任务实施】

1.本任务以个人形式完成，教师限定任务时间；

2.通过教材、参考书等查询资料；

3.任务完成后，学生自荐进行展示汇报；

4.教师最后进行讲解、点评与总结。

【任务小评】

完成时间：_____分钟　知识点：□熟练掌握　□需要查阅资料　□需要向他人求教

任务收获：_____

◇◆ 任务三　员工薪资发放明细表设计

【任务目标】

通过本任务训练，掌握薪酬的概念、薪酬的构成，明确员工所获得的货币性薪酬的组成项目及其逻辑关系，具备设计员工薪资发放明细表的能力。

【任务引入】

假设你是宁岭公司人力资源部员工，现在公司打算做一份员工薪酬发放明细表，包括基本工资、奖金、加班工资、津贴、福利等，另外，还要包括五险一金、个人所得税等。

【任务内容】

请依据给定信息为宁岭公司设计一份员工薪资发放明细表。

【任务要求】

1.员工薪资发放明细表项目全面、逻辑清晰；

2.员工薪资发放明细表格式规范，具有可实施性。

【任务实施】

1.本任务以个人形式完成，教师限定任务时间；

2.通过参考书、网络等查询企业实例；

3.任务完成后，进行统一展示，互相点评优点和不足；

4.教师最后进行讲解与总结。

【任务小评】

完成时间：_____分钟　知识点：□熟练掌握　□需要查阅资料　□需要向他人求教

任务收获：_____

◆◇ 任务四　津贴设计

【任务目标】

通过本任务训练，掌握津贴的含义、特点以及种类，熟练掌握津贴的项目、适用范围、标准等，能够针对企业实际情况，有针对性地进行津贴设计。

【任务引入】

科新公司是一家集研究、设计、生产于一体的冶金及环保设备专业企业，是首批国家"双高新技术"企业，已通过 ISO 9001 质量体系认证和 ISO 14001 环境体系认证。科新公司正在完善津贴、福利和奖金制度设计，现在需要设计学历津贴、职务津贴和加班津贴。

【任务内容】

请为科新公司设计学历津贴、职务津贴和加班津贴。

【任务要求】

1.津贴设计结合该公司实际情况；
2.津贴设计具体、合理，判断依据准确。

【任务实施】

1.本任务以个人形式完成，教师限定任务时间；
2.通过教材、参考书、网络等查询资料；
3.任务完成后，教师抽选学生发言，阐述设计理由与结果；
4.其他同学进行点评，比较各种方式的优缺点；
5.教师最后进行讲解与总结。

【任务小评】

完成时间：_____分钟　知识点：□熟练掌握　□需要查阅资料　□需要向他人求教
任务收获：_____

◆◇ 任务五　职位薪酬体系设计

【任务目标】

通过本任务训练，明确职位薪酬体系的设计要点，掌握职位薪酬体系的设计流程，能够结合企业实际情况进行具体应用。

【任务引入】

明汉公司是一家生产五金配件，集研发、生产、销售于一体的民营企业，现有员工500多人，主要面向广东及国际市场销售五金产品，其产品规格、型号不多，属于大批量生产模式。该公司在广东一直处于行业领导者地位，但近几年随着行业内竞争的加剧，其地位降为追随者。明汉公司员工工资由基本工资和动态工资构成。基本工资占工资总额的85%，以固定工资形式发放；15%的动态工资实际上是固定工资的一部分。明汉公司的薪酬结构没有体现不同岗位的业务特征以及相应的风险，过分强调薪酬结构简单、易操作，所有岗位的薪酬构成相同，各部分比例也"一刀切"，与岗位特征不一致，员工抱怨多，激励作用不明显。

【任务内容】

请根据明汉公司现存的问题，为明汉公司设计一套适合其发展的职位薪酬体系。

【任务要求】

1.职位薪酬体系设计结合明汉公司的实际情况；

2.职位薪酬体系设计流程科学、合理；

3.职位薪酬体系设计思路周全，要素全面。

【任务实施】

1.本任务以小组形式完成，教师限定任务时间；

2.通过教材、网络等查询资料；

3.任务完成后，每个小组对设计过程与结果进行展示汇报；

4.其他小组进行点评；

5.教师最后进行任务讲解与总结。

【任务小评】

完成时间：_____分钟　　知识点：□熟练掌握　　□需要查阅资料　　□需要向他人求教

任务收获：_____

项目二　数据分析训练

一、项目目的

通过数据分析训练，使学生具备薪酬管理工作中的数据分析与计算能力，熟练掌握薪酬定位、薪酬区间渗透度的计算方法，具备人工成本预算、人工成本核算能力，能够根据法律规定与企业实际情况，科学合理地开展薪酬管理工作。

二、项目导图

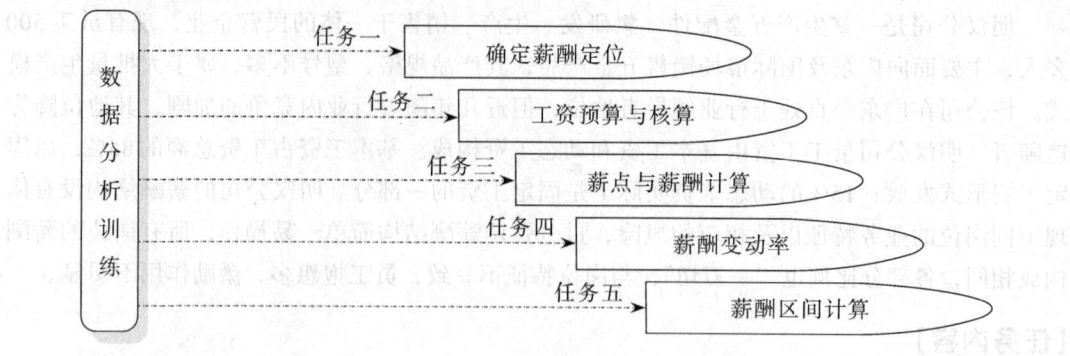

三、项目训练

◆◆ 任务一 确定薪酬定位

【任务目标】

通过本任务训练，进一步理解薪酬设计的流程，掌握薪酬调查、薪酬定位的知识与技能，能够结合企业实际情况确定薪酬策略。

【任务引入】

大基工厂刚成立不久，处于创业阶段，企业管理工作基础十分薄弱，财力不足。为了使薪酬的制定更加科学，大基工厂对当地生产岗位进行了薪酬调查，结果见表6-1。

表6-1   生产岗位薪酬调查数据

企业名称	平均月工资（元）
A	6 000
B	3 600
C	4 000
D	4 000
E	2 400
F	3 600
G	3 600
H	3 000
I	5 000
J	5 000
K	4 400

【任务内容】

根据任务情境，大基工厂生产岗位工资水平应定位在何处？其月平均工资为多少元？

说明原因。

【任务要求】

1.对任务情境进行全面、具体、细致分析；
2.薪酬水平定位合理，符合该企业实际情况。

【任务实施】

1.本任务以个人形式完成，教师限定任务时间；
2.通过教材、网络等查询相关资料；
3.任务完成后，教师抽选学生进行汇报；
4.其他同学进行提问或点评；
5.教师最后进行讲解与总结。

【任务小评】

完成时间：_____分钟　　知识点：□熟练掌握　　□需要查阅资料　　□需要向他人求教
任务收获：_____

◈ 任务二　工资预算与核算

【任务目标】

通过本任务训练，掌握薪酬成本的知识与技能，重点掌握人工成本的构成、核算月份工资的要点，掌握法定节假日、休息日、工作日加班以及工作日缺勤的计算方法。

【任务引入】

任务情境1：A公司一员工月份标准工资为3 600元，5月份的加班工资为：五一节加班1天，休息日加班1天，其他时间加班2天。A公司拟核算在不考虑个人所得税和各项保险的情况下，该员工5月份的实发工资。

任务情境2：B工厂一员工的工资实行计件工资，在产量为3 000个以下（含3 000个）时，计价单价为1.2元/个；当产量超过3 000个时，超过部分的计件单价为1.5元/个。该员工实际产量为3 600个，其实付工资为多少？

任务情境3：C公司2020年度人工费为3 382万元，净产值为9 780万元；2021年度确定目标净产值为12 340万元，目标劳动分配率同上一年。该公司拟计算2021年度人工成本总额及人工成本增长率。

【任务内容】

根据上述不同任务情境，完成情境1和情境2的员工月份工资核算、情境3的人工成本总额及人工成本增长率计算。

【任务要求】

1.对任务情境做出全面分析；

2.明确不同加班时间的加班工资核算标准；

3.月份工资与人工成本核算准确，符合法律规定。

【任务实施】

1.本任务以个人形式完成，教师限定任务时间；

2.任务完成后，教师抽选学生对计算过程和结果进行汇报；

3.教师最后进行讲解、点评和总结。

【任务小评】

完成时间：_____分钟　知识点：□熟练掌握　□需要查阅资料　□需要向他人求教

任务收获：_____

◇▷ 任务三　薪点与薪酬计算

【任务目标】

通过本任务训练，掌握薪点工资的知识与技能，能够确定薪酬要素，划分要素等级，计算薪酬要素的点值，根据要素评价确定各岗位的薪酬。

【任务引入】

志远公司的工资采用薪点工资制，该公司人力资源部经过研究，确定管理部门的主要薪酬要素是职责、对决策的影响、解决问题的能力和知识经验。其中，职责最重要，对决策的影响的重要度是职责的80%，解决问题的能力的重要度是职责的70%，知识经验的重要度是职责的60%。该公司决定将各要素分成五个等级，计划总点值是800点，每个薪点的工资是10元。

【任务内容】

1.确定各薪酬要素最高点值和级差。

2.假定职位A的评价结果是：职责第二等级，对决策的影响是第三等级，解决问题的能力是第三等级，知识经验是第四等级。请计算职位A的具体薪酬。

【任务要求】

1.对任务情境做出全面分析；

2.对任务情境中薪点与薪酬的计算过程详细，计算准确。

【任务实施】

1.本任务以个人形式完成，教师限定任务时间；

2.任务完成后，学生自荐对计算过程和结果进行汇报；

3.教师对任务知识点进行详细讲解；

4.教师最后进行点评、总结。

【任务小评】

完成时间：_____分钟　　知识点：□熟练掌握　　□需要查阅资料　　□需要向他人求教

任务收获：_____

◈◈ 任务四　薪酬变动率

【任务目标】

通过本任务训练，全面掌握薪酬区间相关知识及计算方法，能够结合企业实际情况，对企业的薪酬变动率、薪酬比较比率、薪酬区间渗透度等进行具体计算。

【任务引入】

张辰是A公司的薪酬专员，某日他从公司薪酬结构中截取下来的某一薪酬等级有关数据如图6-1所示。在该薪酬等级的甲员工的实际薪酬为7 200元。

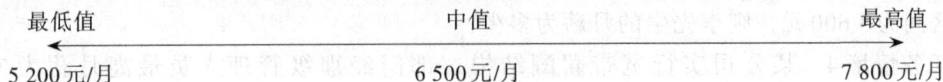

最低值　　　　　　　　　　　　中值　　　　　　　　　　　　最高值

5 200元/月　　　　　　　　　6 500元/月　　　　　　　　　7 800元/月

图6-1　某一薪酬等级有关数据

【任务内容】

根据图6-1中的数据，计算以下内容：

1.以最低值为基础的薪酬变动率；

2.甲员工的薪酬比较比率；

3.甲员工的薪酬区间渗透度。

【任务要求】

1.对任务情境中的数据进行全面、细致分析；

2.各项数据指标计算准确，计算过程详细。

【任务实施】

1.本任务以个人形式完成，教师限定任务时间；

2.通过参考书等多种方式查询相关资料；

3.任务完成后，教师抽选学生对核算过程和结果进行汇报；

4.教师最后进行讲解、点评和总结。

◆◆ 任务五　薪酬区间计算

【任务目标】

通过本任务训练,全面掌握薪酬等级、薪酬区间的知识与技能,能够进行薪酬区间、最低值、最高值、中值、薪酬变动率的计算与应用。

【任务引入】

任务情境1:在某企业的某一薪酬等级中,最低值为4 000元,最高值为8 400元,则该等级的薪酬变动率为多少?

任务情境2:假如在某薪酬等级中,中间值是4 500元,以最低值为基础的薪酬变动率为50%,请计算薪酬区间的最低值和最高值。

任务情境3:李先生所在部门的薪酬区间渗透度为70%,部门月薪中值为5 000元,薪酬区间为3 600元,则李先生的月薪为多少?

任务情境4:某公司实行宽带薪酬结构,部门经理级管理人员最高月薪为7 200元,最低月薪为4 800元,其中人力资源部经理月薪为6 800元。请计算该公司部门经理级管理人员月薪的薪酬区间、中值、薪酬变动率以及人力资源部经理的薪酬区间渗透度。

【任务内容】

请根据任务情境,完成要求的计算。

【任务要求】

1.对任务情境做出深入、具体分析;
2.对各项指标的计算精准、过程完整。

【任务实施】

1.本任务以个人形式完成,教师限定任务时间;
2.任务完成后,教师抽选学生对计算过程和结果进行汇报;
3.教师对任务知识点进行讲解;
4.教师最后进行点评、总结。

【任务小评】

完成时间:＿＿＿＿＿分钟　知识点:□熟练掌握　□需要查阅资料　□需要向他人求教

任务收获：_____

项目三　材料解析训练

一、项目目的

通过材料解析训练，提供企业薪酬管理工作中的不同工作情境，让学生运用所学知识与技能进行讨论与思考，解决任务情境中出现的问题，提高学生对企业薪酬管理工作进行具体分析与解决问题的能力。

二、项目导图

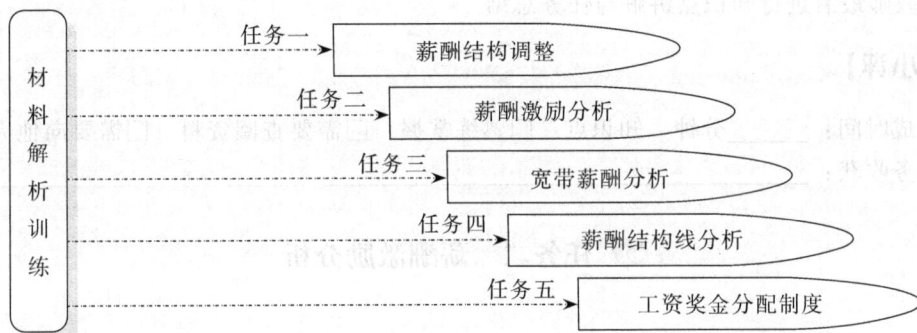

材料解析训练
- 任务一　薪酬结构调整
- 任务二　薪酬激励分析
- 任务三　宽带薪酬分析
- 任务四　薪酬结构线分析
- 任务五　工资奖金分配制度

三、项目训练

◇◇ 任务一　薪酬结构调整

【任务目标】

通过本任务训练，掌握薪酬的构成、薪酬的基本形式、薪酬管理的内容和流程，能够结合企业实际情况进行薪酬设计与薪酬调整。

【任务引入】

尚品公司主要经营服装和鞋类商品，其战略愿景是成为中国最优秀的贸易公司，其战略使命是通过优质服务领先全行业。今年，该公司店铺数量达到160家，实现销售额近20亿元人民币。它以优质的服务树立了良好的公司形象，在群众中有较好的口碑。该公司的现行薪酬包括基本薪酬、奖金、福利等项目，为适应该公司的市场领先战略定位，急需进行薪酬结构调整，增加绩效薪酬项目。

【任务内容】

根据任务情境，尚品公司的薪酬结构是否应这样调整？为什么？

【任务要求】

1. 任务分析须结合该公司实际情况；
2. 薪酬结构调整建议与原因阐述清晰、具体。

【任务实施】

1. 本任务以个人形式完成，教师限定任务时间；
2. 通过多种方式查询相关资料；
3. 任务完成后，教师抽选学生进行展示汇报；
4. 汇报完毕后，教师就任务完成情况进行分析与评价；
5. 教师最后进行知识点讲解与任务总结。

【任务小评】

完成时间：_____分钟　知识点：□熟练掌握　□需要查阅资料　□需要向他人求教
任务收获：_____

◇◇ 任务二　薪酬激励分析

【任务目标】

通过本任务训练，掌握薪酬设计、薪酬管理的知识和技能，重点掌握工资制度和激励薪酬，能够结合不同岗位情况进行有针对性的激励薪酬设计。

【任务引入】

维科公司是一家主要从事IT产品代理和系统集成的硬件供应商，成立8年来销售业绩节节攀升，规模也迅速扩大到数百人。然而该公司的销售队伍在去年出现了问题，不满情绪开始蔓延，销售人员消极怠工，优秀销售人员的业绩开始下滑。这迫使公司高层下决心聘请外部顾问，制定销售人员薪酬激励方案。

维科公司的销售部门按区域划分，同一个区域的销售人员既可以卖大型设备，也可以卖小型设备。该公司对销售部门进行组织结构调整，将销售团队按两类不同的产品线一分为二，建立了大型设备和小型设备两个销售团队，他们有各自的主攻方向和潜在客户群。但是，组织结构虽然调整了，两个销售团队的工资奖金方案没有跟着调整，仍然沿用以前的销售返点模式，即将销售额按一定百分比作为提成返还给销售人员。这种做法看似不偏不向，非常透明，但没能起到应有的激励作用，还造成两个销售团队之间的矛盾。

【任务内容】

分析任务情境的问题所在，并说明原因。

【任务要求】

1.对任务情境进行深入、全面、细致分析；
2.分析条理清晰，符合该公司实际；
3.原因剖析全面、具体，有理有据。

【任务实施】

1.本任务以小组形式完成，教师限定任务时间；
2.小组成员进行讨论、分析；
3.任务完成后，教师抽选小组进行展示汇报；
4.教师进行提问与点评；
5.教师最后进行知识点讲解与总结。

【任务小评】

完成时间：_____分钟 知识点：□熟练掌握 □需要查阅资料 □需要向他人求教
任务收获：_____

⬧ 任务三 宽带薪酬分析

【任务目标】

通过本任务训练，掌握薪酬结构设计、薪酬分等与定薪的知识和技能，深刻理解宽带薪酬的含义与特点，能够结合实际情况具体应用。

【任务引入】

今年，佳华公司通过调查大胆地进行了改革，建立了宽带型薪酬制度，采用了薪酬等级相对少、变动范围较宽、6个薪酬等级、最高值与最低值之间的区间变动率为300%的薪酬结构，改变了原有的25个薪酬等级、最高值与最低值之间的区间变动率为50%的薪酬结构。

【任务内容】

1.该公司薪酬制度改革前后，实行的分别是什么样的薪酬等级类型？各有什么特点？
2.该公司新推行的薪酬制度有哪些优点？

【任务要求】

1.薪酬等级类型与特点分析具体、清晰；

2.对目前薪酬制度优势的分析切合实际，全面、具体。

【任务实施】

1.本任务以个人形式完成，教师限定任务时间；

2.通过书籍、网络等查询相关资料；

3.任务完成后，教师抽选学生进行展示汇报；

4.其他同学进行提问或点评；

5.教师最后进行讲解、点评与总结。

【任务小评】

完成时间：_____分钟　　知识点：□熟练掌握　□需要查阅资料　□需要向他人求教

任务收获：_____

◇◇ 任务四　薪酬结构线分析

【任务目标】

通过本任务训练，掌握薪酬结构的知识与技能，能够根据薪酬调查情况绘制薪酬结构线，并根据不同的薪酬结构线进行企业的薪酬管理分析，进一步提升应用能力。

【任务引入】

通过薪酬调查，得到A、B、C、D四个规模大小相似的同类生产企业的薪酬曲线图，如图6-2所示。

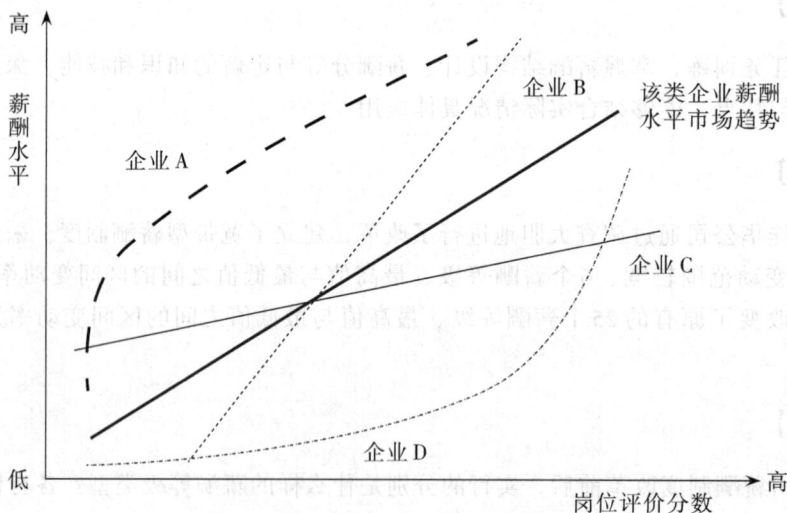

图6-2　四个同类生产企业的薪酬曲线图

【任务内容】

根据任务情境，分析各企业在薪酬管理方面的特点，阐述其优势和不足各是什么。

【任务要求】

1. 对任务情境进行深入、具体分析；
2. 对不同企业薪酬结构线描述准确，分析精准；
3. 对不同企业薪酬特点分析具体，具有针对性。

【任务实施】

1. 本任务以个人形式完成，教师限定任务时间；
2. 通过多种方式查询相关资料；
3. 任务完成后，教师抽选学生进行展示汇报；
4. 教师进行分析与评价；
5. 教师最后进行知识点讲解与总结。

【任务小评】

完成时间：_____分钟　知识点：□熟练掌握　□需要查阅资料　□需要向他人求教

任务收获：_____

◆◆ 任务五　工资奖金分配制度

【任务目标】

通过本任务训练，掌握工资制度与激励薪酬的知识，明确不同工资制度的类型与具体特点，针对企业实际情况进行有针对性的工资制度设计。

【任务引入】

某大型国有企业实行员工收入与岗位、技能、贡献和效益"四挂钩"的工资奖金分配制度。其具体内容如下：

一是以实现的劳动价值为依据，确定岗位等级和分配标准。该企业将全部岗位划分为科研、管理和生产三大类，每类又细分出 10～12 个等级，每个等级都有相应的工资和奖金分配标准。为了推进技术领先的发展战略，在倡导公平竞争的前提下，该企业对科研人员实行职称聘任制，三年一聘。科研人员实行职称工资制，管理人员实行职务工资制，生产工人实行岗位技能工资制。科研岗位的平均工资是管理岗位的 2 倍，是生产岗位的 4 倍。

二是以岗位性质、任务完成情况和企业效益为依据，确定奖金分配数额。该企业每年都对科研、管理和生产工作中有突出贡献的人员给予重奖，最高可达 10 万元。从总体上看，奖金是岗位工资的 1~3 倍，这种加大奖金分配力度的做法进一步拉开工资分配的差距。

【任务内容】

1. 该企业推行的"四挂钩"工资奖金分配制度有哪些优点？
2. 你对完善该企业的工资奖金分配制度还有哪些建议？

【任务要求】

1.工资奖金分配制度优势分析全面、具体、准确；

2.建议的措施合理、可行，依据充分。

【任务实施】

1.本任务以小组形式完成，教师限定任务时间；

2.通过书籍、网络等查询相关资料；

3.任务完成后，每个小组派代表进行演示汇报；

4.其他小组进行提问或点评；

5.教师最后进行讲解、点评与总结。

【任务小评】

完成时间：_____分钟　　知识点：□熟练掌握　　□需要查阅资料　　□需要向他人求教

任务收获：_____

项目四　文件处理训练

一、项目目的

通过文件处理训练，提供企业工作情境，让学生扮演企业人力资源管理部门经理，结合模拟企业情况，对相关部门提交的有关薪酬管理工作的文件进行批阅、处理，使学生感知并体验未来角色，提高学生对薪酬设计、薪酬管理的分析与处理能力。

二、项目导图

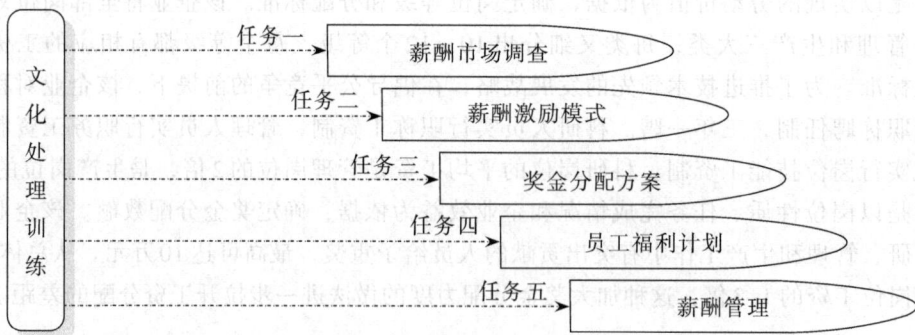

文化处理训练

任务一 —— 薪酬市场调查
任务二 —— 薪酬激励模式
任务三 —— 奖金分配方案
任务四 —— 员工福利计划
任务五 —— 薪酬管理

三、项目训练

◆ 任务一　薪酬市场调查

【任务目标】

通过本任务训练，全面理解薪酬管理的意义，掌握薪酬调查的知识，能够根据调查结果全面开展企业薪酬管理的具体工作，感知未来工作角色。

【任务引入】

中瑞公司是一家网络科技公司，业务涉及互联网服务、大数据分析及管理平台开发等相关领域。中瑞公司在国内的主要竞争对手是A公司，两家公司共占有国内80%以上的市场份额。在过去，两家公司的实力比较接近，占有的市场份额也相对稳定，差距不大。在最近5年，A公司加快了产品研发速度，逐渐与中瑞公司拉开了差距。当前A公司占有国内50%左右的市场，而中瑞公司的客户大量流失，只占有30%左右的市场，利润也在大幅下滑。你是中瑞公司的人力资源总监付春莹，有一封电子邮件需要你来处理。

类　别：电子邮件
发件人：崔秀丽，薪酬经理
收件人：付春莹，人力资源总监
日　　期：11月19日
付总：

　　最近我们进行了薪酬市场调查，有一个情况要向您汇报一下。从市场调查的结果来看，我们公司的一些岗位，如行政、销售等岗位的薪酬水平处于市场的中高位，具有较强的市场竞争力；技术和研发岗位则不同，虽然从数据上看薪酬水平较高，但与我们公司的主要竞争对手A公司相比，差距越来越大。一般技术人员的薪酬，A公司比我们公司高30%左右，高级技术人员的差距更大。另外，A公司今年在内部推行了技术人员持股计划，这对他们的技术人员的激励作用很大，甚至我们公司的一些技术人员也被吸引过去。从前年开始，我们一直向公司高层反映技术人员的薪酬竞争力下降的问题，但由于财务成本等方面的原因，公司高层一直没给反馈。如果这种差距继续扩大，我们公司技术人员队伍的稳定性会受到很大的威胁。上周公司的管理干部会议上，总经理也特别提出要重视公司的人力资本投入，为公司的技术人才提供有吸引力的激励方案。我想正好可以通过这次的数据调查结果来引起高层的重视。希望在您有空时我们详细讨论一下。

崔秀丽

【任务内容】

请给出这份文件的处理思路，并准确、详细地写出将要采取的措施及意图。

【任务要求】

1.模拟任务情境中人力资源总监的身份完成本任务；

2.拟采取的措施及意图用文字形式表述；

3.对任务情境中问题的处理考虑全面、措施合理。

【任务实施】

1.本任务以个人形式完成，教师限定任务时间；

2.任务完成后，教师抽选学生进行汇报；

3.其他同学进行分析、评价；

4.教师最后进行点评、总结。

【任务小评】

完成时间：_____分钟　知识点：□熟练掌握　□需要查阅资料　□需要向他人求教

任务收获：_____

◆ 任务二　薪酬激励模式

【任务目标】

通过本任务训练，感知未来人力资源管理工作中薪酬管理工作角色，掌握薪酬管理的知识与技能，能够根据企业实际情况确定薪酬战略，并采取适宜的薪酬激励模式。

【任务引入】

本任务的背景同任务一，你是中瑞公司的人力资源总监付春莹，现在有一封电子邮件需要你处理。

类　　别：电子邮件

发件人：钱峰，采购部经理

收件人：付春莹，人力资源总监

日　　期：11月19日

付总：

我是采购部的钱峰，想就采购部的奖励体系与您商讨一下。我们公司在采购成本上一直控制得非常严格，最近几年，外部的采购价格一路上扬，完成公司下达的指标越来越困难，但我们部门一直在想办法完成任务。采购部的薪酬模式是高底薪、低提成，奖金只占总薪酬的20%，而且和公司的总体业绩挂钩，员工之间没有什么差别；而一旦达不到采购指标，奖金部分就被全部扣除，只领取80%的基本工资。我们认为这种奖励模式不太适合我们的工作特点，奖励应和我们为公司节约的成本挂钩。另外，公司的成本指标不能一味压低采购价格，还要考虑外部环境的变化。最后，薪酬还是要体现员工工作结果之间的差别。希望人力资源部能支持我们的想法，并希望付总能尽早与我们商议此事。

钱峰

【任务内容】

请给出这份文件的处理思路，并准确、详细地写出将要采取的措施及意图。

【任务要求】

1.模拟任务情境中人力资源总监的身份完成本任务；

2.任务处理步骤详细，语言规范；

3.拟采取的措施考虑全面、合理有力。

【任务实施】

1.本任务以个人形式完成，教师限定任务时间；

2.通过教材等多种途径查询资料；

3.任务完成后，教师抽选学生进行汇报；

4.其他同学进行分析、评价；

5.教师最后进行点评、讲解与总结。

【任务小评】

完成时间：_____分钟　知识点：□熟练掌握　□需要查阅资料　□需要向他人求教

任务收获：_____

◇ 任务三　奖金分配方案

【任务目标】

通过本任务训练，感知未来企业人力资源管理工作角色，全面掌握薪酬管理、薪酬激励的知识与技能，能解决企业薪酬激励中的实际问题。

【任务引入】

思创集团公司是一家高科技软件开发企业，业务遍布全球100多个国家和地区，拥有5万余名员工。该集团公司总部在美国，人力资源由集团公司统一管理，各下属公司均设有职能完备的人力资源部。你是思创集团公司中国公司人力资源总监赵凯宁，你刚开完会回到办公室，收到了技术部经理的电子邮件，需要你处理。

类　别：电子邮件
发件人：史兴伟，中国公司技术部经理
收件人：赵凯宁，中国公司人力资源总监
日　期：5月5日
赵总：您好！
今年1月中旬，我曾和薪酬经理韩雪就技术部的奖金分配方案进行了讨论，技术部的情况和其他部门不一样，工作任务需要组建项目小组才能完成，这对员工相互协作的要求很高；而目前我们公司的奖金分配方案单纯与员工个人的业绩挂钩，我认为这种方式不太适合我们部门的实情。在上次和韩雪的讨论中，我们曾设想采取基于团队的奖励计划，但没有做出具体的方案。公司要求各部门的奖金分配方案必须尽快制定完毕，所以我想听听您对我们拟采用团队奖励计划的看法。

史兴伟

【任务内容】

请给出这份文件的处理思路，并准确、详细地写出将要采取的措施及意图。

【任务要求】

1.模拟任务情境中人力资源总监的身份完成本任务；

2.拟采取的措施及步骤用文字形式规范表述；

3.拟采取的措施考虑全面、措施合理。

【任务实施】

1.本任务以个人形式完成，教师限定任务时间；

2.通过教材、网络等多种方式查阅资料；

3.任务完成后，教师抽选学生进行汇报；

4.其他同学进行分析、评价；

5.教师最后进行点评、总结。

【任务小评】

完成时间：_____分钟　知识点：□熟练掌握　□需要查阅资料　□需要向他人求教

任务收获：_____

◇◇ 任务四　员工福利计划

【任务目标】

通过本任务训练，掌握福利的含义、福利的主要形式，掌握弹性福利，全面理解福利对于组织管理的意义，能够有针对性地处理企业福利问题。

【任务引入】

长峰集团是一家设计、生产、销售大型技术设备的高新技术企业。近年来，该公司发展迅速，人力资源管理工作越来越被总经理重视。你是长峰集团人力资源部经理林景风，现在收到一封电子邮件，需要你处理。

类　别：电子邮件
发件人：赵杰，绩效薪酬专员
收件人：林景风，人力资源部经理
日　期：11月9日
林经理：您好！

前段时间，按照您的指示，我对同行业企业的员工福利状况进行了一次调查。就每个月用于员工的人均福利费而言，我们公司位于同行业企业的中等水平。考虑到现在的激烈竞争和目前我们公司的高流动率，为了增强公司的凝聚力和吸引力，我认为，提高员工的福利待遇是一项有力的激励措施。因此，我想提出一项增加员工福利的计划，也就是将现在的人均每月福利费提高到同行业企业的上等水平。不知您对这项计划的意见如何？请指示。

赵杰

【任务内容】

请给出这份文件的处理思路，并准确、详细地写出将要采取的措施及意图。

【任务要求】

1.模拟任务情境中人力资源部经理的身份完成本任务；

2.拟采取的措施及意图用文字形式规范表述；

3.拟采取的步骤与措施考虑全面、合理有力。

【任务实施】

1.本任务以个人形式完成，教师限定任务时间；

2.任务完成后，教师抽选学生进行汇报；

3.其他同学进行分析与评价；

4.教师针对知识点进行提问；

5.教师最后进行点评、总结。

【任务小评】

完成时间：＿＿＿＿＿＿分钟　　知识点：□熟练掌握　　□需要查阅资料　　□需要向他人求教

任务收获：＿＿＿＿＿＿＿＿＿＿＿＿＿＿＿＿＿＿＿＿＿＿＿＿＿＿＿＿＿＿＿＿＿

❖ 任务五　薪酬管理

【任务目标】

通过本任务训练，全面感知未来人力资源管理工作角色，熟练掌握薪酬、薪酬管理的知识与技能，能够解决企业实际问题。

【任务引入】

　　思达农业产业集团是一家高新技术企业，也是全国百强养殖企业。该集团主要通过"饲料生产、畜牧养殖、安全肉品加工、冷链配送、连锁专卖"五大环节，建成了"从源头到终端"完整的安全产业链，形成了有特色的运营管理模式。你是思达农业产业集团的人力资源总监付宇新，现在你收到一封电子邮件，需要你处理。

类　别：电子邮件 发件人：郭一凡，薪酬经理 收件人：付宇新，人力资源总监 日　期：5月12日 付总： 　　前几天我和几个朋友喝茶聊天，这几个朋友都是技术人员，他们有丰富的工作经验，但谈到个人的薪酬时总是发出感慨。按常理，他们在我们单位待遇最好的部门，相比之下，薪酬应该人人满意、个个知足。没想到，他们还有这样的难言苦衷。他们认为我们公司总经理的薪酬水平仅是最低等级岗位薪酬水平的6倍，远远低于行业平均12~15倍的倍差。这样的薪酬体系必然导致低等级岗位薪酬水平处于市场较高分位（如市场中间水平，处于50分位），而随着岗位等级的提高，其薪酬水平反而下降至较低市场分位（如处于25分位，甚至低于10分位）。也就是说，高等级岗位薪酬水平的市场偏离度大，薪酬满意度低；低等级岗位薪酬水平的市场偏离度小，薪酬满意度高；出现了通常所说的"想留的留不住、不想留的又不走"。可见，薪酬管理的重心要集中在高价值等级的岗位群上，即所谓"好钢要用在刀刃上"。当前，我们必须为公司制定有吸引力的薪酬政策，提高公司的市场竞争力。希望您尽快安排，咱们一起讨论一下。 　　　　　　　　　　　　　　　　　　　　　　　　　　　　　　　郭一凡

【任务内容】

　　请给出这份文件的处理思路，并准确、详细地写出将要采取的措施及意图。

【任务要求】

　　1.模拟任务情境中人力资源总监的身份完成本任务；

　　2.任务处理态度明确，语言表达规范、清晰；

　　3.拟采取的措施与建议考虑全面、合理有力。

【任务实施】

　　1.本任务以个人形式完成，教师限定任务时间；

　　2.任务完成后，教师抽选学生进行展示汇报；

　　3.其他同学进行分析与评价；

　　4.教师针对知识点进行提问；

5.教师最后进行点评、总结。

【任务小评】

完成时间：_____分钟　知识点：□熟练掌握　□需要查阅资料　□需要向他人求教

任务收获：_____

项目五　管理诊断训练

一、项目目的

通过管理诊断训练，使学生掌握薪酬管理知识并提升对薪酬管理的诊断能力，通过全面了解企业人力资源管理部门中薪酬管理工作的开展情况，迅速把握工作中存在的问题，找到有效的解决方案，提高薪酬管理水平。

二、项目导图

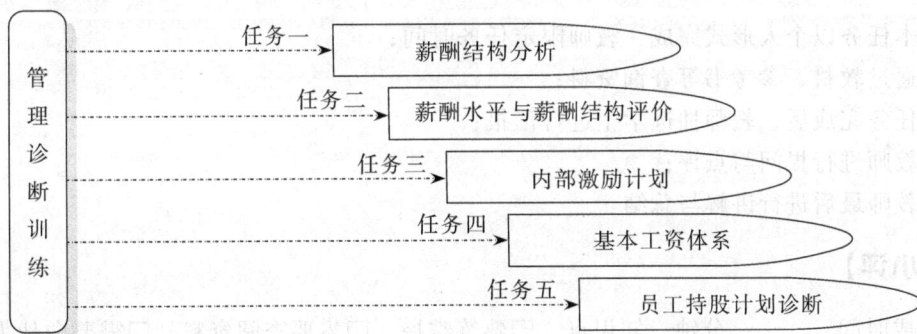

管理诊断训练
- 任务一　薪酬结构分析
- 任务二　薪酬水平与薪酬结构评价
- 任务三　内部激励计划
- 任务四　基本工资体系
- 任务五　员工持股计划诊断

三、项目训练

◈ 任务一　薪酬结构分析

【任务目标】

通过本任务训练，明确薪酬结构的内容，掌握不同类型人员薪酬结构的特点，能够针对不同类型人员进行薪酬结构设计，增强薪酬管理的激励性。

【任务引入】

百利企业是一家民营企业，其不同类型员工的薪酬结构如图6-3所示，其中基本工资根据数量化的岗位评价结果确定。

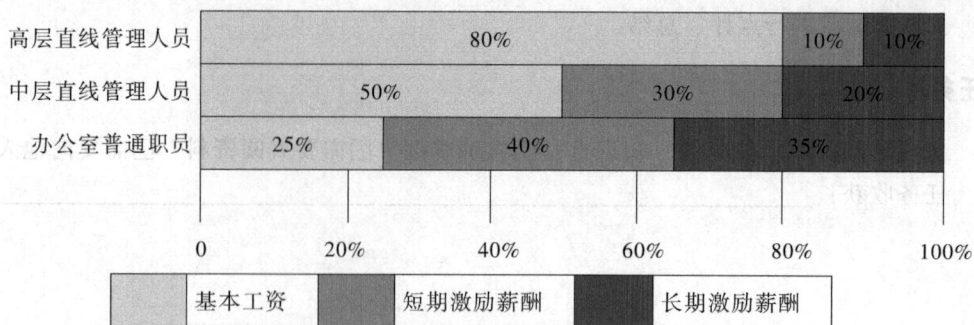

图6-3　百利企业各类员工薪酬结构图

【任务内容】

请对百利企业的薪酬结构进行评价。

【任务要求】

1.对任务情境中的薪酬结构进行判断，指出存在的问题；

2.对任务情境的诊断切中要点、条理清晰。

【任务实施】

1.本任务以个人形式完成，教师限定任务时间；

2.通过教材、参考书等查询资料；

3.任务完成后，教师抽选学生进行汇报；

4.教师进行提问与点评；

5.教师最后进行讲解与总结。

【任务小评】

完成时间：＿＿＿＿＿＿分钟　知识点：□熟练掌握　□需要查阅资料　□需要向他人求教

任务收获：＿＿＿＿＿＿＿＿＿＿＿＿＿＿＿＿＿＿＿＿＿＿＿＿＿＿＿＿＿＿＿＿＿＿＿

◇ 任务二　薪酬水平与薪酬结构评价

【任务目标】

通过本任务训练，掌握薪酬设计的流程，明确薪酬水平、薪酬结构的内容，能够进行薪酬分析，并结合市场与企业岗位情况进行有针对性的调整。

【任务引入】

旭日公司员工的薪酬由基本工资和绩效工资两部分组成。最近，该公司进行了市场薪酬调查，并将本企业的薪酬状况与市场薪酬调查结果进行了比较，其各个薪酬等级的基本工资及薪酬总和与市场薪酬的比较结果如图6-4所示。

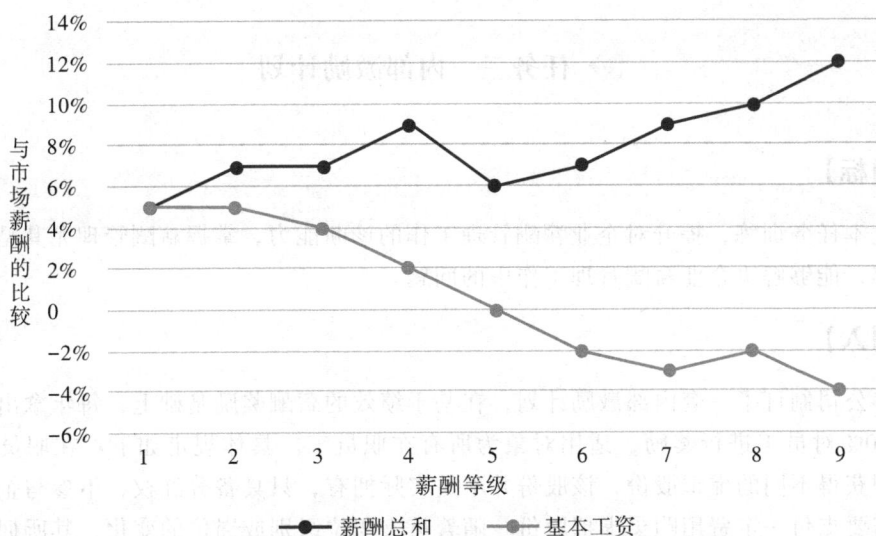

图6-4　旭日公司薪酬与市场薪酬的比较情况

【任务内容】

1.该公司的薪酬水平和薪酬结构有什么特点？

2.如何评价该公司的薪酬结构？

【任务要求】

1.对任务情境进行认真、深入、细致分析；

2.对任务情境的诊断客观、全面、准确；

3.对诊断出的问题提出改进建议。

【任务实施】

1.本任务以个人形式完成，教师限定任务时间；

2.通过教材、参考书等多种方式回顾任务知识点；

3.任务完成后，教师抽选学生进行汇报；

4.其他同学进行提问与点评；

5.教师最后进行讲解、点评与总结。

【任务小评】

完成时间：_____分钟　　知识点：□熟练掌握　　□需要查阅资料　　□需要向他人求教

任务收获：_____

◇◇ 任务三　内部激励计划

【任务目标】

通过本任务训练，提升对企业薪酬管理工作的诊断能力，掌握薪酬管理尤其是激励薪酬的内容，能够解决企业薪酬管理工作中的问题。

【任务引入】

四丰公司制订了一套内部激励计划，在基于绩效的薪酬奖励基础上，每年拿出当年纯利润的50%对员工进行奖励，适用对象为所有在职员工。具体规定如下：在职员工按照职位级别获得不同的虚拟股份，该股份并不是实际拥有，只具备分红权，不参与企业的决策，但需要支付一定费用购买虚拟股份。随着员工职位级别或岗位的变化，其所拥有的虚拟股份也会发生变化。即使员工的职位没有变化，随着员工工作年限的增加，每年也会获得公司奖励的与工龄相关的虚拟股份。同时，股份的数额还和员工当年的业绩有一定关系，每个部门相同岗位处于业绩后10%的员工要扣除20%的股份，这部分股份会奖励给业绩排名前10%的员工。当员工离职或退休时，公司将回收虚拟股份，并将这些股份按规定出售给新员工。

【任务内容】

1.分析该公司内部激励计划的积极之处。
2.指出该公司内部激励计划的不足。

【任务要求】

1.对任务情境进行认真、深入、全面分析；
2.对内部激励计划的评价切中要点、条理清晰。

【任务实施】

1.本任务以小组形式完成，教师限定任务时间；
2.小组成员相互讨论、查阅资料；
3.任务完成后，教师抽选小组进行汇报；
4.其他小组进行提问与点评；
5.教师最后进行讲解与总结。

【任务小评】

完成时间：_____分钟　知识点：□熟练掌握　□需要查阅资料　□需要向他人求教
任务收获：_____

◇◇ 任务四 基本工资体系

【任务目标】

通过本任务训练，掌握薪酬的构成、基本形式，薪酬体系的内容，能够对企业的薪酬体系进行分析、评价及改进设计，进一步提升实践应用能力。

【任务引入】

莱因生物制药科研机构2014年成立，目标是打造国内领先的研发机构，现拥有研发人员113人。该机构将研发人员分为助理研究员、初级研究员、中级研究员和高级研究员四个级别，每个级别中又细分为若干档次。研发人员的薪酬由基本工资和绩效奖金两部分构成，基本工资的情况见表6-2；绩效奖金主要和个人当年研发产品的获奖情况挂钩，例如获得国家级、省部级等奖项，绩效奖金的系数则会较高，否则系数较低。除此之外，该机构没有设计期权等其他长期激励方案。

表6-2　　　　　　　　　　　　研发人员基本工资表

职位等级	基本工资占总体薪酬的比例	人数	细分档次	基 本 工 资（元）
高级研究员	40%	2	三级	11 400
			二级	10 800
			一级	10 200
中级研究员	40%	10	三级	9 600
			二级	9 000
			一级	8 400
初级研究员	50%	30	三级	7 800
			二级	7 200
			一级	6 600
助理研究员	50%	71	三级	6 000
			二级	5 400
			一级	4 800

【任务内容】

根据任务情境，对莱因生物制药科研机构的基本工资体系和绩效奖金设计进行评价。

【任务要求】

1.对任务情境进行认真、全面、细致分析；

2.对问题的诊断切中要害、条理清晰；

3.所提出的改进措施考虑全面，有理有据。

【任务实施】

1.本任务以小组形式完成，教师限定任务时间；

2.小组成员进行讨论、分析，查询相关资料；

3.任务完成后，各小组自荐进行汇报；

4.其他小组进行提问和点评；

5.教师最后进行讲解、点评和总结。

【任务小评】

完成时间：_____分钟　知识点：□熟练掌握　□需要查阅资料　□需要向他人求教
任务收获：_____

◇◇ 任务五　员工持股计划诊断

【任务目标】

通过本任务训练，理解股票所有权计划的意义，掌握股票所有权计划的分类、内容以及具体的操作步骤和要求，全面提升对知识的理解与应用能力。

【任务引入】

某制造业上市公司推出股票期权激励计划，具体方案如下：

（1）参与范围：首期激励对象共计 2 428 人，包括部门经理级别以上的管理人员、核心岗位的业务骨干和工作年限两年以上的员工，约占员工总数的67%。

（2）授予数量：向激励对象授予 5 000 万份股票期权，占公司股本总额的19.38%；相同职位级别期权数额相同，最高期权授予额不超过最低期权授予额的5倍。

（3）行权条件：首期行权时，公司上一年度净利润增长率不低于2%，且主营业务收入增长率不低于3%。

（4）行权安排：首次行权不得超过获得股票期权的40%，首次行权一年后有效期内可选择分次或一次性行使剩余股票期权。

该激励计划实施一年后，该公司净利润增长率为5.2%，主营业务收入增长率为7.1%，达到了行权条件。不过，实行股票期权激励计划后，该公司没有达到预期的效果，反而造成成本的大幅增加。

【任务内容】

根据任务情境，对该公司的股票期权激励计划进行评价。

【任务要求】

1.对任务情境中的方案进行认真分析；

2.对股票期权激励计划的诊断切中要点，条理清晰，考虑周全。

【任务实施】

1.本任务以小组形式完成，教师限定任务时间；

2.小组成员进行讨论、分析，查阅资料；

3.任务完成后，各小组自荐进行展示汇报；

4.教师最后进行讲解、点评和总结。

【任务小评】

完成时间：_____分钟　　知识点：□熟练掌握　□需要查阅资料　□需要向他人求教

任务收获：_____

项目六　能力拓展训练

一、项目目的

通过能力拓展训练，让学生运用所学薪酬管理知识与技能进行讨论与思考，进一步提高学生分析问题与解决问题的能力，以及系统整合能力。

二、项目导图

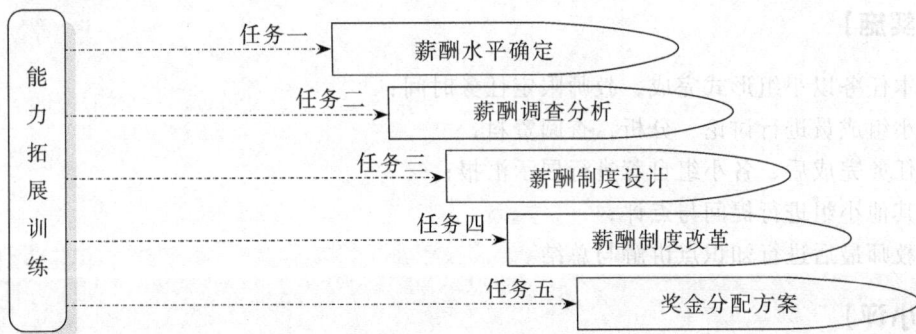

三、项目训练

◆◆ 任务一 薪酬水平确定

【任务目标】

通过本任务训练，掌握薪酬管理的知识与技能，明确不同群体的特点与薪酬设计要点，能够针对企业各岗位，科学合理地进行薪酬设计。

【任务引入】

金池是达光公司的人力资源管理专员，负责招聘与培训工作。最近该公司进行薪酬制度改革，金池所在岗位的标准工资是 3 000 元/月，为鼓励员工努力提高自己的技能水平，该岗位薪酬的浮动范围为上下20%，也就是说，该岗位薪酬的最高额为3 600元，最低额为2 400元。

该公司通过建立能力模型，对每个员工进行定位。通过对知识、技能、价值观的测评与认证，确定金池的技能得分为40分，而标准的技能得分是30分。按照规定，金池的薪酬应该是40÷30×3 000=4 000（元/月），但是该岗位薪酬的浮动范围为20%，金池的薪酬已经超过了最高额。上级为了不破坏该公司的薪酬体系，按照3 600元为金池确定了薪酬。金池不服气，多次交涉后仍然没有结果。最后，金池离开了该公司，到另外一家企业担任人力资源经理。

【任务内容】

1.该公司薪资变动范围是多少？是否合理？
2.确定技能/能力工资时，应该考虑哪些因素？
3.该公司该如何挽留金池？

【任务要求】

1.对任务情境进行认真、深入分析；
2.提出的解决措施切中要害、条理清晰。

【任务实施】

1.本任务以小组形式完成，教师限定任务时间；
2.小组成员进行讨论、分析，查阅资料；
3.任务完成后，各小组自荐进行展示汇报；
4.其他小组进行提问与点评；
5.教师最后进行知识点讲解与总结。

【任务小评】

完成时间：_____分钟 知识点：□熟练掌握 □需要查阅资料 □需要向他人求教
任务收获：_____

◆◇ 任务二　薪酬调查分析

【任务目标】

通过本任务训练，理解薪酬调查的意义，掌握薪酬结构设计知识与技能，能够根据薪酬调查结果，结合企业实际进行薪酬管理分析，进一步拓展分析能力。

【任务引入】

伊弛公司是由三家企业合并而成的中型汽车配件企业。近年来，该公司的经济效益迅速提高，财务实力明显增强，但由于领导层重视生产而轻视管理，使各项管理基础工作十分薄弱，规章制度也不够健全完善，特别是在人力资源管理方面，绝大部分员工对目前的薪资制度怨声载道，严重地影响了生产经营活动的正常进行。为此，该公司董事会决定对员工薪资制度进行一次全面调整。该公司目前一般员工实行的是技术等级工资制，采用计时工资加奖金（按月支付）的计酬方式；而管理人员实行的是职务等级工资制，按照职务高低支付工资，每个季度按照对各个部门的绩效考评结果支付一定数额的季度奖，奖金水平不超过一般员工奖金水平的30%。图6-5、图6-6和图6-7是一家管理咨询公司对伊弛公司员工薪资满意度的调查结果。

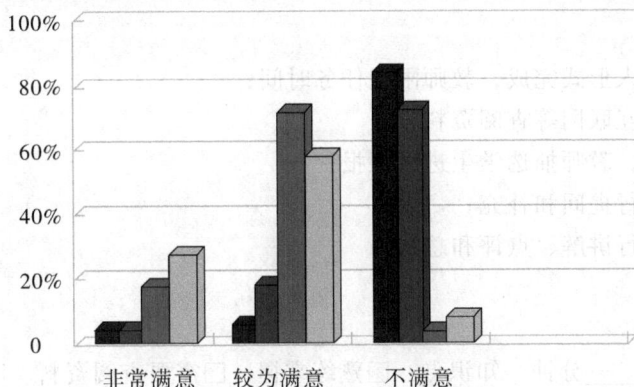

图6-5　一般员工薪资满意度调查结果

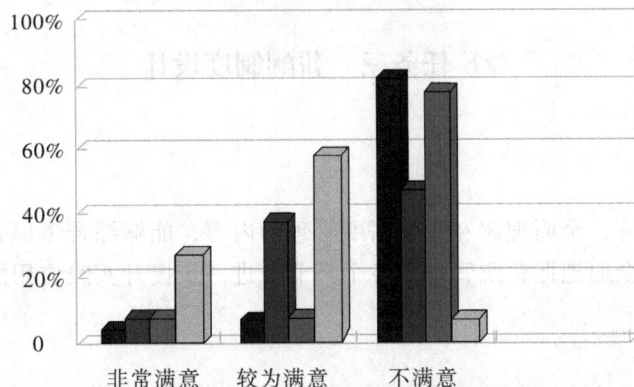

图6-6　中级管理人员薪资满意度调查结果

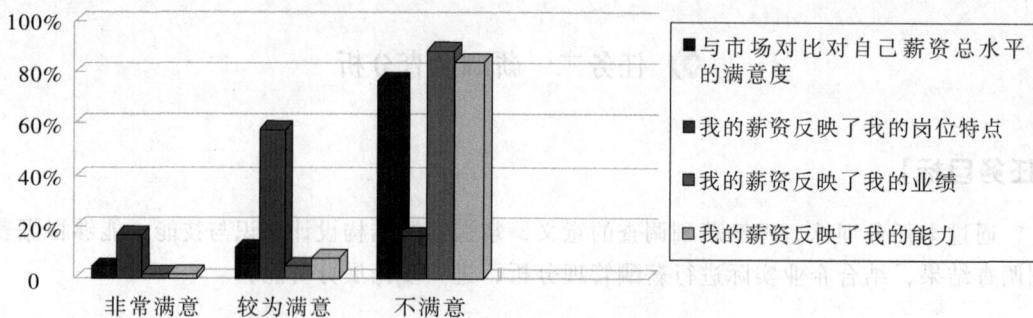

图6-7 高级管理人员薪资满意度调查结果

【任务内容】

1.根据薪资满意度调查结果，说明这三类人员薪资结构存在的主要问题。
2.针对上述三类人员薪资结构中存在的问题提出整体性调整措施。

【任务要求】

1.对任务情境进行认真、细致、全面分析；
2.提出的调整措施精准、具体，有理有据。

【任务实施】

1.本任务以个人形式完成，教师限定任务时间；
2.通过教材、互联网等查阅资料；
3.任务完成后，教师抽选学生进行汇报；
4.其他同学进行提问和补充；
5.教师最后进行讲解、点评和总结。

【任务小评】

完成时间：_____分钟　　知识点：□熟练掌握　　□需要查阅资料　　□需要向他人求教
任务收获：_____

◈ 任务三　薪酬制度设计

【任务目标】

通过本任务训练，全面理解和掌握薪酬管理的内容，能够综合考虑企业多方面因素进行薪酬制度设计，全面把握薪酬管理的各个环节，进一步提升实践应用能力。

【任务引入】

兴立公司是一家成立不久的装饰设计企业，主要面向商场、酒店以及房地产开发商开展业务，以大项目为主，定位中高端，目标是在10年内做到全国同行业排行前5名。今年，该公司业务饱和，年底却发现全年利润只有11%，而且年初承诺员工的提成及奖金尚未扣除。

老板非常震惊，认为目前的薪酬制度没有起到很好的激励作用，养懒了员工，于是提出明年要改革薪酬制度，对设计人员一律实行低底薪、高提成的薪酬管理办法，同时要与回款率挂钩；要求每个设计人员每个月至少完成15万元的项目，底薪一律为2 000元（目前为4 000~6 000元），不能完成者要降为设计助理，底薪为1 500元；同时要实行末位淘汰机制。

【任务内容】

1.该公司产生问题的原因可能有哪些方面？

2.该公司采取的新薪酬制度会带来什么问题？

3.你对该公司的薪酬制度设计有什么建议？

【任务要求】

1.对任务情境进行全面、深入、具体分析；

2.对原因的分析考虑全面，切中要害，条理清晰；

3.所提出的建议符合该企业实际，具有可行性。

【任务实施】

1.本任务以小组形式完成，教师限定任务时间；

2.小组成员进行讨论、分析，查阅资料；

3.任务完成后，各小组自荐进行展示汇报；

4.其他小组进行提问或补充；

5.教师最后进行知识点讲解、点评与总结。

【任务小评】

完成时间：_____分钟 知识点：□熟练掌握 □需要查阅资料 □需要向他人求教

任务收获：_____

◇ 任务四 薪酬制度改革

【任务目标】

通过本任务训练，全面掌握薪酬管理的知识和技能，能够针对不同类别的人员进行薪酬制度具体设计，熟练掌握薪酬设计的流程和要点，进一步拓展薪酬制度设计能力。

【任务引入】

长新皮鞋厂是一家民营企业。在创立之初，该企业规模不大，是典型的直线制企业。

总经理聘请了自己的几个亲友负责管理生产、销售、技术及后勤，几名管理人员的分工并不明确，但都非常敬业，忠诚度很高，在发展初期发挥了很大的作用。目前，生产线的员工实行的是计件工资制，销售人员只有提成工资，其他员工实行的是固定底薪，到年底按企业当年的效益发奖金，奖金的多少由总经理决定。该企业的经济实力和业务规模近几年有了很大提高，但也遇到很多发展中的问题。例如，企业的管理工作日趋繁重，员工反映管理人员管理方法生硬；产品缺乏创新，导致一部分固定客户流失；有些生产和销售骨干被同行高薪挖走；人才的引进工作也不顺利，好不容易招聘到的几个技术人才不到半年就纷纷离开了。

【任务内容】

1.对长新皮鞋厂的薪酬制度进行评价。

2.对该企业的薪酬制度提出改革建议。

3.分析薪酬水平及外部竞争性在吸引、保留和激励员工方面的重要性。

【任务要求】

1.对任务情境进行全面、深入分析；

2.对薪酬制度的分析考虑全面、思路清晰；

3.拟提出的建议科学合理、有理有据，具有可实施性。

【任务实施】

1.本任务以小组形式完成，教师限定任务时间；

2.通过书籍、网络等查询相关资料；

3.任务完成后，每个小组派代表进行汇报；

4.其他小组进行提问或点评；

5.教师最后进行讲解与总结。

【任务小评】

完成时间：_____分钟　知识点：□熟练掌握　□需要查阅资料　□需要向他人求教

任务收获：_____

◈ 任务五　奖金分配方案

【任务目标】

通过本任务训练，理解激励薪酬的意义，掌握激励薪酬的内容、形式和要点，能够结合企业实际情况进行有针对性的设计。

【任务引入】

安西煤矿是一家中型煤矿，有1 000余名员工。2020年上级主管部门发放了15万元奖金，奖励该矿在安全生产中做出贡献的广大员工。在奖金分配过程中，该矿矿长召集几位副矿长和人事科长、财务科长及相关科室的领导开了一个分配安全生产奖金会议。这些管理者认为，工人只需保证自身安全，而主管们不但要保证自身安全，还要负责一个班组、区、队或一个矿的安全工作，尤其是矿领导，不但要负经济责任，还要负法律责任。因此，会议决定，将奖金根据责任的大小分为五个档次：矿长 6 000 元，副矿长 5 000 元，科长 1 600 元，一般管理人员 1 000 元，工人一律 100 元，奖金刚好发完。奖金下发后，全矿显得风平浪静，但几天后矿里的安全事故就接连发生。当矿长亲自带领工作组到各工队追查事故起因时，矿工们说："我们拿的安全生产奖很少，没那份安全责任，干部拿的奖金多，让他们干吧！"还有一些工人说："我们受伤了，当官的就不能拿安全生产奖了。"

【任务内容】

1.剖析该煤矿的奖金分配方案，并说明它产生负激励作用的原因。
2.指出本次奖金分配方案的设计应重点考虑的因素。
3.如果你是该矿负责人，如何分配奖金？说明理由。

【任务要求】

1.对任务情境进行全面、深入分析；
2.对奖金分配方案设计的要点考虑全面、科学；
3.所提出的奖金分配方案切合实际，具体可行。

【任务实施】

1.本任务以小组形式完成，教师限定任务时间；
2.通过书籍、网络等多种形式查阅相关资料；
3.任务完成后，小组自荐进行汇报；
4.其他小组进行提问与点评；
5.教师最后进行知识点讲解与总结。

【任务小评】

完成时间：_____分钟   知识点：□熟练掌握   □需要查阅资料   □需要向他人求教
任务收获：_____

专项训练七
职业生涯管理

▶ 一、训练概要

　　职业生涯管理是人力资源管理的重要内容，是企业帮助员工制定职业生涯规划、助力员工职业生涯发展的一系列活动。有效的职业生涯管理能充分调动人的内在积极性，使组织与个人实现双赢，在员工成长与发展的同时，更好地实现组织目标。本模块主要针对职业生涯管理进行专项训练。

▶ 二、训练目标

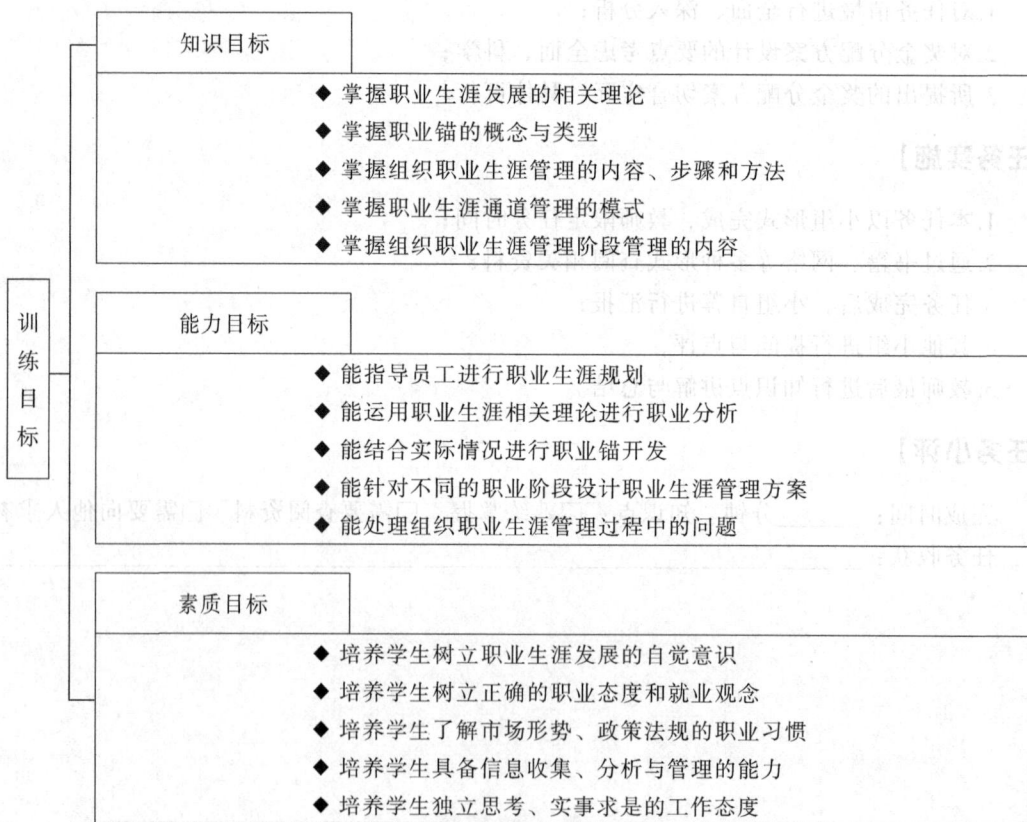

知识目标

- ◆ 掌握职业生涯发展的相关理论
- ◆ 掌握职业锚的概念与类型
- ◆ 掌握组织职业生涯管理的内容、步骤和方法
- ◆ 掌握职业生涯通道管理的模式
- ◆ 掌握组织职业生涯管理阶段管理的内容

训练目标

能力目标

- ◆ 能指导员工进行职业生涯规划
- ◆ 能运用职业生涯相关理论进行职业分析
- ◆ 能结合实际情况进行职业锚开发
- ◆ 能针对不同的职业阶段设计职业生涯管理方案
- ◆ 能处理组织职业生涯管理过程中的问题

素质目标

- ◆ 培养学生树立职业生涯发展的自觉意识
- ◆ 培养学生树立正确的职业态度和就业观念
- ◆ 培养学生了解市场形势、政策法规的职业习惯
- ◆ 培养学生具备信息收集、分析与管理的能力
- ◆ 培养学生独立思考、实事求是的工作态度

三、训练导图

应用设计训练	数据分析训练	材料解析训练	文件处理训练	管理诊断训练	能力拓展训练
●职业生涯开发流程设计 ●职业通道建立 ●职业生涯后期方案设计 ●职业生涯面谈提纲设计 ●职业生涯管理方案设计	●自我发展与企业发展分析 ●职业人格分析 ●决策平衡单 ●职业发展人员结构分析 ●人员结构数据分析	●职业生涯管理任务 ●职业生涯路径 ●职业路径拓宽 ●职业生涯面谈 ●职业生涯中期员工分析	●工作岗位轮换 ●组织职业生涯管理 ●职业生涯管理要点 ●职业生涯早期工作 ●职业生涯中期平衡计划	●职业发展评价 ●职业匹配 ●职业生涯管理认识评价 ●职业生涯规划与职业生涯管理 ●组织职业生涯管理	●职业生涯发展评估 ●职业生涯路径转变 ●职业生涯管理任务分析 ●职业发展分析 ●职业兴趣与职业锚分析

四、训练条件

1.训练学时

本专项训练共计6学时，每个项目各1学时。

2.训练材料

多媒体设备、电脑、网络、可移动讨论桌、教材、参考书、笔记本、碳素笔等。

五、知识点索引

1.职业锚理论

2.职业生涯通道的模式

3.组织职业生涯管理的内容

职业锚理论

职业生涯
通道的模式

组织职业生涯
管理的内容

六、学习资料包

1.职业生涯管理常用工具表单

2.员工职业生涯规划管理办法

3.员工职业发展通道建设体系

职业生涯管理
常用工具表单

员工职业生涯
规划管理办法

员工职业发展
通道建设体系

项目一 应用设计训练

一、项目目的

通过应用设计训练，使学生具有在人力资源管理部门从事职业生涯管理工作的基础设计能力，能够运用所学知识并结合企业实际情况，有针对性地进行职业锚开发、职业通道建立以及不同年龄的职业生涯管理方案设计，有效开展职业生涯管理工作。

二、项目导图

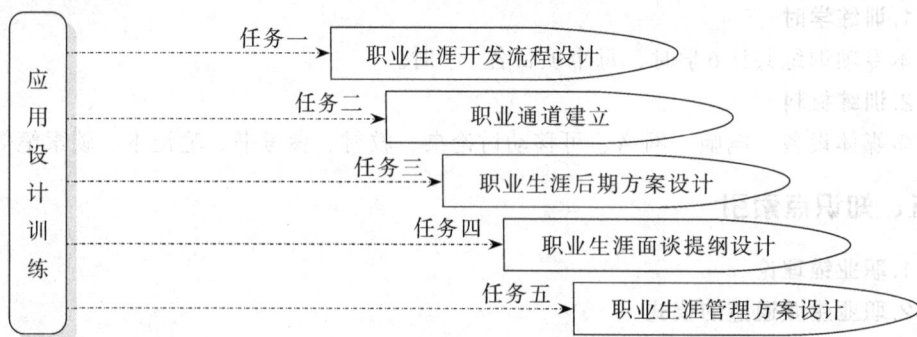

三、项目训练

◆ 任务一 职业生涯开发流程设计

【任务目标】

通过本任务训练，了解职业、职业生涯、职业生涯管理的概念与内容，具备员工职业生涯开发的能力，提高对职业生涯管理知识的应用能力。

【任务引入】

职业生涯管理能使员工的个人兴趣和特长受到企业的重视，使员工的积极性提高、潜能得到合理的发掘，从而有效地开发企业的人力资源，以满足社会发展和变革的需要。

【任务内容】

请设计一份员工职业生涯开发流程。

【任务要求】

1.职业生涯开发流程设计科学、合理；

2.职业生涯开发流程步骤清晰，具有可操作性。

【任务实施】

1.本任务以小组形式完成，教师限定任务时间；

2.小组成员进行讨论、分析；

3.任务完成后，教师抽选小组进行展示汇报；

4.其他小组进行点评；

5.教师最后进行点评、总结。

【任务小评】

完成时间：_____分钟　知识点：□熟练掌握　□需要查阅资料　□需要向他人求教

任务收获：_____

❯❯ 任务二　职业通道建立

【任务目标】

通过本任务训练，理解职业锚、职业生涯通道的含义，掌握职业锚的类型、职业生涯通道的模式，能够建立具体的职业生涯通道，提升实践应用能力。

【任务引入】

红枫公司的市场部主管杨波今年34岁，她在该公司工作了12年，工作业绩一般但工作态度认真；其丈夫长期在外地工作，孩子3岁。她认为市场部工作时间不固定，出差较多，希望能在企业内部调换工作时间稳定、工作压力较小的职位。

【任务内容】

根据任务情境，为其建立职业锚和职业发展通道。

【任务要求】

1.对任务情境的分析深入、细致、具体；

2.根据任务情境定位的职业锚精准、明确；

3.职业发展通道的建立科学合理，具有可操作性。

【任务实施】

1.本任务以小组形式完成，教师限定任务时间；

2.通过教材、参考书、网络等查询资料；

3.任务完成后，每个小组进行汇报；

4.其他小组进行提问或点评；

5.教师最后进行点评、总结。

【任务小评】

完成时间：_____分钟　知识点：□熟练掌握　□需要查阅资料　□需要向他人求教

任务收获：_____

◆◆ 任务三　职业生涯后期方案设计

【任务目标】

通过本任务训练，掌握组织职业生涯管理的内容、方法和阶段，掌握不同职业生涯阶段员工容易出现的问题和企业管理的要点，能够制定合理的职业生涯管理方案。

【任务引入】

在职业生涯后期，员工一般处在50岁至退休年龄之间，这时员工已进入职业生涯的最后阶段。这一阶段员工的人生需求变化很大，而职业生涯尚有10年左右时间。

【任务内容】

根据任务情境，分析处在职业生涯后期的员工在职业生涯发展中的优势和问题，人力资源管理者应当采取哪些措施来关心他们？请设计一套职业生涯后期管理方案。

【任务要求】

1.对处在职业生涯后期的员工特点分析准确；

2.职业生涯后期管理措施科学合理、具体可行；

3.职业生涯后期管理方案设计规范、完整。

【任务实施】

1.本任务以小组形式完成，教师限定任务时间；

2.通过教材、网络等查询相关资料；

3.任务完成后，每个小组进行展示汇报；

4.其他小组进行提问或点评；

5.教师最后进行讲解、点评和总结。

【任务小评】

完成时间：_____分钟　知识点：□熟练掌握　□需要查阅资料　□需要向他人求教

任务收获：_____

◆ 任务四 职业生涯面谈提纲设计

【任务目标】

通过本任务训练，掌握职业生涯管理的基础知识与技能，能够开展职业生涯面谈、职业生涯管理工作，有效提升对专业知识的应用能力。

【任务引入】

青鸟公司计划对员工开展职业生涯面谈，帮助员工发现其职业生涯规划与发展中的问题。

【任务内容】

请为青鸟公司设计一份职业生涯面谈提纲。

【任务要求】

1.职业生涯面谈提纲设计条理清晰、内容全面；
2.通过提纲中的提问能够了解员工的职业情况。

【任务实施】

1.本任务以小组形式完成，教师限定任务时间；
2.通过书籍、网络等查询相关资料；
3.任务完成后，每个小组派代表分别汇报；
4.教师最后进行点评、总结。

【任务小评】

完成时间：_____分钟   知识点：□熟练掌握   □需要查阅资料   □需要向他人求教
任务收获：_____

◆ 任务五 职业生涯管理方案设计

【任务目标】

通过本任务训练，掌握组织职业生涯管理的基础知识与技能，能够制定职业生涯管理方案，有效解决企业职业生涯管理的具体问题。

【任务引入】

组织职业生涯管理是人力资源开发的前提，也是合理处理个人事业成功和企业发展关系的基础。从个人角度看，组织职业生涯管理为员工的职业生涯提供基本的载体和科学的指导。从组织角度看，组织职业生涯管理有利于招募并留住优秀的人才，满足企业未来对人才的需要。

【任务内容】

请选择当地一家公司，为其设计一份组织职业生涯管理方案

【任务要求】

1.组织职业生涯管理方案设计全面、完整、详细；

2.提出的措施科学合理、具体可行；

3.文字表述规范、准确。

【任务实施】

1.本任务以小组形式完成，教师限定任务时间；

2.小组成员进行讨论、分析；

3.任务完成后，每个小组进行汇报；

4.其他小组进行提问或点评；

5.教师最后进行点评、总结。

【任务小评】

完成时间：_____分钟　　知识点：□熟练掌握　　□需要查阅资料　　□需要向他人求教

任务收获：_____

项目二　数据分析训练

一、项目目的

通过数据分析训练，使学生具备从事职业生涯管理工作的基础数据分析能力，熟练掌握个人职业生涯规划与组织职业生涯管理的知识，能够结合企业与员工的实际情况，有针对性地开展组织职业生涯管理工作。

二、项目导图

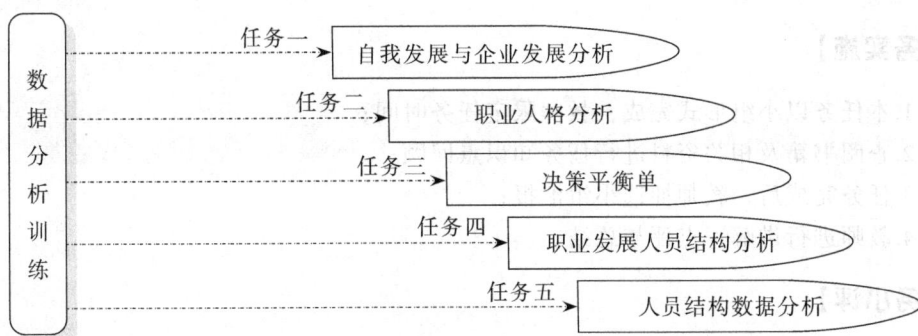

三、项目训练

◆◆ 任务一　自我发展与企业发展分析

【任务目标】

通过本任务训练，全面掌握职业生涯管理的知识，掌握组织职业生涯管理的实施步骤和方法，具备职业生涯管理工作能力。

【任务引入】

为了进一步了解员工的工作满意度，志华公司近期进行了全面调查。表7-1是志华公司进行的员工自我发展期望与对企业发展期望的调查结果。

表7-1　　　　　员工自我发展期望与对企业发展期望

职位层级类别	对企业期望高，对自己期望高	对企业期望高，对自己期望低	对企业期望低，对自己期望高	对企业期望低，对自己期望低
中层管理者	75%	5%	15%	5%
普通员工	15%	60%	5%	20%

【任务内容】

1.根据该公司普通员工自我发展期望与对企业发展期望的调查结果，在数据真实有效的前提下，分析造成这一现象的原因，并说明应该如何改进。

2.最近一年，该公司中层管理者的离职率明显上升，已有30%左右的中层管理者离职，这一现象是否与表7-1中的数据一致？如果不一致，在调查过程中可能出现了哪些问题？

【任务要求】

1.对任务情境中进行认真、细致分析；

2.通过调查数据深入分析这一现象产生的原因；

3.改进措施考虑全面、有效可行。

【任务实施】

1.本任务以小组形式完成，教师限定任务时间；

2.查阅书籍及相关资料进行任务知识点回顾；

3.任务完成后，教师抽选小组汇报；

4.教师进行讲解、点评与总结。

【任务小评】

完成时间：_____分钟　知识点：□熟练掌握　□需要查阅资料　□需要向他人求教

任务收获：_____

◈ 任务二　职业人格分析

【任务目标】

通过本任务训练，熟练掌握职业人格测试的基础知识和方法，能够对员工进行职业锚、职业人格等测试。

【任务引入】

顺源公司在进行人员招聘，表7-2是A、B、C三位求职者的职业人格测试结果分析表，按照1~10评分；表7-3是职业人格类型说明表。

表7-2　　　　　　　　　　　　　职业人格测试结果分析表

被试者	常规型	现实型	研究型	管理型	社会型	艺术型
A	7	8	4	2	2	3
B	2	3	5	8	4	2
C	3	4	2	8	7	6

表7-3　　　　　　　　　　　　　职业人格类型说明表

人格类型	高分者的人格特征	高分者的职业特征
现实型	非社交的、物质的、遵守规则的、实际的、安定的、缺乏洞察力的、敏感性不丰富的、不善与人交往等特征	需要进行明确的、具体的、有一定程序要求的技术性、技能性工作，如司机、电工等
研究型	分析的、内省的、独立的、好奇心强的、慎重的、敏感的、喜好智力活动和抽象推理等特征	通过观察、科学分析而进行系统性的创造性活动，侧重于自然科学，如系统分析员、网络工程师、市场研究员、管理咨询人员等

人格类型	高分者的人格特征	高分者的职业特征
艺术型	想象力丰富的、理想的、直觉的、冲动的、独创的、秩序性较低的,感情丰富,但缺乏办事能力等特征	通过系统化的、自由的活动进行艺术表现,但精细的操作能力较差,相应的职业有网页设计、美工、编辑等
社会型	助人的、易合作的、社交的、有洞察力的、重友谊的、有说服力的、责任感强的、比较关心社会问题等特征	从事更多时间与人交往的说服、教育和治疗工作,如公关、市场策划、推广、人力资源管理等
管理型	支配的、乐观的、冒险的、冲动的、自我显示的、自信的、精力旺盛的、好发表意见和见解的、有时是不易被人支配的、喜欢管理和控制别人等特征	从事需要胆略、冒风险且承担责任的活动,主要指管理、决策方面的工作,如高层管理人员等
常规型	自我抑制的、顺从的、防卫的、缺乏想象力的、持续稳定的、实际的、有秩序的、回避创造性活动等特征	严格按照固定的规则、方法进行重复性、习惯性的活动,希望较快地见到劳动成果,有自控能力,相应职业有前台接待、办公室秘书、图书馆馆员等

【任务内容】

1.请结合表7-3的职业人格类型说明表,分析表7-2中A、B、C三位求职者各有什么人格特征。如果录用他们,可安排在什么样的岗位上?

2.怎样看待三位求职者的职业人格测试结果?

【任务要求】

1.对任务情境进行全面分析;

2.对三位求职者的人格特征分析具体、准确;

3.建议的岗位科学合理。

【任务实施】

1.本任务以小组形式完成,教师限定任务时间;

2.查阅书籍及相关资料进行任务知识点回顾;

3.任务完成后,教师抽选小组进行展示汇报;

4.教师最后进行点评与总结。

【任务小评】

完成时间:_____分钟　　知识点:□熟练掌握　　□需要查阅资料　　□需要向他人求教

任务收获:_____

⬦ 任务三　决策平衡单

【任务目标】

通过本任务训练，掌握职业决策的知识与技术，了解职业决策的风险与责任，熟练掌握职业决策的方法，能够运用决策平衡单进行职业决策。

【任务引入】

陈梦是某大学国际经济与贸易专业大三学生，英语水平高，性格外向，喜欢与人交往，口头表达能力很强；她是学院学生会干部，组织能力强。还有一年就要毕业了，陈梦在考虑自己的职业时有三个方向：考取国际贸易专业研究生、英文记者、导游。但是究竟选择哪个方向，她比较犹豫，于是她请职业规划专业人员帮助她进行决策。

【任务内容】

假如你是陈梦所找的职业规划专业人员，请结合当前经济形势与她自身情况，采用决策平衡单帮助她进行职业决策。请将决策过程的数据填入表7-4中，并进行决策分析。

表7-4　　　　　　　　　　　　　　　决策平衡单

考虑因素	选择项目的加权分数	重要性的权数（1~5倍）	选择一 国贸专业研究生		选择二 英文记者		选择三 导游	
			加权分数（＋）	加权分数（－）	加权分数（＋）	加权分数（－）	加权分数（＋）	加权分数（－）
个人物质方面得失	1.个人收入							
	2.未来发展							
	3.休闲时间							
	4.对健康的影响							
	⋮							
他人物质方面得失	1.家庭收入							
	2.家庭地位							
	3.社会资源							
	⋮							

选择项目的加权分数 / 考虑因素	重要性的权数 (1~5倍)	选择一 国贸专业研究生		选择二 英文记者		选择三 导游	
		加权分数 (+)	加权分数 (-)	加权分数 (+)	加权分数 (-)	加权分数 (+)	加权分数 (-)
个人精神方面得失 1.创造性							
2.多样性和变化性							
3.影响和帮助他人							
4.自由独立							
5.被认可							
6.挑战性							
7.应用所长							
8.兴趣的满足							
⋮							
他人精神方面得失 1.符合家人的期望							
2.与家人相处时间							
⋮							
加权后合计							
加权后得失差数							

【任务要求】

1.对职业决策的指导考虑全面，符合实际；

2.对各项因素分析深刻，权重设计合理；

3.决策平衡单填写过程详细、完整。

【任务实施】

1.本任务以个人形式完成，教师限定任务时间；

2.查阅教材及相关资料回顾任务知识点；

3.任务完成后，教师抽选学生进行汇报；

4.教师最后对决策平衡单进行讲解。

◆◆ 任务四　职业发展人员结构分析

【任务目标】

通过本任务训练，全面掌握职业生涯管理的知识与技术，能够对企业人员结构进行全面分析，并采取合理的职业发展措施。

【任务引入】

世轩公司是一家大型生产企业，近期该公司人力资源部对现有人力资源情况进行了统计分析，其中职能部门的员工年龄结构见表7-5。

表7-5　　　　　　　　　　　世轩公司职能部门的员工年龄结构

年龄	人数（人）
25岁及以下	35
26~30岁	85
31~35岁	253
36~40岁	325
41~45岁	95
46~49岁	45
50岁及以上	13

【任务内容】

1.该公司职能部门的员工年龄有什么特点？

2.从员工职业发展的角度看，该公司目前需要注意什么问题？

3.你能为该公司改善员工年龄结构提出什么建议？

【任务要求】

1.对任务情境中员工年龄特点的分析恰当；

2.提出的该公司目前需要注意的问题考虑角度全面，要点合理；

3.提出的建议现实可行，具有可操作性。

【任务实施】

1.本任务以小组形式完成，教师限定任务时间；

2.查阅教材及相关资料回顾任务知识点；

3.任务完成后，教师抽选小组进行汇报；

4.教师最后进行讲解、点评与总结。

【任务小评】

完成时间：_____分钟   知识点：□熟练掌握   □需要查阅资料   □需要向他人求教

任务收获：_____

◈◈ 任务五　人员结构数据分析

【任务目标】

通过本任务训练，进一步理解和掌握职业人格测评相关理论，具备一定的职业岗位分析技术，能够结合企业与岗位实际情况，进行具体分析与应用。

【任务引入】

乐迪公司现有员工134人：公司领导2人，行政人事部14人，销售公司21人，生产部71人，质检部9人，仓库9人，财务部4人，供应部2人，技术部2人。人数最多的部门是生产部，占该公司总人数的53%；其次是销售公司，占该公司总人数的16%。

从性别结构分析，该公司以女性员工居多，占该公司员工总人数的60%。其中，生产部和销售公司女性员工占部门总人数的66%和57%。管理层共14人，男性员工11人，占管理层总人数的78.6%。

从年龄结构分析，员工年龄在18~32岁的87人，占总人数的65%；43岁以上的18人，占总人数的13%。其中，生产部的年龄结构为：16~22岁的9人，23~27岁的12人，28~32岁的27人，33~37岁的12人，38~42岁的7人，42岁以上的4人；年龄在38岁以上的员工主要集中在制袋和包装工段，这两个工段的技术要求相对较低，聘用年纪稍大的员工对正常运营影响不是很大，但要提拔技术骨干及班长就有一定的难度，不利于公司的持续发展，在以后的招聘中要注意这个问题。

从工龄情况分析，工龄不到1年的员工共有42人，占总人数的31%；工龄在1年以上5年以下的员工共有61人，占总人数的46%；工龄在5年以上的员工共有31人，占总人数的23%。

【任务内容】

根据以上任务情境，分析乐迪公司的人力资源结构，并从职业发展的角度对该公司的职业生涯管理工作提出建议。

【任务要求】

1.对任务情境进行认真、全面分析；

2.对人力资源结构的分析明晰、具体，符合企业实际；

3.所提出的建议切实可行，具有可操作性。

【任务实施】

　　1.本任务以个人形式完成，教师限定任务时间；

　　2.通过多种方式查询资料；

　　3.任务完成后，教师抽选学生进行汇报；

　　4.教师最后进行点评、总结。

【任务小评】

完成时间：_____分钟　　知识点：□熟练掌握　　□需要查阅资料　　□需要向他人求教

任务收获：_____

项目三　材料解析训练

一、项目目的

　　通过材料解析训练，提供企业职业生涯管理工作的不同情境，让学生运用所学知识与技能进行讨论与思考，解决任务情境中出现的问题，提高学生对个人职业生涯规划与组织职业生涯管理工作进行具体分析与解决问题的能力。

二、项目导图

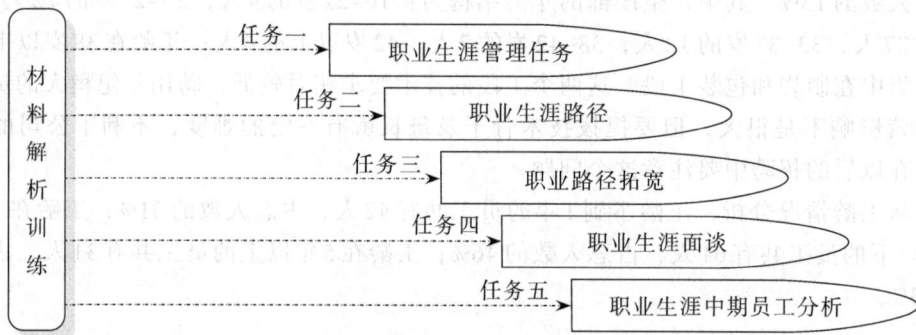

材料解析训练
- 任务一　职业生涯管理任务
- 任务二　职业生涯路径
- 任务三　职业路径拓宽
- 任务四　职业生涯面谈
- 任务五　职业生涯中期员工分析

三、项目训练

◆◆ 任务一　职业生涯管理任务

【任务目标】

　　通过本任务训练，全面掌握职业生涯管理的基本知识与方法，熟练掌握组织职业生涯管理的阶段与措施，能够根据企业员工所处的不同阶段，采取不同的管理措施。

【任务引入】

富源公司最近引进了多位知识层次高、工作经验丰富的营销人才，销售部的副主任老李感到压力很大。作为公司的老员工，老李虽然文化程度不高，但一直兢兢业业地工作，积累了较为丰富的实践经验，具有很强的市场开拓能力，为公司的发展做出了一定的贡献。随着外部人才的大量引进，老李对自己的前途充满了疑虑。

【任务内容】

1.指出老李所处的职业发展阶段以及该阶段组织职业生涯管理措施。

2.分析在员工不同职业发展阶段组织职业生涯管理的任务，并填写在表7-6中。

表7-6　　　　　　在员工不同职业发展阶段组织职业生涯管理的任务

员工职业发展阶段	职业生涯管理任务
进入组织阶段	
早期职业阶段	
中期职业阶段	
后期职业阶段	

【任务要求】

1.分析须结合该公司实际情况，体现针对性；

2.不同阶段拟采取的措施应有所区分并具体可行。

【任务实施】

1.本任务以小组形式完成，教师限定任务时间；

2.查阅教材及相关资料回顾任务知识点；

3.小组成员进行讨论、分析；

4.任务完成后，每个小组就结果进行展示汇报；

5.教师最后进行讲解、点评与总结。

【任务小评】

完成时间：_____分钟　　知识点：□熟练掌握　　□需要查阅资料　　□需要向他人求教

任务收获：_____

◇◇ 任务二　职业生涯路径

【任务目标】

通过本任务训练，掌握组织职业生涯管理的内容，重点掌握职业生涯路径的内涵和类型，能够结合企业实际解决问题，提升进行职业生涯管理的能力。

【任务引入】

锐新公司是一家高新科技企业，在煤化工技术研发方面一直处于行业领先地位，技术革新和专利很多，70%的员工是技术型员工。技术型员工的劳动合同一般是三年一签，技术管理人员的劳动合同是五年一签。由于规模不断扩大，该公司每年都要招聘一些新的技术型员工。在员工进入企业的第一年，该公司要对其进行为期三个月的集中培训，帮助员工获得从业技术资格；此后每年都会对员工进行定期培训，培训成本占人力资源成本的15%左右。此外，该公司技术部主管张某的劳动合同即将到期，到期后该员工为企业服务的时间正好满10年。在其劳动合同中，张某和该公司签订了竞业限制条款。该员工最近向公司提出了高额加薪要求，并表示如果公司不同意加薪，在合同期满后就会离职。

【任务内容】

请分析锐新公司的技术型员工适合采用哪种职业生涯路径，说明这种职业生涯路径对企业的益处。

【任务要求】

1.对任务情境的分析全面、深入、具体；
2.职业生涯路径选择正确，符合企业实际。

【任务实施】

1.本任务以小组形式完成，教师限定任务时间；
2.通过教材或网络查阅相关资料；
3.任务完成后，教师抽选小组进行展示汇报；
4.其他小组进行提问或点评；
5.教师最后进行点评、总结。

【任务小评】

完成时间：_____分钟　知识点：□熟练掌握　□需要查阅资料　□需要向他人求教
任务收获：_____

❯❯ 任务三　职业路径拓宽

【任务目标】

通过本任务训练，全面掌握组织职业生涯管理的各个阶段，掌握处于不同职业生涯阶段员工的特点和管理任务，具有一定的分析和解决职业生涯管理问题的能力。

【任务引入】

董全是春润公司技术部副经理，今年40岁，已在该公司工作了12年，从普通的技术员做到目前的职位。他工作勤奋，技术过硬，也有一定的管理能力。今年，董全参加了春润公司内部竞聘，申请担任技术部经理。由于其他竞争者在技术和管理能力上都比他更胜一筹，董全没有竞聘成功。根据规定，参加内部竞聘上岗者的年龄不得超过40岁，董全未来在该公司晋升的可能性不大。

【任务内容】

1.董全目前处于职业生涯哪个阶段？
2.人力资源部应当采取哪些措施为其拓宽职业路径？
3.拓宽职业路径时需要注意哪些问题？

【任务要求】

1.对任务情境的分析全面、具体；
2.对员工职业生涯阶段的分析准确，提出的措施合理、可行。

【任务实施】

1.本任务由个人独立完成，教师限定任务时间；
2.通过教材及网络查询相关资料；
3.任务完成后，教师抽选学生进行汇报；
4.其他同学进行提问或点评；
5.教师最后进行讲解、点评与总结。

【任务小评】

完成时间：_____分钟 知识点：□熟练掌握 □需要查阅资料 □需要向他人求教
任务收获：_____

◆ 任务四 职业生涯面谈

【任务目标】

通过本任务训练，掌握职业生涯面谈的知识与技术，理解职业生涯面谈的意义，具备在组织中进行职业生涯面谈的组织与实施能力。

【任务引入】

员工在职业生涯规划和职业生涯发展过程中，会不断产生一些职业生涯方面的困惑和问题，需要管理人员或资深人员与其进行面谈，为其进行诊断，并提供咨询。

【任务内容】

1.职业生涯面谈一般由什么部门（或岗位）来实施？
2.通过职业生涯面谈可以帮助员工发现职业生涯规划与职业生涯发展中的哪些问题？

【任务要求】

1.对职业生涯面谈的组织与实施理解正确；
2.对任务情境问题的分析、阐述清晰、具体。

【任务实施】

1.本任务以个人形式完成，教师限定任务时间；
2.查阅教材及相关资料回顾任务知识点；
3.任务完成后，教师抽选学生进行汇报；
4.教师对任务知识点进行随机提问；
5.教师最后进行点评与总结。

【任务小评】

完成时间：_____分钟　知识点：□熟练掌握　□需要查阅资料　□需要向他人求教
任务收获：_____

◆ 任务五　职业生涯中期员工分析

【任务目标】

通过本任务训练，掌握组织职业生涯管理的基础知识与技能，能够结合企业与员工实际，考虑处于不同职业生涯阶段员工的需求与特点，制定合理的职业生涯不同阶段管理方案。

【任务引入】

蓝科公司是由国内某科研单位与一家中国香港公司合资创办的高新技术企业，技术力量雄厚，主要从事生化药品、生物制品与中西药的研究、开发和生产。硕士毕业的黄欣是蓝科公司重要的技术骨干，她对待工作勤勤恳恳，任劳任怨。2020年9月，蓝科公司进行机构改革，领导决定把她调至质量部，并担任部长之职。刚开始，黄欣不肯去质量部，她认为自己更喜欢做新药的研发工作，当不当部长无所谓。黄欣对领导谈了她的工作兴趣所在，领导却始终未加理会，她只好走马上任。

虽然黄欣并不喜欢这个新岗位，但是她仍然尽职尽责地做好一切她应该做的工作，并成功地消除了质量部与生产部之间一直存在的矛盾。可是，她对目前的这份工作越来越没有兴趣。

担任质量部部长仅两个月之后，黄欣向王总提出辞职，并说明她要去国外留学深造。

王总说："对你的辞职，我们深感意外。公司对你的工作是肯定的，我对你的工作交接也不会担心，可是公司刚提拔过你，最近又因为你参与研发的新药拿到批件而给你发了奖金，你的第二个合同期还未满，辞职对公司的影响不好。"黄欣听王总这么说，便又提醒王总自己志不在此。王总见不能劝阻黄欣，板起脸来说道："既然你坚持要走，那我们有两条处理意见：第一，不同意你辞职，我们将通知公安部门收回你的护照；第二，罚款1万元。"这次谈话不欢而散。

一周后，该公司再打电话找黄欣时，她已离开中国了。

【任务内容】

根据任务情境，从兴趣与职业的关系来考虑职业生涯中期员工的表现和需求，并进行分析。

【任务要求】

1.所进行的分析结合任务情境；
2.对任务情境的分析科学、合理，符合员工的实际需求。

【任务实施】

1.本任务以小组形式完成，教师限定任务时间；
2.查阅教材及相关资料回顾任务知识点；
3.任务完成后，各小组派代表进行汇报；
4.教师对任务知识点进行随机提问；
5.教师最后进行点评与总结。

【任务小评】

完成时间：_____分钟　知识点：□熟练掌握　□需要查阅资料　□需要向他人求教
任务收获：_____

项目四　文件处理训练

一、项目目的

通过文件处理训练，提供企业工作情境，让学生扮演企业中人力资源管理部门经理，结合模拟企业情况，对相关部门提交的有关职业生涯管理的文件进行处理，使学生感知并体验工作角色，提高学生处理职业生涯管理工作中出现的问题的能力。

二、项目导图

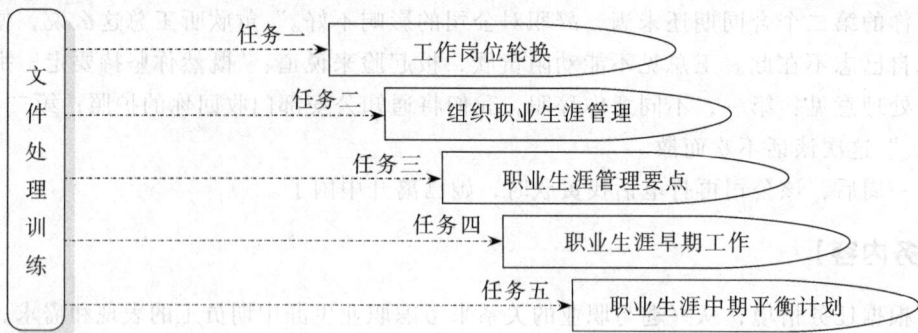

```
                                    任务一 ──────→  工作岗位轮换
            文                      任务二 ──────→  组织职业生涯管理
            件
            处                      任务三 ──────→  职业生涯管理要点
            理
            训                      任务四 ──────→  职业生涯早期工作
            练
                                    任务五 ──────→  职业生涯中期平衡计划
```

三、项目训练

◆ 任务一　工作岗位轮换

【任务目标】

通过本任务训练，感知未来职业生涯管理工作角色，掌握职业生涯管理的知识和技能，能够处理组织职业发展与管理工作的问题。

【任务引入】

高拓公司是一家数据网络技术公司，总部位于北京，其业务主要是为企业提供数据库管理产品，包括企业信息化业务、信息服务业务、终端销售业务等。为了方便管理，该公司将全国市场划分为8个区域，并分别在上海、广州等一线城市以分公司的形式设立了区域管理中心。当前该公司有员工约800人，其中近500人是技术人员。你是高拓公司的人力资源总监陈欣颖，现在收到区域人力资源经理的电子邮件，需要你处理。

类　　别：电子邮件
发件人：华谨文，华东区人力资源经理
收件人：陈欣颖，人力资源总监
日　　期：11月19日

陈总：

我们分区从去年起实施新员工"销售型工程师"工作轮换计划，这项计划要求技术部的新员工入职半年后，每3个月到销售部工作半个月。这项计划实施到现在效果非常好。总的来讲，该计划既可以帮助新员工尽快熟悉公司的业务，也能帮助他们从市场的角度来看待自己的技术工作，他们的思路更加开阔了，最近一些针对市场需要的产品改进小方案都是实施该计划之后提出的。同时，这个计划还可以开拓员工未来的职业生涯，有技术背景的销售人员也更容易受到客户的认同。昨天我和几个技术经理讨论这个计划的时候，他们建议将轮换的人群扩大，技术部的高级技术人员更需要拓展思路，从

市场的角度来看技术。我个人觉得这个建议不错，可以将轮换的人群扩大到更高的职位级别。这只是个初步的想法，希望能与您深入沟通。

华谨文

【任务内容】

请给出这份文件的处理思路，并准确、详细地写出将要采取的措施及意图。

【任务要求】

1.模拟任务情境中人力资源总监的身份完成本任务；

2.拟采取的措施及意图用文字形式表述；

3.处理思路考虑全面、措施合理有力。

【任务实施】

1.本任务以个人形式完成，教师限定任务时间；

2.任务完成后，教师抽选学生进行展示汇报；

3.其他同学进行分析与评价；

4.教师最后进行点评、总结。

【任务小评】

完成时间：_____分钟　知识点：□熟练掌握　　□需要查阅资料　□需要向他人求教

任务收获：_____

≫ 任务二　组织职业生涯管理

【任务目标】

通过本任务训练，充分认识组织职业生涯管理的重要性，全面理解职业生涯管理与人才流失的关系。

【任务引入】

凌云网络集团成立于2014年，主营互联网软件技术服务、在线购物、互动娱乐等业务。从去年起，该集团通过并购的方式不断拓宽业务领域，鸿兴软件技术公司就是刚被收购的一家软件企业，它主要为用户提供在线杀毒技术服务。

你是凌云网络集团的人力资源总监何明，收到鸿兴软件技术公司的电子邮件，需要你处理。

```
类　　别：电子邮件
发件人：鲁晴，鸿兴软件技术公司人力资源部经理
接收人：何明，人力资源总监
日　　期：5月18日
何总：您好！
    最近我们公司有三名部门经理提出辞职，经查我们公司和他们签订了三年的劳动合
同，而且有违约金条款。我私下打听了一下，鸿兴软件技术公司原技术总监周启在并购
期间提出了辞职，现在他自己创建了方圆软件公司，这三名部门经理过去是周启的得力
手下，我感觉他们离职是事先商量好的。这三个人目前是我们公司最重要的三个技术部
门的经理，他们的离去会给公司带来不可估量的损失。我现在没有给他们任何答复，希
望您能尽快和我联系。
                                                        鲁晴
```

【任务内容】

请给出这份文件的处理思路，并准确、详细地写出将要采取的措施及意图。

【任务要求】

1.模拟任务情境中人力资源总监的身份完成本任务；

2.任务处理具有科学性、可行性和可控性；

3.任务处理考虑周全，措施合理。

【任务实施】

1.本任务以个人形式完成，教师限定任务时间；

2.相互之间不要讨论，独自分析并完成任务；

3.任务完成后，教师抽选学生进行汇报；

4.其他同学进行提问与评价；

5.教师最后进行点评、总结。

【任务小评】

完成时间：_____分钟　知识点：□熟练掌握　□需要查阅资料　□需要向他人求教

任务收获：_____

❯❯ 任务三　职业生涯管理要点

【任务目标】

通过本任务训练，感知未来人力资源管理工作角色，掌握职业生涯管理的知识与技
能，并能根据企业实际提出具体的职业生涯管理方案和措施。

【任务引入】

青城公司是一家中美合资软件开发企业，管理层多为美方人员。你是青城公司的人力资源总监刘峰，刚开完会回到办公室，收到下属的电子邮件，需要你来处理。

类　别：电子邮件
发件人：袁影，人力资源部副经理
接收人：刘峰，人力资源总监
日　期：7月20日
刘总：您好！
最近，美方经理对一些表现突出的员工进行公开的高额奖励，但并没有对被奖励的个人和其所在的团队发挥预期的激励作用。当美方经理提出一些新的管理流程时，中方员工没有正面提出反对意见，但在实施过程中可以发现，员工依然按照过去的习惯行事。中方员工也不太习惯美方经理过于直接的管理风格，一些受到单独奖励的员工甚至认为这种高额奖励会造成他们与同事之间的隔阂。目前，产品测试部共有员工20人，均为测试工程师并全部为中方员工，平均年龄为26岁，工作时间在1~3年之间，该部门工作由美方技术总监直接管理。为了提升管理效率，我打算重点开展员工职业生涯管理工作，在该部门员工职业生涯管理过程中要注意哪些问题，请您指示。
袁影

【任务内容】

请给出这份文件的处理思路，并准确、详细地写出将要采取的措施及意图。

【任务要求】

1.模拟任务情境中人力资源总监的身份完成本任务；

2.任务处理符合该公司实际，具有可行性；

3.任务处理考虑全面，措施合理；

4.符合公文语言表达要求、形式适当。

【任务实施】

1.本任务以个人形式完成，教师限定任务时间；

2.相互之间不要讨论，独自分析并完成任务；

3.任务完成后，学生可自荐进行汇报；

4.其他同学进行提问与评价；

5.教师最后进行点评、总结。

【任务小评】

完成时间：_____分钟　知识点：□熟练掌握　□需要查阅资料　□需要向他人求教

任务收获：_____

◆◇ 任务四　职业生涯早期工作

【任务目标】

通过本任务训练，掌握组织职业生涯管理的知识与技能，具有应对不同阶段组织职业生涯管理问题的能力。

【任务引入】

光祥公司是一家数字化技术与生物科技公司，成立于2015年，现有员工400余人，以年轻人居多。你是光祥公司人力资源总监李景毅，刚出差回来就收到了下属的语音留言，需要你来处理。

类　　别：语音留言

留言人：魏琳，培训主管

接收人：李景毅，人力资源总监

日　　期：7月20日

李总：您好！

　　咱们公司最近招聘了一批大学生，为了使他们有归属感，帮助他们尽快适应工作，我们计划开展早期职业生涯管理工作，通过开展活动协调员工的发展与组织的发展，使员工的职业生涯目标与组织的发展目标相吻合。请您指导。

魏琳

【任务内容】

请给出这份文件的处理思路，并准确、详细地写出将要采取的措施及意图。

【任务要求】

1. 模拟任务情境中人力资源总监的身份完成本任务；
2. 任务处理步骤准确、详细；
3. 任务处理考虑周全，措施有力；
4. 符合公文语言表达要求、形式适当。

【任务实施】

1. 本任务以个人形式完成，教师限定任务时间；
2. 任务完成后，学生可自荐进行汇报；
3. 其他同学进行提问与评价；
4. 教师最后进行点评、总结。

◆◆ 任务五　职业生涯中期平衡计划

【任务目标】

通过本任务训练，模拟人力资源管理工作角色，感知职业生涯管理业务，掌握不同职业生涯阶段的管理任务和要点，提高分析与解决问题的能力。

【任务引入】

云枢公司是一家成立近20年的中型制造业企业，很多创业之初加入该公司的员工已逐渐步入职业发展中期。你是云枢公司刚上任的人力资源总监孙勇，今天收到下属留给你的便签，需要你来处理。

类　别：便签 发件人：文林，员工关系主管 接收人：孙勇，人力资源总监 日　期：7月20日 孙总：您好！ 　　根据目前公司员工的数据分析，我们发现多数员工处于职业生涯中期，有很多员工遇到了工作与家庭的冲突问题。为了让处于职业生涯中期的员工走出困境，合理安排工作，我们计划设计一份职业生涯中期的工作-家庭平衡计划。关于这项工作的具体开展，请您指导。 <div style="text-align:right">文林</div>

【任务内容】

请给出这份文件的处理思路，并准确、详细地写出将要采取的措施及意图。

【任务要求】

1.模拟任务情境中人力资源总监的身份完成本任务；
2.任务处理符合该公司的实际情况；
3.任务处理考虑周全，措施有力，具有指导性和可行性；
4.符合公文语言表达要求、形式适当。

【任务实施】

1.本任务以个人形式完成，教师限定任务时间；

2. 任务完成后，教师抽选学生进行汇报；

3. 其他同学进行提问与评价；

4. 教师最后进行点评、总结。

【任务小评】

完成时间：＿＿＿＿＿＿分钟　知识点：□熟练掌握　□需要查阅资料　□需要向他人求教

任务收获：＿＿＿＿＿＿＿＿＿＿＿＿＿＿＿＿＿＿＿＿＿＿＿＿＿＿＿＿＿＿＿＿＿＿

项目五　管理诊断训练

一、项目目的

通过管理诊断训练，使学生真正掌握职业生涯管理的知识与技能，提升对个人职业生涯规划与组织职业生涯管理的诊断能力，通过全面了解企业目前人力资源管理部门中职业生涯管理工作的开展情况，迅速找到工作中存在的疏漏与问题，并提出有效的解决方案，从而快速提升人力资源管理能力。

二、项目导图

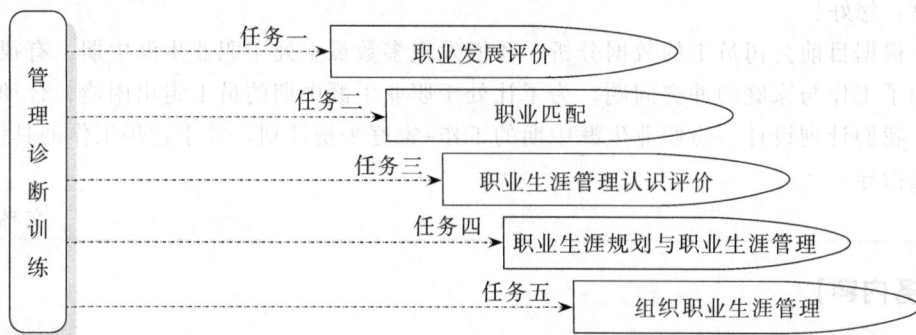

三、项目训练

◇◇ 任务一　职业发展评价

【任务目标】

通过本任务训练，全面理解职业生涯管理对于组织与个人的重要意义，掌握职业生涯管理的知识与技能，具备职业发展评价能力，提升对企业职业生涯管理工作的诊断能力。

【任务引入】

小梁是个来自农村的孩子，当时他的家乡种地需要的暖棚材料价格昂贵，父母觉得制造暖棚定能赚大钱，于是便萌生了让小梁报考材料学的想法。一向缺乏主见的他遵从了父母的意愿，考入了某交大高分子材料系。

其实，电脑才是小梁最大的兴趣所在，于是他在本科期间双管齐下，获得了材料和计算机双学士学位。由于成绩突出，校方给了他材料系硕博连读的机会，看着别人羡慕的眼光，他把兴趣甩在一边，顺理成章地踏上了学校为其铺就的光明大道，后来由于导师推荐改换专业方向，辗转6年才拿到博士学位。在此期间，兴趣的驱动让他通过了微软认证考试，有过网站维护的兼职经历，但后来随着专业课程和研究任务的加重，便再也无暇顾及计算机专业的学习。

毕业后，注重研究的科研机构他不愿去，而他想去的企业却需要应用型人才，他也想过靠计算机本科文凭求职，在喜欢的领域工作，但他读博期间就再也没有系统学习过计算机知识，相比计算机专业人才，他完全没有竞争优势，况且多年努力拿到的博士学位完全放弃，也未免可惜。他空有名校博士的头衔，却无路可走，百般后悔。

【任务内容】

1.如何评价小梁的职业发展？你能给他一些什么建议？

2.请就"兴趣是最好的职业"阐述你自己的观点。

【任务要求】

1.对任务情境进行认真、全面分析；

2.对小梁职业发展的分析客观、全面，具有针对性；

3.拟定的建议符合社会需要与个人特点。

【任务实施】

1.本任务以个人形式完成，教师限定任务时间；

2.可查询相关资料；

3.任务完成后，教师抽选学生进行汇报；

4.其他同学进行提问或点评；

5.教师最后进行点评、总结。

【任务小评】

完成时间：_____分钟　知识点：□熟练掌握　□需要查阅资料　□需要向他人求教

任务收获：_____

◇ 任务二　职业匹配

【任务目标】

通过本任务训练，全面掌握职业生涯理论、职业锚理论，能够依据员工的职业类型匹配适宜的工作岗位，进一步提升职业生涯管理能力。

【任务引入】

文林公司新招聘了2名大学生：小芳和小李。通过人格特质测试，发现小芳是感情型的工作者，小李是直觉型的工作者。

【任务内容】

对2位大学生适合从事的工作进行分析。

【任务要求】

1.对不同职业类型人员的特点分析准确；
2.职业类型与岗位匹配适宜。

【任务实施】

1.本任务以个人形式完成，教师限定任务时间；
2.通过教材、网络等查询相关资料；
3.任务完成后，教师抽选学生进行汇报；
4.其他同学进行提问或点评；
5.教师最后进行点评、总结。

【任务小评】

完成时间：_____分钟　　知识点：□熟练掌握　　□需要查阅资料　　□需要向他人求教
任务收获：_____

◇ 任务三　职业生涯管理认识评价

【任务目标】

通过本任务训练，全面掌握职业生涯管理的知识与技能，对个人职业生涯规划、组织职业生涯管理有正确的理解与认识。

【任务引入】

王健是某公司的管理者，他对职业生涯管理有如下认识：

1.离职率、旷工率可作为评估组织职业生涯管理效果的指标；

2.职业生涯管理的实施可改善员工与上级的沟通质量；

3.职业自我认识与其他人对自己的评价无关；

4."工作是为了实现自我"，这是关于职业兴趣的陈述；

5.大学阶段在舒伯的职业生涯五阶段中属于成长阶段；

6.当你发现某些东西对你比对别人更为重要，即职业生涯发展中所说的价值阶段出现了；

7.兼具创造型职业锚和自主型职业锚的人较适合成为企业家；

8.最大的组织认同是晋升高位的人是创造型职业锚的人；

9.给新员工分配挑战性工作不利于其职业锚的建立；

10.横向职业发展途径是建立在工作行为需求分析基础上的。

【任务内容】

请根据任务情境，对王健对职业生涯管理的认识进行评价。

【任务要求】

1.对任务情境中的观点进行认真分析与评价；

2.精准指出上述观点中的问题，并提出改进建议。

【任务实施】

1.本任务以个人形式完成，教师限定任务时间；

2.任务完成后，教师抽选学生进行汇报；

3.教师对任务知识点进行随机提问；

4.教师最后进行点评、总结。

【任务小评】

完成时间：_____分钟　　知识点：□熟练掌握　　□需要查阅资料　　□需要向他人求教

任务收获：_____

❖ 任务四　职业生涯规划与职业生涯管理

【任务目标】

通过本任务训练，掌握职业生涯管理的知识与技能，能够结合企业实际情况，从员工职业生涯规划和组织职业生涯管理的角度开展工作，并进行有效评价。

【任务引入】

利芬公司是一家跨国公司，有极其丰富的企业管理和人力资源管理经验，并以为员工设计职业生涯规划，同时提供相应的培训而自傲。该公司研发部门有一位工程师是技术骨干，他只是热衷于技术开发工作，不想从事管理工作。因此，公司组织的有关提高管理技能以及提高专业技术水平的培训对这位工程师就失去了意义。他没有参加培训的要求，公司也就没有考虑给他安排培训。两年以后，这位工程师心理不平衡了，因为其他工程技术人员都接受培训，公司也支付了培训费用，同时培训占用的是上班时间。经过思考，这位工程师表示，他喜欢做饭，要求公司在该方面提供培训机会。负责培训的部门在得知该员工的培训需求后陷入尴尬境地。

【任务内容】

请对任务情境中利芬公司的培训管理工作进行诊断与评价。

【任务要求】

1.对利芬公司培训管理工作的诊断全面，分析具体；
2.评价有理有据、科学合理。

【任务实施】

1.本任务以个人形式完成，教师限定任务时间；
2.任务完成后，教师抽选学生进行汇报；
3.其他同学进行提问或点评；
4.教师最后进行点评、总结。

【任务小评】

完成时间：_____分钟　知识点：□熟练掌握　□需要查阅资料　□需要向他人求教
任务收获：_____

◇◇ 任务五　组织职业生涯管理

【任务目标】

通过本任务训练，提升对组织职业生涯管理的了解和认识程度，掌握职业生涯管理知识与技能，能够结合企业实际情况进行客观、全面的分析与评价。

【任务引入】

创思公司是一家日本独资科研企业，专门从事委托课题研究工作。该公司共有130多名员工，占总人数80%的科研人员是创思公司的中坚力量。创思公司的薪酬制度一直沿袭日本的"年功序列制"，不管你是研究人员还是打字员，不论工作业绩如何，只要你进入公司时间早、年龄大，就会获得较高的报酬。这就导致了一名普通的仓库保管员的工资远远高于一名研究人员工资的怪现象。对员工来说，要在这种情况下有所发展，只有通过"升官"来实现。而薪酬水平的停滞不前也是造成员工努力升职的另一个原因。因此，管理岗位成为各级各类员工的职业发展目标。但是，战略性员工的质量和数量往往决定企业的生存和发展，单一的"官本位"通道无疑会给员工个人和创思公司的整体发展带来诸多障碍。

【任务内容】

请对创思公司的职业生涯管理进行全面诊断，并提出改进建议。

【任务要求】

1.对任务情境的分析层次清楚，考虑全面；
2.分析内容客观实际，有理有据。

【任务实施】

1.本任务以个人形式完成，教师限定任务时间；
2.任务完成后，学生自荐进行汇报；
3.其他同学进行提问或点评；
4.教师最后进行点评、总结。

【任务小评】

完成时间：_____分钟　知识点：□熟练掌握　□需要查阅资料　□需要向他人求教
任务收获：_____

项目六　能力拓展训练

一、项目目的

通过能力拓展训练，使学生在掌握职业生涯管理知识与技能的基础上，通过综合、复杂的任务情境，进行个人职业生涯规划与组织职业生涯管理的深度训练，有效提高分析、处理问题的能力，以及与职业生涯管理工作相关的系统整合能力。

二、项目导图

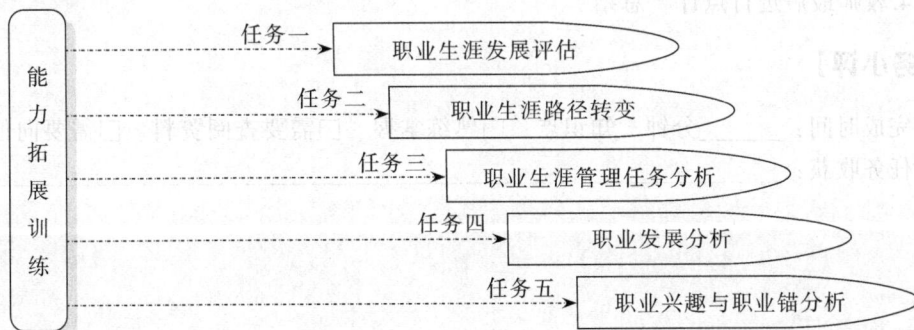

三、项目训练

◆◆ 任务一　职业生涯发展评估

【任务目标】

通过本任务训练，掌握组织职业生涯管理的内容和实施步骤，理解职业生涯管理对于企业的意义，具备对职业生涯发展进行评估的能力。

【任务引入】

某设计公司计划招聘汽车设计师，职责描述如下：

1.负责汽车电子以及其他控制单元的设计、开发和测试；

2.与其他工程师一起和客户共同确定开发需求；

3.对设计项目可行性进行研究，并进行评估；

4.负责从项目概念设计到交付的整个开发过程。

【任务内容】

任务情境中的设计公司计划在一年后对所招聘的汽车设计师进行职业生涯发展评估，你认为在此过程中，员工、部门主管和人力资源管理部门各自的任务是什么？

【任务要求】

1.对任务情境进行认真、全面、深入分析；

2.职业生涯发展评估分工合理、具体可行。

【任务实施】

1.本任务以小组形式完成，教师限定任务时间；

2.任务完成后，每个小组派代表进行展示汇报；

3.其他小组进行提问或点评；

4.教师最后进行点评、总结。

【任务小评】

完成时间：_____分钟　知识点：□熟练掌握　□需要查阅资料　□需要向他人求教

任务收获：_____

❯❯ 任务二　职业生涯路径转变

【任务目标】

通过本任务训练，掌握职业生涯路径的含义、职业生涯路径模式和具体的路径设计，掌握不同职业生涯路径的优势以及适用岗位，进一步提升实践应用能力。

【任务引入】

森明公司是一家技术领先的制药企业，最近为研发人员重新设计了薪酬模式，基本工资比例调整为员工收入的80%左右，薪酬等级由过去的8个合并为3个，不同薪酬等级的薪酬差距大大增加；改变以往仅靠职位晋升获得薪酬增长的方式，研发人员可以通过两种途径获得薪酬提升：一是通过职位晋升；二是通过技术能力的提高。另外，该公司还为研发人员提供了大量的培训机会，并将培训成果在工作中的体现作为薪酬提升的重要评价因子。

【任务内容】

1.分析森明公司薪酬调整后，研发人员的职业生涯路径发生了怎样的转变？
2.对森明公司而言，这种职业生涯路径的优势是什么？

【任务要求】

1.对职业生涯路径的分析全面、具体、准确；
2.职业生涯路径分析过程详细，表述清楚。

【任务实施】

1.本任务以个人形式完成，教师限定任务时间；
2.可查询相关资料；
3.任务完成后，教师抽选学生进行汇报；
4.其他同学进行提问或点评；
5.教师最后进行讲解与总结。

【任务小评】

完成时间：_____分钟　　知识点：□熟练掌握　　□需要查阅资料　　□需要向他人求教
任务收获：_____

任务三 职业生涯管理任务分析

【任务目标】

通过本任务训练，对职业生涯管理有全面的认识和理解，能够针对处于不同职业生涯阶段的员工确定管理任务与要点，进一步提升对专业知识的应用能力。

【任务引入】

于梅在天时公司已经工作了13年，从行政秘书开始，历经行政专员、行政主管，现在是行政部副经理。在几个月前的内部招聘中，于梅竞聘行政部经理，但由于能力欠缺，未能胜出。

【任务内容】

1.针对于梅目前的处境，人力资源部的职业生涯管理任务是什么？

2.于梅希望下一步竞聘人力资源部招聘经理职位，她选择的是何种职业生涯路径？这种职业生涯路径对组织和个人有何益处？

3.为竞聘人力资源部招聘经理这一职位，于梅应做哪些准备？

【任务要求】

1.对任务进行全面、具体、深入分析；

2.职业生涯管理任务设计合理，具有可实施性。

【任务实施】

1.本任务以小组形式完成，教师限定任务时间；

2.小组成员进行讨论、分析，查阅资料；

3.任务完成后，每个小组派代表进行汇报；

4.其他小组进行提问或点评；

5.教师最后进行点评、总结。

【任务小评】

完成时间：_____分钟 知识点：□熟练掌握 □需要查阅资料 □需要向他人求教

任务收获：_____

任务四 职业发展分析

【任务目标】

通过本任务训练，熟练掌握职业生涯发展理论，能够对员工进行人格分析，并能根据不同的岗位需求开展职业发展工作。

【任务引入】

很多人在求职过程中会遇到自我定位的问题：我是什么样的人？我适合在哪种组织环境中发挥才能？为什么我会遇到这些意想不到的问题？下一步如何发展？一家职业咨询中心接待了两位留学归国的咨询者，他们共同的目的是获得对自己的客观评价，并希望知道自己适合从事哪些方面的高层管理工作。

刘先生，36岁，2016年学成归国，现在一家著名计算机公司作市场总监。刘先生精力充沛，乐观、自信，善于与人沟通并施加影响，经常从宏观角度考虑问题，分析问题理性而有深度，做事有较强的灵活性和适应性，创新意识较强，兴趣广泛，尤其对经营性活动非常感兴趣。职业咨询中心给他的发展建议是：适合从事制定目标、策略、计划等高层管理工作，适宜在鼓励自主、能够充分授权的组织工作，适宜和组织性、计划性较强的同事与下属相配合，需要增强情绪稳定性。

齐先生，29岁，2018年学成归国，现在一家著名医药公司作部门副经理。齐先生性格内向，不喜欢与人交往，比较关注事物的细节问题，考虑问题细致，思路清晰，做事讲求原则，有很强的计划性和条理性，有时会固执、不灵活，对事务性活动很感兴趣，不喜欢研究性活动。职业咨询中心建议他：在组织目标和任务确定、管理规范的环境中从事事务性管理工作，目前不适合做高层管理工作，需要增强与人交往的兴趣。

【任务内容】

1.请用职业选择理论来分析刘先生和齐先生成为高层管理者的主要差异。

2.请分析齐先生成为高层管理者的主要障碍。

【任务要求】

1.对任务情境的分析全面、具体；

2.对刘先生和齐先生的人格特质分析准确、翔实。

【任务实施】

1.本任务以小组形式完成，教师限定任务时间；

2.小组成员进行讨论、分析；

3.任务完成后，每个小组派代表进行汇报；

4.其他小组进行提问或点评；

5.教师最后进行点评、总结。

【任务小评】

完成时间：_____分钟　知识点：□熟练掌握　□需要查阅资料　□需要向他人求教

任务收获：_____

◆ 任务五　职业兴趣与职业锚分析

【任务目标】

通过本任务训练，全面理解和掌握霍兰德职业兴趣理论、施恩的职业锚理论，掌握职业生涯管理的知识与技能，能够结合企业实际进行具体分析与应用，提升职业生涯管理能力。

【任务引入】

中国的白文莉、德国的汉斯与美国的麦克都是毕业于哈佛商学院的职业经理人，他们同在可口可乐大中华区中国公司工作，工作地点在天津。三人的情况如下：

白文莉直觉好，有想象力和创造力，喜欢在自由的环境中工作；

汉斯有良好的运动或机械操作能力，喜欢加工机械与改进工具，偏好户外活动；

麦克善于与人相处，喜欢教导、帮助和启发别人。

工作半年后，白文莉体现出很强的职业承诺，能够施展个人能力；汉斯拒绝一般性管理工作，愿意在其技术领域有所长进；麦克则追求一般性管理工作，愿意承担更大的责任和更多的义务。

【任务内容】

1.根据霍兰德职业兴趣理论分析白文莉、汉斯与麦克的职业兴趣类型特点。

2.根据施恩的职业锚理论分析白文莉、汉斯与麦克的职业锚类型。

3.你认为最有可能具备分析能力、人际沟通能力和情绪控制能力三种能力强强组合特点的潜在提升人选是哪位？为什么？

【任务要求】

1.对任务情境的分析客观、准确；

2.提出的人选理由充足。

【任务实施】

1.本任务以小组形式完成，教师限定任务时间；

2.通过多种方式查阅资料；

3.任务完成后，每个小组派代表进行汇报；

4.其他小组进行提问或点评；

5.教师最后进行点评、总结。

【任务小评】

完成时间：_____分钟　知识点：□熟练掌握　　□需要查阅资料　　□需要向他人求教

任务收获：_____

劳动关系管理

一、训练概要

劳动关系管理是企业人力资源管理的重要内容。劳动关系处理的好不好不仅影响劳动者的切身利益和员工队伍的稳定，还会影响企业的市场竞争力，乃至经济社会的和谐稳定。本模块主要针对劳动关系管理进行专项训练。

二、训练目标

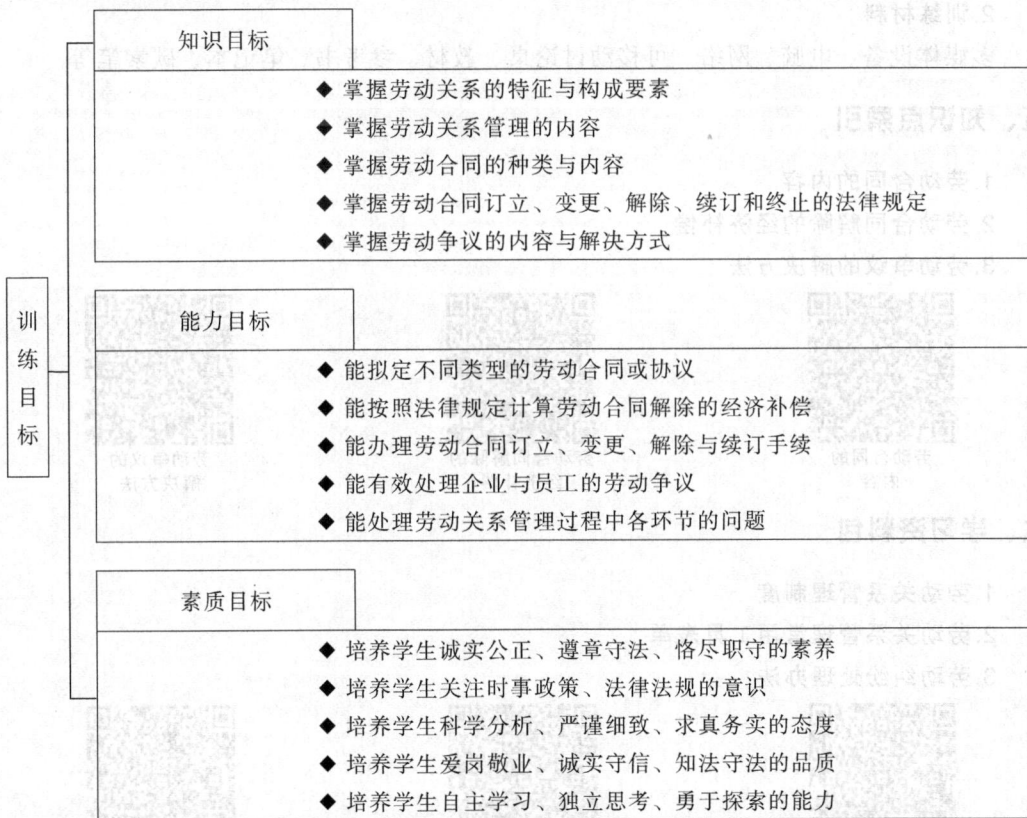

训练目标

知识目标
◆ 掌握劳动关系的特征与构成要素
◆ 掌握劳动关系管理的内容
◆ 掌握劳动合同的种类与内容
◆ 掌握劳动合同订立、变更、解除、续订和终止的法律规定
◆ 掌握劳动争议的内容与解决方式

能力目标
◆ 能拟定不同类型的劳动合同或协议
◆ 能按照法律规定计算劳动合同解除的经济补偿
◆ 能办理劳动合同订立、变更、解除与续订手续
◆ 能有效处理企业与员工的劳动争议
◆ 能处理劳动关系管理过程中各环节的问题

素质目标
◆ 培养学生诚实公正、遵章守法、恪尽职守的素养
◆ 培养学生关注时事政策、法律法规的意识
◆ 培养学生科学分析、严谨细致、求真务实的态度
◆ 培养学生爱岗敬业、诚实守信、知法守法的品质
◆ 培养学生自主学习、独立思考、勇于探索的能力

三、训练导图

应用设计训练	数据分析训练	材料解析训练	文件处理训练	管理诊断训练	能力拓展训练
● 起草培训服务期协议 ● 拟定非全日制用工管理办法 ● 劳动合同变更通知书 ● 劳动合同解除流程设计 ● 拟定劳务派遣协议与用工方案	● 服务期限违约金 ● 培训违约金确定 ● 核算经济补偿金 ● 经济补偿金标准确定 ● 解除劳动合同赔偿金	● 自愿离职计划 ● 劳动合同解除 ● 竞业限制 ● 劳动合同签订 ● 职业安全法律问题	● 无固定期限劳动合同 ● 竞业限制条款 ● 工会谈判 ● 劳动合同条款异议 ● 裁员工作处理	● 加班加点 ● 企业流程与规章制度 ● 劳动合同条款分析 ● 劳动合同书评价 ● 劳动关系处理	● 加班与带薪休假 ● 人员录用法律问题 ● 工伤事故处理 ● 非全日制用工 ● 劳动合同续订

四、训练条件

1.训练学时

本专项训练共计6学时，每个项目各1学时。

2.训练材料

多媒体设备、电脑、网络、可移动讨论桌、教材、参考书、笔记本、碳素笔等。

五、知识点索引

1.劳动合同的内容

2.劳动合同解除的经济补偿

3.劳动争议的解决方法

劳动合同的
内容

劳动合同解除的
经济补偿

劳动争议的
解决方法

六、学习资料包

1.劳动关系管理制度

2.劳动关系管理常用工具表单

3.劳动纠纷处理办法

劳动关系管理制度

劳动关系管理
常用工具表单

劳动纠纷处理办法

项目一 应用设计训练

一、项目目的

通过应用设计训练，使学生具有在人力资源管理部门中从事劳动关系管理工作的基础设计能力，能够运用所学知识并结合企业实际情况，有针对性地进行企业多种形式用工管理，设计劳动管理的流程与工具，拟定劳务派遣协议、劳动合同等工作。

二、项目导图

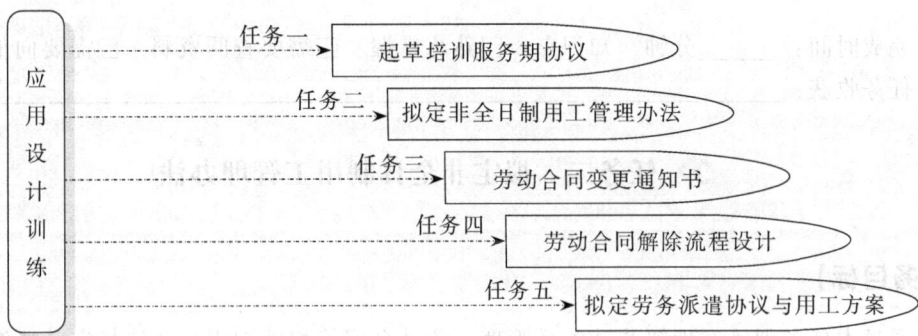

应用设计训练

任务一 —— 起草培训服务期协议
任务二 —— 拟定非全日制用工管理办法
任务三 —— 劳动合同变更通知书
任务四 —— 劳动合同解除流程设计
任务五 —— 拟定劳务派遣协议与用工方案

三、项目训练

◇◇ 任务一 起草培训服务期协议

【任务目标】

通过本任务训练，掌握劳动合同的内容，掌握劳动合同的法定条款与约定条款，能够依照法律规定拟定培训服务期协议。

【任务引入】

张斌在北京某中德合资企业任技术科科长，为了进一步提高张斌的业务水平，公司将张斌送到德国培训，走之前，双方拟签订培训服务期协议。

【任务内容】

请根据任务情境，起草一份培训服务期协议。

【任务要求】

1.培训服务期协议符合法律规定，用语规范；
2.培训服务期协议公平合理，能够保障双方权益。

【任务实施】

1.本任务以个人形式完成，教师限定任务时间；
2.可查询相关资料；
3.任务完成后，教师抽选学生进行展示汇报；
4.其他同学进行提问或点评；
5.教师最后进行点评、总结。

【任务小评】

完成时间：＿＿＿＿分钟　　知识点：□熟练掌握　　□需要查阅资料　　□需要向他人求教
任务收获：＿＿＿＿＿＿＿＿＿＿＿＿＿＿＿＿＿＿＿＿＿＿＿＿＿＿＿＿＿＿＿＿＿

◆◇ 任务二　拟定非全日制用工管理办法

【任务目标】

通过本任务训练，理解劳动关系管理、劳动合同等相关知识与法律规定，能够根据劳动管理的需要制定相应的管理措施与方案。

【任务引入】

凯斯公司成立于2016年，近几年业务规模不断扩大，员工由原来的几十人扩大到现在的几百人。为了更加合理地对岗位进行管理，该公司决定对后勤管理等部分岗位采用非全日制用工方式。

【任务内容】

1.为该公司起草一份非全日制用工管理办法。
2.为该公司起草一份非全日制用工劳动合同。

【任务要求】

1.起草的管理办法考虑全面，并符合该公司实际；
2.起草的管理办法和劳动合同合法合规，语言规范。

【任务实施】

1.本任务以小组形式完成，教师限定任务时间；
2.通过多种途径查阅任务知识点；

3.任务完成后，教师抽选小组进行汇报；

4.教师最后进行讲解与总结。

【任务小评】

完成时间：_____分钟　知识点：□熟练掌握　□需要查阅资料　□需要向他人求教

任务收获：_____

◈◈ 任务三　劳动合同变更通知书

【任务目标】

通过本任务训练，掌握劳动合同订立与变更的法律要求，能够根据企业管理实际情况，拟定劳动合同变更通知书并起草劳动合同协议书。

【任务引入】

腾森公司的王某原为助理会计师，现通过了中级会计职称考试，取得了中级会计师资格，该公司欲聘其为中级会计师，其劳动合同的相关内容需要变更。

【任务内容】

1.请考虑劳动合同需要变更的事项，然后给王某发一份劳动合同变更通知书。

2.与王某签订一份变更劳动合同的协议书。

【任务要求】

1.劳动合同变更通知书格式规范、考虑全面；

2.变更劳动合同的协议书的内容符合劳动合同法的规定。

【任务实施】

1.本任务以小组形式完成，教师限定任务时间；

2.小组成员进行讨论、分析；

3.任务完成后，教师抽选小组进行汇报；

4.其他小组进行提问或点评；

5.教师最后进行讲解与总结。

【任务小评】

完成时间：_____分钟　知识点：□熟练掌握　□需要查阅资料　□需要向他人求教

任务收获：_____

任务四　劳动合同解除流程设计

【任务目标】

通过本任务训练，掌握劳动合同管理的基础知识与技能，并能应用到企业具体的劳动合同管理中。

【任务引入】

希达公司成立多年，现有员工100余人。近期，该公司有多个部门的员工辞职，提出解除劳动合同。

【任务内容】

1.设计员工提前30日提出解除劳动合同的管理流程。

2.设计此种情况下的劳动合同解除通知书和证明书。

【任务要求】

1.解除劳动合同的管理流程条理清晰、步骤明确；

2.劳动合同解除通知书和证明书具有可操作性、符合法律规定。

【任务实施】

1.本任务以小组形式完成，教师限定任务时间；

2.通过书籍、网络等查询相关资料；

3.任务完成后，每个小组派代表分别汇报；

4.其他小组进行提问或点评；

5.教师最后进行点评、总结。

【任务小评】

完成时间：_____分钟　知识点：□熟练掌握　　□需要查阅资料　□需要向他人求教

任务收获：_____

任务五　拟定劳务派遣协议与用工方案

【任务目标】

通过本任务训练，理解劳动合同的类型与内容，掌握劳动合同管理的法律规定，能够根据企业管理的需要拟定不同类型的劳动合同，设计合理的用工方案，进一步提升劳动关系管理能力。

【任务引入】

青新职业技术学院共有教职工339人，机构设置和人员情况为：5个教学系208人，党办3人，招生就业处8人，教务处8人，总务处75人（含食堂、绿化、保洁），保卫处16人（含保安），培训部6人，院办公室5人，学生处10人。所有员工均为全日制用工。随着学院的发展壮大，现准备调整用工方式，部分岗位使用劳务派遣工，部分岗位使用非全日制用工。

【任务内容】

1.请为该学院设计一个包含多种用工形式的用工方案。

2.该学院打算使用鑫远劳务派遣公司的员工，请为双方起草一份劳务派遣协议。

【任务要求】

1.设计的用工方案符合该学院实际，合法合规。

2.起草的劳务派遣协议考虑全面，条款内容符合法律规定。

【任务实施】

1.本任务以个人形式完成，教师限定任务时间；

2.通过教材、网络等查阅相关资料；

3.任务完成后，教师抽选学生进行汇报；

4.其他同学进行提问或点评；

5.教师最后进行点评、总结。

【任务小评】

完成时间：_____分钟　知识点：□熟练掌握　□需要查阅资料　□需要向他人求教

任务收获：_____

项目二　数据分析训练

一、项目目的

通过数据分析训练，使学生具备从事劳动关系管理工作的数据计算与分析能力，熟练掌握工资、赔偿金、补偿金的计算方法，能够依据国家法律法规，公平合理地开展劳动合同管理、劳动关系管理工作。

二、项目导图

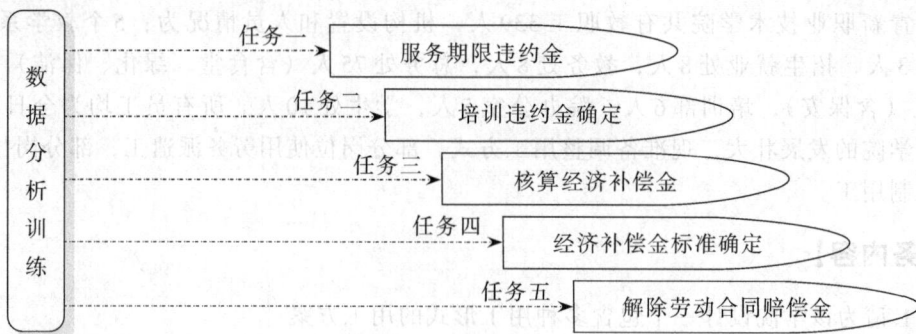

数据分析训练

- 任务一 → 服务期限违约金
- 任务二 → 培训违约金确定
- 任务三 → 核算经济补偿金
- 任务四 → 经济补偿金标准确定
- 任务五 → 解除劳动合同赔偿金

三、项目训练

◇ 任务一 服务期限违约金

【任务目标】

通过本任务训练，熟练掌握劳动合同法的内容和条款，能够解决劳动合同的订立、变更、解除、续订和终止过程中的法律问题。

【任务引入】

红源公司招录了王某，并将其派到国外接受为期6个月的专业技术培训，培训费用为88 000元。红源公司和王某签订了服务期协议，王某接受培训后必须为该公司服务4年；否则，要向该公司支付违约金。

【任务内容】

结合任务情境，如果王某培训后在该公司工作满2年后想解除合同，那么王某应该支付红源公司多少违约金？

【任务要求】

1.对任务情境进行认真、细致分析；

2.违约金的计算过程详细、具体；

3.对任务情境中问题的处理符合法律规定。

【任务实施】

1.本任务以个人形式完成，教师限定任务时间；

2.查阅教材及相关资料回顾任务知识点；

3.任务完成后，教师抽选学生进行汇报；

4.其他同学随机提问；

5.教师最后对计算过程进行讲解。

【任务小评】

完成时间：_____分钟　　知识点：□熟练掌握　　□需要查阅资料　　□需要向他人求教

任务收获：_____

◇◇ 任务二　培训违约金确定

【任务目标】

通过本任务训练，掌握劳动合同法律规定，熟练掌握劳动合同解除中关于经济赔偿的法律规定，并能够解决劳动关系管理中发生的劳动争议。

【任务引入】

2017年8月10日，鑫海网络技术有限公司通过"猎头"招收了一名技术总监林先生，月薪为5万元。2019年6月，该公司决定出资派林先生到国外接受技术培训。双方在培训协议中约定：培训期为3个月，期间工资照发；林先生回国后必须为该公司服务5年，如果提前离职要向公司缴纳相应的违约金；违约金按服务期未履行部分所应分摊的培训费用计算。培训结束后，该公司支出培训费用6万元、差旅费用4万元。

2021年9月10日，林先生因个人原因提出辞职，并同意支付相应的违约金，该公司批准了他的辞职申请。但在计算违约金时，双方发生争议。该公司认为，林先生在培训期间未提供任何劳动，该公司照常向其发放工资，这15万元工资应当计入培训费用之内。但林先生认为，15万元是自己在培训期间的工资，不能计入违约金。

【任务内容】

请根据任务情境，为林先生计算培训违约金的金额。

【任务要求】

1.对任务情境进行认真、全面、具体分析；

2.对培训违约金的计算符合劳动法律规定。

【任务实施】

1.本任务以个人形式完成，教师限定任务时间；

2.查阅教材及相关资料回顾任务知识点；

3.任务完成后，教师抽选学生汇报计算结果；

4.教师最后进行讲解。

◇◇ 任务三　核算经济补偿金

【任务目标】

通过本任务训练，熟练掌握劳动合同管理的知识和方法，能够对解除劳动合同员工的经济补偿金进行核算。

【任务引入】

贺元公司前年2月有3名职工（王某、李某、张某）入职，由于各种原因，他们将于今年10月离职。当地去年的社会平均工资为3 204元。王某今年10月劳动合同到期，公司不再续订劳动合同，劳动合同终止之前12个月的月平均工资为4 850元；李某为某部门经理，解除劳动合同前12个月的月平均工资为12 000元，因经济性裁员被公司解除劳动合同；张某因医疗期满不能从事原工作和单位另行安排的工作而解除劳动合同，劳动合同解除前月平均工资为5 200元。

【任务内容】

1.分别核算三人的经济补偿金。
2.为张某核算医疗补助费。

【任务要求】

1.对任务情境进行全面分析；
2.对解除劳动合同员工的经济补偿金核算准确。

【任务实施】

1.本任务以个人形式完成，教师限定任务时间；
2.查阅书籍及相关资料进行任务知识点回顾；
3.任务完成后，学生自荐汇报核算结果；
4.教师最后进行点评与总结。

【任务小评】

完成时间：_____分钟　知识点：□熟练掌握　□需要查阅资料　□需要向他人求教
任务收获：_____

❯❯ 任务四　经济补偿金标准确定

【任务目标】

通过本任务训练，掌握劳动合同法的内容，熟练掌握劳动合动解除经济补偿金的法律规定，能够解决经济补偿金的确定问题。

【任务引入】

清立公司因客观情况发生重大变化，与部分员工解除劳动合同。员工郭岩因经济补偿金计算问题与单位发生争议，向劳动争议仲裁委员会申请劳动仲裁。清立公司每月实发给郭岩的工资为3 700元/月，郭岩的工资由基本工资2 200元+加班工资600元+岗位津贴500元+住房补贴300元＋津贴400元组成，每月在发放工资时扣减伙食费300元，实际每月发放3 700元。郭岩要求按照3 700元的标准计算经济补偿金，而清立公司要求按照2 200元的标准计算经济补偿金。

【任务内容】

请根据任务情境，确定郭岩的经济补偿金标准。

【任务要求】

1.对任务情境进行认真、全面分析；
2.计算标准的确定符合劳动合同法律规定；
3.经济补偿金计算准确。

【任务实施】

1.本任务以个人形式完成，教师限定任务时间；
2.通过多种途径查阅相关资料；
3.任务完成后，教师抽选学生进行汇报；
4.教师对任务知识点进行随机提问；
5.教师最后进行点评、总结。

【任务小评】

完成时间：_____分钟　知识点：□熟练掌握　□需要查阅资料　□需要向他人求教
任务收获：_____

◆◆ 任务五　解除劳动合同赔偿金

【任务目标】

通过本任务训练，全面掌握劳动关系管理的知识与技能，熟练掌握劳动合同法关于试用期的规定，能处理企业中发生的劳动争议。

【任务引入】

任明与达利电子公司于2021年2月1日签订了两年的劳动合同，约定试用期为6个月，试用期工资为当地最低工资标准2 250元的80%，即1 824元，转正之后工资为3 600元。2021年6月29日，达利公司以任明试用期患病、身体情况不符合招用条件为由，做出与任明于当日解除劳动合同的决定，并送达给任明。

【任务内容】

请根据任务情境，分析达利公司是否需要向任明支付赔偿金？如果需要，应支付多少？

【任务要求】

1.对任务情境进行深入、全面分析；
2.所做分析符合劳动合同法律规定；
3.计算过程详细，有理有据。

【任务实施】

1.本任务以个人形式完成，教师限定任务时间；
2.查阅书籍及相关资料进行任务知识点回顾；
3.任务完成后，教师抽选学生进行汇报；
4.教师最后进行点评、总结。

【任务小评】

完成时间：_____分钟　知识点：□熟练掌握　□需要查阅资料　□需要向他人求教
任务收获：_____

项目三　材料解析训练

一、项目目的

通过材料解析训练，提供企业劳动关系管理工作中的不同情境，让学生运用所学知识与技能进行讨论与思考，解决任务情境中出现的问题，提高学生对企业劳动合同管理与劳动关系管理工作进行具体分析与解决问题的能力。

二、项目导图

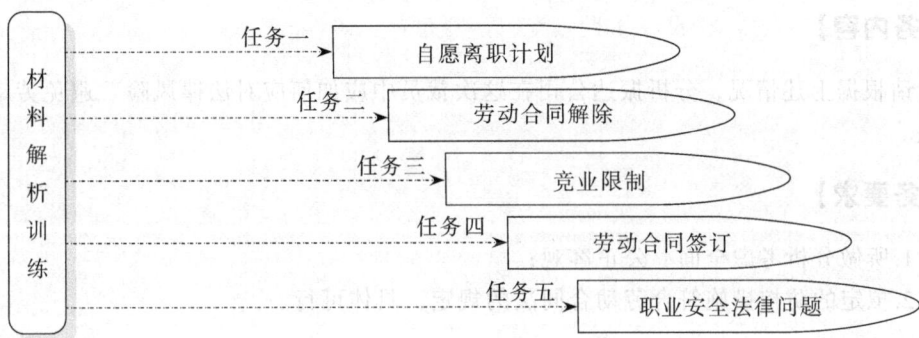

三、项目训练

◇ 任务一　自愿离职计划

【任务目标】

通过本任务训练，掌握劳动关系管理的内容，熟练掌握劳动合同解除及经济赔偿方面的法律规定，进一步提升劳动纠纷问题处理及劳动关系管理能力。

【任务引入】

振达公司因生产规模调整而需要裁员。人力资源管理部门参照行业惯例，制订了一个自愿离职计划，鼓励劳动合同期限还未届满的职工向单位提出辞职申请，公司经过综合考虑决定是否准予其辞职。如员工自己提出辞职并获准许，可以按照以下公式获得补偿金：

自愿离职经济补偿金=（N+1+3）×月补偿基数

其中，N代表员工在该公司的工作年数；1代表未提前一个月通知离职的替代金；3代表该公司为员工自愿离职而额外支付3个月补偿金；月补偿基数为所有员工上一年总收入的月平均数。

自愿离职计划公布后，不少员工自愿提出离职，并拿到了相应的经济补偿金。人力资源部门顺利地完成了裁员计划。然而不久后，部分已离职员工提出了疑问。原来，这部分员工是成立合资企业时由股东单位直接转过来的，他们在原单位的工作年限并没有计算在这次补偿中，于是要求公司补足这部分经济补偿金。

该公司认为员工离职是自愿的，并非提前解除劳动合同，自愿离职属于劳动法规定的双方协商一致解除劳动合同的情形，公司完全可以不支付经济补偿金，现在公司自愿支付补偿金是一种赠与行为；而员工所提诉求是对提前解除劳动合同的规定，不适用于自愿离职计划。

针对该公司的观点，有员工出示了企业内部文件《如何鼓励更多的人离开》，提出自己离职并不完全出于自愿，该公司的行为是经济性裁员，并将该公司告上法庭，请求撤销所谓"离职"的格式合同，并依据连续工龄增算对员工离职的补偿。法院最终以该公司向员工支付部分补偿金而调解结案。

【任务内容】

请根据上述情况，分析振达公司在这次裁员中应如何应对法律风险、避免劳动争议的发生。

【任务要求】

1.所做分析考虑全面、公正客观；
2.拟定的防控措施符合劳动合同法的规定，具体可行。

【任务实施】

1.本任务以小组形式完成，教师限定任务时间；
2.查阅教材及相关资料回顾任务知识点；
3.任务完成后，每个小组派代表进行汇报；
4.教师最后进行讲解、点评与总结。

【任务小评】

完成时间：_____分钟　知识点：□熟练掌握　□需要查阅资料　□需要向他人求教
任务收获：_____

❯❯ 任务二　劳动合同解除

【任务目标】

通过本任务训练，掌握劳动合同的内容，熟练掌握劳动合同解除的法律规定，能够根据劳动合同的解除情形合理计算经济补偿金。

【任务引入】

陈丽于 2020 年 7 月进入舜林公司任出纳，双方订立了书面劳动合同，约定合同从 2020 年 7 月 1 日起，到 2021 年 6 月 30 日止。入职时，该公司要求陈丽缴纳 5 000 元保证金，并与陈丽约定，入职两年内不得生育；否则，公司有权与其解除劳动合同，并没收保证金。该项约定被写入劳动合同的附件。2021 年 3 月，陈丽怀孕，该公司以陈丽违反公司规章制度为由，与陈丽解除了劳动合同。

【任务内容】

1.根据我国现行劳动法律法规，该公司的哪些做法不合法？

2.陈丽应如何保护自己的合法权益？请分履行劳动合同和解除劳动合同两种情形进行分析。

【任务要求】

1.对任务情境的分析全面、具体；

2.维权措施符合法律规定，具有针对性。

【任务实施】

1.本任务以小组形式完成，教师限定任务时间；

2.通过教材或网络查阅相关资料；

3.任务完成后，每个小组派代表进行展示汇报；

4.其他小组进行提问或点评；

5.教师最后进行点评、总结。

【任务小评】

完成时间：_____分钟　　知识点：□熟练掌握　　□需要查阅资料　　□需要向他人求教

任务收获：_____

◇◇ 任务三　竞业限制

【任务目标】

通过本任务训练，全面掌握劳动合同法的内容，熟练掌握试用期、培训、竞业限制等有关法律条款，具有一定的分析和解决问题的能力。

【任务引入】

某新能源科技公司与其技术部员工张英在劳动合同中约定了竞业限制条款，即张英在离职后两年内不得到具有竞争关系的公司从事相关技术工作，若违反约定，张英将赔偿 10 万元违约金，但并未约定补偿金等相关事宜。劳动合同到期后，张英离开该公司。由于竞业限制条款的存在，就业范围受限的张英一直未找到新工作，在家待了3个月。她认为，该公司应支付一定的竞业限制补偿金，随后多次与该公司经理进行沟通，但该公司都以竞业限制条款中没有约定为由拒绝。张英见该公司不支付补偿金，认为竞业限制条款对自己也不具备约束力，便到竞争对手公司求职并继续从事相关技术工作。该公司得知后，认为张英违反了劳动合同中约定的竞业限制条款，要求她支付违约金。张英则表示竞业限制条款不合理，拒不支付违约金。

【任务内容】

请根据我国相关法律法规的规定，分析应当如何处理这起劳动争议。

【任务要求】

1.对劳动合同条款理解准确；

2.对任务情境的分析全面、具体；

3.劳动争议处理符合法律规定。

【任务实施】

1.本任务以个人形式完成，教师限定任务时间；

2.通过教材、网络或其他方式查阅任务知识点；

3.任务完成后，教师抽选学生进行汇报；

4.其他同学进行提问或点评；

5.教师最后进行讲解、点评和总结。

【任务小评】

完成时间：_____分钟　　知识点：□熟练掌握　　□需要查阅资料　　□需要向他人求教

任务收获：_____

◇◇ 任务四　劳动合同签订

【任务目标】

通过本任务训练，掌握劳动关系管理的知识与技能，能够解决企业在劳动合同订立、变更、解除过程中所产生的劳动争议。

【任务引入】

2020年8月，某外资银行招聘，汪慧投递了自己的简历。经过几轮面试，双方都感到比较满意。一周以后，汪慧收到对方发来的函件，聘用汪慧担任该行理财部客户经理，告知了相关报酬待遇及福利，并要求汪慧在9月1日前到指定医疗机构体检，在9月10日前持体检报告、原单位解除劳动合同证明等到该行人事部门报到并签订劳动合同。由于汪慧的原单位一直拖着不给办理解除劳动合同证明，等汪慧9月25日去该行人事部门报到时，已经超过15天。她被告知招聘人员已经到位，该行拒绝与汪慧订立劳动合同。

【任务内容】

1.该行能否拒绝订立劳动合同？请说明理由。

2.汪慧认为，收到用人单位发来的函件，就意味着双方建立了劳动关系，这一说法是否正确？为什么？她能否要求该行承担不签订劳动合同的赔偿责任？为什么？

3.如果该行于9月25日与汪慧订立了劳动合同，并约定汪慧9月30日来上班，请问汪慧与该行的劳动关系从何时起算？汪慧的工资从何时起算？请分别说明理由。

【任务要求】

1.对任务情境进行深入、全面、客观分析；

2.所述理由符合劳动法律规定。

【任务实施】

1.本任务以个人形式完成，教师限定任务时间；

2.查阅教材及相关资料回顾任务知识点；

3.任务完成后，教师抽选学生进行汇报；

4.教师对任务知识点进行随机提问；

5.教师最后进行点评与总结。

【任务小评】

完成时间：_____分钟　知识点：□熟练掌握　□需要查阅资料　□需要向他人求教

任务收获：_____

◆▷ 任务五　职业安全法律问题

【任务目标】

通过本任务训练，掌握劳动关系管理的内容，熟练掌握劳动合同的订立、续订、变更、终止和解除方面的法律规定，能够结合企业实际情况解决劳动关系管理的问题。

【任务引入】

孟阳到某人才市场求职，看到一家箱包公司在招聘仓库保管员，要求身体健康、男性、高中以上学历，有相关职业资格证书的优先。孟阳正好有这方面的资格证书，遂应聘并被录用。入职前，该公司组织同期招聘人员一起到医院体检，后来孟阳听说，有两个人因为乙肝两对半检查不合格没有被录用。入职后，该公司与孟阳订立了三年期劳动合同。几个月后，该公司通知孟阳调整到刷胶岗位。孟阳虽然听其他职工说过刷胶岗位接触苯，时间长了对身体不好，但考虑到基本工资比现在的岗位高一倍，就去了。孟阳在刷胶岗位上班一年后，该公司组织同岗位职工体检，体检报告没有发，但有部分职工接到了复检通知。劳动合同到期时，该公司通知孟阳合同终止不再续订，要求孟阳办理离职交接手续。

【任务内容】

1.该公司在招聘中的做法是否有违法违规之处？如有，请指出。劳动者可以通过哪些途径维权？

2.孟阳如果到刷胶岗位工作一段时间后发现自己对苯很敏感，工作时间稍长就感到不适，可否提出回原岗位？为什么？

3.该公司在组织刷胶岗位职工体检过程中有何违法违规之处？

4.孟阳劳动合同到期时，该公司的做法正确吗？

【任务要求】

1.指出的违法违规之处考虑全面，有理有据；

2.评价客观，拟定的维权途径符合法律的相关规定。

【任务实施】

1.本任务以小组形式完成，教师限定任务时间；

2.查阅教材及相关资料回顾任务知识点；

3.任务完成后，各小组派代表汇报；

4.教师对任务知识点进行随机提问；

5.教师最后进行点评与总结。

【任务小评】

完成时间：_____分钟　知识点：□熟练掌握　□需要查阅资料　□需要向他人求教

任务收获：_____

项目四　文件处理训练

一、项目目的

通过文件处理训练，给学生提供企业工作情境，让学生扮演企业人力资源管理部门经理，结合模拟企业情况，对相关部门提交的有关劳动关系管理的文件进行批阅、处理，使学生感知并体验未来角色，提高学生对企业劳动关系管理工作中的问题分析与处理能力。

二、项目导图

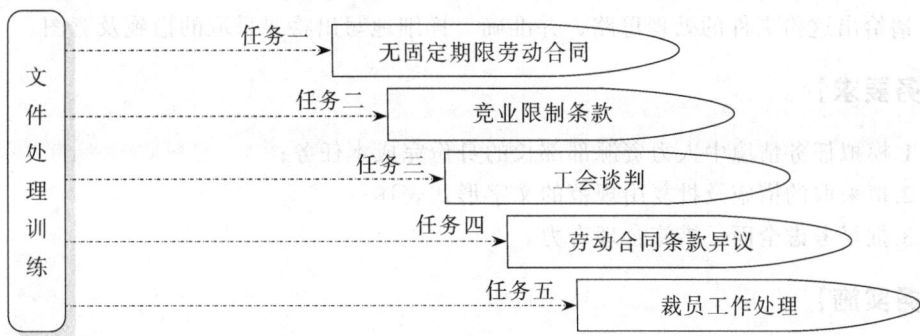

文件处理训练

- 任务一 → 无固定期限劳动合同
- 任务二 → 竞业限制条款
- 任务三 → 工会谈判
- 任务四 → 劳动合同条款异议
- 任务五 → 裁员工作处理

三、项目训练

◈ 任务一　无固定期限劳动合同

【任务目标】

通过本任务训练，感知未来人力资源管理工作角色，掌握劳动关系管理的知识和技能，能够处理劳动合同签订以及劳动合同管理方面的具体问题。

【任务引入】

QC出版社成立27年了，现有员工230人。前些年该出版社注册为企业法人，完成了事业单位到企业的转制。近几年来，该出版社对组织机构进行了调整，将发行部调整为营销管理部，用市场化管理方式和运营模式推进其发展。营销管理部采用模拟公司的方式运营，出版利润与发行利润分离。你是QC出版社人力资源部部长黄宇兴，你看到邮箱里有一封电子邮件，需要你处理。

类　　别：电子邮件
发件人：赵琪，劳动关系主管
接收人：黄宇兴，人力资源部部长
日　　期：10月22日
黄部长：
咱们出版社改制完成后，营销管理部有多个员工提出要签订无固定期限合同。这些人大多是原来发行部的老员工，十几年前就被XG大学安排在发行部了，能力都不强。那时社里没有人事权，难以实现人员更换。过去几年，各部门的考核形同虚设，员工拿的都是各部门的平均奖金，这些员工也还相安无事，现在社里改革的步子很大，这些员工有了明显的危机感，所以纷纷要求和社里签订无固定期限合同。此事应当如何处理，我想听听您的意见。
赵琪

【任务内容】

请给出这份文件的处理思路，并准确、详细地写出将要采取的措施及意图。

【任务要求】

1. 模拟任务情境中人力资源部部长的身份完成本任务；
2. 拟采取的措施及批复用规范的文字形式表述；
3. 批复考虑全面、措施合理有力。

【任务实施】

1. 本任务以个人形式完成，教师限定任务时间；
2. 任务完成后，教师抽选学生进行汇报；
3. 其他同学进行分析与评价；
4. 教师最后进行点评、总结。

【任务小评】

完成时间：_____分钟　知识点：□熟练掌握　□需要查阅资料　□需要向他人求教

任务收获：_____

◈ 任务二　竞业限制条款

【任务目标】

通过本任务训练，充分认识劳动合同法的重要性，掌握劳动合同法的法定条款和约定条款，并能在具体工作中熟练应用。

【任务引入】

拓恒公司是一家高新技术企业，业务涵盖IT规划咨询、解决方案设计与实施、应用软件设计及开发、智能硬件、IT系统运维外包等领域。该公司现有员工近300人，60%为技术人员。你是拓恒公司人力资源总监潘杰，刚开完会回到办公室，就收到劳动关系主管的语音留言，需要你来处理。

类　　别：语音留言
留言人：何微微，劳动关系主管
接收人：潘杰，人力资源总监
日　　期：11月20日
潘总：
　　上周我参加了市人力资源和社会保障局举办的劳动关系研讨会，发现信息技术行业的很多公司都在与员工签订劳动合同时加上了竞业限制条款。其实是否加上竞业限制条款在我们公司内部也讨论过多次，但一直没有获得通过。鉴于目前公司离职率不断上升，我认为应当尽快将竞业限制条款加到劳动合同中去，但哪些人应该加、怎么加还需要和您探讨一下。

何微微

【任务内容】

请给出这份文件的处理思路，并准确、详细地写出将要采取的措施及意图。

【任务要求】

1. 模拟任务情境中人力资源总监的身份完成本任务；
2. 任务处理具有合法性、可行性和可控性；
3. 任务处理考虑周全，措施合理；
4. 符合公文语言表达要求、形式适当。

【任务实施】

1. 本任务以个人形式完成，教师限定任务时间；
2. 任务完成后，教师抽选学生进行汇报；
3. 其他同学进行提问与评价；
4. 教师最后进行点评、总结。

【任务小评】

完成时间：_____分钟　知识点：□熟练掌握　□需要查阅资料　□需要向他人求教
任务收获：_____

◆◆ 任务三　工会谈判

【任务目标】

通过本任务训练，感知未来劳动关系管理工作角色，了解劳动法律关系各方主体的权利和义务，掌握工会谈判的知识与技能。

【任务引入】

吉明集团的业务涉及互联网、品牌传媒、人才服务、房地产、电子商务等多个领域。2018年起，吉明集团通过并购的方式，不断拓宽业务领域。思尔软件技术公司是吉明集团刚收购的公司。你是吉明集团的人力资源总监兰欣，今天刚到单位就收到总裁的语音留言，需要你来处理。

类　　别：语音留言
留言人：齐涛，吉明集团总裁
接收人：兰欣，人力资源总监
日　　期：5月19日

兰欣：

　　下个月我们要和青悦在线旅游进行并购谈判，其中比较重要的是与其工会代表进行谈判，重点是如何安置青悦在线旅游的员工。上次收购思尔软件技术公司时，在员工安置问题上我们做得不太成功，有员工公开抗议并购，还有很多核心员工在并购期间离开了。这次我们一定要为谈判做好准备，这项工作由你牵头，下周三各相关部门要针对这次谈判召开一次会议，你好好准备一下。

齐涛

【任务内容】

请给出这份文件的处理思路，并准确、详细地写出将要采取的措施及意图。

【任务要求】

1.模拟任务情境中人力资源总监的身份完成本任务；

2.任务处理符合该公司实际，具有可行性；

3.任务处理考虑全面、具体，措施合理；

4.符合公文语言表达要求、形式适当。

【任务实施】

1.本任务以个人形式完成，教师限定任务时间；

2.任务完成后，学生可自荐进行汇报；

3.其他同学进行提问与评价；

4.教师最后进行点评、总结。

【任务小评】

完成时间：＿＿＿＿＿分钟　知识点：□熟练掌握　□需要查阅资料　□需要向他人求教

任务收获：＿＿＿＿＿＿＿＿＿＿＿＿＿＿＿＿＿＿＿＿＿＿＿＿＿＿＿＿＿＿＿＿

◆〉 任务四　劳动合同条款异议

【任务目标】

通过本任务训练，模拟人力资源管理工作角色，感知劳动关系管理工作，掌握劳动合同法律规定，提高分析与解决问题的能力。

【任务引入】

方泰集团成立于2016年，业务涉及城市基础设施建设、地产投资、物业管理、文化教育产业等多个领域，现有员工360余人。你是方泰集团人力资源总监程然，刚开完会回到办公室，收到几位新员工的电子邮件，需要你处理。

类　别：电子邮件
发件人：几位新员工
收件人：程然，人力资源总监
日　　期：5月9日
程总：
　　我们是此次新招录的员工。这几天，单位要和我们签订劳动合同，可是我们发现，合同书的工资约定很模糊，另外，还约定了好多补充条款。我们对此有异议，想去问工会，结果人力资源部负责劳动关系的吴文华经理说，这是公司规章制度规定的，签合同是我们自己的事，找别人干嘛？这让人感觉很不舒服。我们可以对补充条款提出异议吗？

几位新员工

【任务内容】

请给出这份文件的处理思路，并准确、详细地写出将要采取的措施及意图。

【任务要求】

1.模拟任务情境中人力资源总监的身份完成本任务；
2.任务处理符合该公司实际情况，考虑周全，措施有力；
3.符合公文语言表达要求、形式适当。

【任务实施】

1.本任务以个人形式完成，教师限定任务时间；
2.任务完成后，教师抽选学生进行汇报；
3.其他同学进行提问与评价；
4.教师最后进行点评、总结。

【任务小评】

完成时间：_____分钟　知识点：□熟练掌握　□需要查阅资料　□需要向他人求教
任务收获：_____

任务五 裁员工作处理

【任务目标】

通过本任务训练，掌握劳动合同管理的法律规定，能够根据企业实际，处理劳动纠纷具体业务。

【任务引入】

益丰集团是一家成立20年、以提供重大技术装备为主的高新技术企业，正在准备上市，刚兼并了一家老牌针织机制造企业。益丰集团发展迅速，人力资源管理工作越来越受到总经理的重视。你是益丰集团人力资源部经理云昌明，收到下属发来的电子邮件，需要你处理。

> 类　别：电子邮件
> 发件人：史晨，劳动关系专员
> 收件人：云昌明，人力资源部经理
> 日　期：11月9日
> 云经理：
> 　　我们集团兼并的这家针织机制造企业有很多老员工，之前我们已经通过协商变更了大部分人的劳动合同，现在集团准备裁减一部分人员。昨天，被兼并的针织机制造企业报了一份裁员工作方案给我们，这个方案很粗糙。他们报方案的当天也在该企业的大会上公布了，只给拟被裁员工一天的考虑时间，如果不签订协议就会单方解约，相关政策待遇也不清晰。在裁员名单中，还有三位员工是孕妇或处于哺乳期。现在，该企业员工议论纷纷，几乎处于停工状态。请您给些意见，我协助他们处理好这一事件。
> 　　　　　　　　　　　　　　　　　　　　　　　　　　　　　　　　史晨

【任务内容】

请给出这份文件的处理思路，并准确、详细地写出将要采取的措施及意图。

【任务要求】

1.模拟任务情境中人力资源部经理的身份完成本任务；
2.任务处理步骤准确详细、考虑周全、合法合规；
3.符合公文语言表达要求、形式适当。

【任务实施】

1.本任务以个人形式完成，教师限定任务时间；
2.任务完成后，学生可自荐进行汇报；
3.其他同学进行提问与评价；

4.教师最后进行知识点讲解、点评与总结。

【任务小评】

完成时间：_____分钟　知识点：□熟练掌握　□需要查阅资料　□需要向他人求教

任务收获：_____

项目五　管理诊断训练

一、项目目的

通过管理诊断训练，使学生熟练掌握劳动关系管理的知识与技能，提升对劳动关系管理工作的辨析与判断能力，能有效开展企业劳动关系管理工作，发现工作中存在的疏漏与问题，并采取合理合法的措施予以解决，从而快速提升自身的管理能力。

二、项目导图

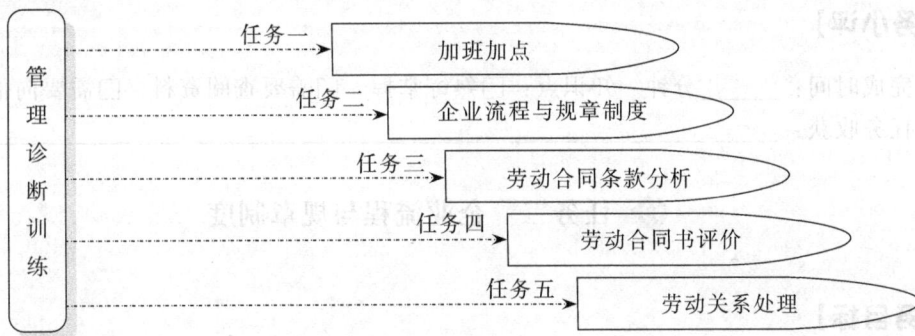

管理诊断训练
- 任务一　加班加点
- 任务二　企业流程与规章制度
- 任务三　劳动合同条款分析
- 任务四　劳动合同书评价
- 任务五　劳动关系处理

三、项目训练

◈ 任务一　加班加点

【任务目标】

通过本任务训练，全面掌握劳动关系管理的知识和技能，掌握劳动合同的类型、内容，劳动合同的法定条款与约定条款的法律规定，以及劳动合同解除的条件等。

【任务引入】

李某等七名职工向区劳动监察大队投诉，反映 A 公司安排全厂职工超时加班。经查，A 公司一直执行标准工时制度，近期由于产品需求大增，为按时交货，安排职工加班加点，并征得了职工的同意，不愿意的可不加班。职工平均每天加班3~4小时，周六、周日也不休息，每月加班60~200小时不等。A公司辩称：职工为提高工资收入愿意加班，公司也已按照法律规定的标准向职工支付了奖金，公司的做法并无不妥之处。

【任务内容】

请对任务情境中用人单位申辩的观点进行评价。

【任务要求】

1.对任务情境进行全面、深入、具体分析；

2.对任务情境的评价客观、公正，依据充分。

【任务实施】

1.本任务以个人形式完成，教师限定任务时间；

2.通过教材、网络等查询相关资料；

3.任务完成后，学生可自荐进行汇报；

4.其他同学进行提问或点评；

5.教师最后进行点评、总结。

【任务小评】

完成时间：_____分钟　知识点：□熟练掌握　□需要查阅资料　□需要向他人求教

任务收获：_____

◆》 任务二　企业流程与规章制度

【任务目标】

通过本任务训练，掌握劳动合同的订立、变更、续订、解除及劳动争议处理的法律规定，提升对企业劳动关系管理工作的诊断能力。

【任务引入】

制造部马经理气冲冲地找到人力资源部经理说，员工小李多次违反标准操作流程，虽说没有造成严重后果，但屡教不改、性质恶劣，要求人力资源部按违反标准操作流程解除其劳动合同。人力资源部认真看了马经理递交的材料后认为，小李犯错误是事实，但五个事项中没有一项能对上公司劳动纪律规定中的解除条件，因此他们告知马经理不能对小李做解除劳动合同处理。马经理对人力资源部的解释非常不满，认为违反标准操作流程是非常严重的错误，如果不能做出处理，那么以后就没有办法约束员工。他认为人力资源部太软弱，于是投诉至总经理处。

【任务内容】

请对任务情境中人力资源部的解释进行评价，并分析总经理应如何处理。

【任务要求】

1. 对任务情境进行认真、全面分析；
2. 评价客观、全面、准确。

【任务实施】

1. 本任务以个人形式完成，教师限定任务时间；
2. 通过教材、网络等查询相关资料；
3. 任务完成后，教师抽选学生进行汇报；
4. 其他同学进行提问或点评；
5. 教师最后进行讲解、点评和总结。

【任务小评】

完成时间：_____分钟　知识点：□熟练掌握　□需要查阅资料　□需要向他人求教

任务收获：_____

◆◆ 任务三　劳动合同条款分析

【任务目标】

通过本任务训练，掌握劳动合同的分类、内容、订立、变更以及解除方面的规定，提升应对并解决劳动关系管理问题的能力。

【任务引入】

新益公司准备与刚被聘用的谭琳签订劳动合同，下面是合同的部分条款（新益公司为甲方，被聘用员工为乙方）：

> 第一条　劳动合同期限为两年，从2020年12月15日至2022年12月14日，其中试用期为3个月，至2021年3月14日止。
>
> 第二条　乙方担任网络管理员工作，工作地点待定，甲方根据业务需要将乙方安排至全国任何省、市分公司。
>
> 第三条　乙方每天工作8小时、每周工作40小时，甲方为乙方提供5 000元/月的工资报酬，其中包括基本工资、绩效工资和加班工资等。试用期工资按岗位工资的70%发放。
>
> 第四条　甲、乙双方按国家规定参加社会保险。甲方为乙方办理有关保险手续，并承担相应的社会保险义务，乙方应缴纳的社会保险费由甲方代缴。乙方患病或非因公负伤的医疗待遇按国家有关规定执行。若乙方一个月内病假超过10天，甲方不发放10天以上的病假工资；若乙方一年内病假超过30天，甲方有权单方面解除劳动合同。

第五条　合同生效后，甲、乙双方无正当理由不得提前解除劳动合同。任何一方解除合同，需提前30天通知对方。若甲方经营状况不佳需要裁员，可提前30天通知乙方解除劳动合同，不需要支付经济补偿。

【任务内容】

请分析上述条款哪些地方不符合我国劳动法律法规的有关规定，应该如何修改。

【任务要求】

1. 对任务情境进行全面、深入、细致分析；
2. 对合同条款中的问题诊断清楚、准确。

【任务实施】

1. 本任务以个人形式完成，教师限定任务时间；
2. 通过教材、网络等查询相关资料；
3. 任务完成后，教师抽选学生进行汇报；
4. 其他同学进行提问或点评；
5. 教师最后进行点评、总结。

【任务小评】

完成时间：_____分钟　知识点：□熟练掌握　□需要查阅资料　□需要向他人求教

任务收获：_____

◈ 任务四　劳动合同书评价

【任务目标】

通过本任务训练，全面掌握劳动关系管理、劳动合同的知识与技能，熟练掌握劳动合同条款的法律规定，提升应对劳动合同管理工作中问题的能力。

【任务引入】

盛达商场是一家中外合资企业，共有员工600余人。近些年来，该商场和员工签订的劳动合同一直使用市人力资源和社会保障局提供的标准文本。由于劳动合同方面的立法发生了重大变化，原来的劳动合同标准文本已经不适用，为了适应新的形势，同时满足本企业的特殊要求，该商场决定制定本企业专用的劳动合同文本。

要求制定劳动合同文本的通知到达人力资源部后，经理赵刚考虑把这个任务交给谁来完成。这时候，人力资源部的职员带来了一位实习生小王。小王是附近一所大学的学生，想利用课余时间到实际工作岗位锻炼锻炼。于是，赵刚把起草"盛达商场劳动合同"的任务交给了小王。

两天后，小王将起草好的劳动合同交给了赵刚，他一看，不禁皱起了眉头。

盛达商场劳动合同

第一条　本合同期限为＿＿＿＿＿＿＿＿。

第二条　乙方为甲方的工作人员，专门负责＿＿＿＿＿＿＿＿。

第三条　工作时间为早9点到晚9点，节假日不休息。

第四条　工作报酬酌情而定，食宿自理。

第五条　福利按有关规定发放，社会保险费由乙方个人负担。

第六条　本合同自签字之日起生效，任何一方不得擅自变更。如一方违约造成另一方损失，要依法承担赔偿责任。

第七条　乙方在工作期间发生事故，甲方概不负责。

甲方：　　　　　　　　　　　　　　　　乙方：

　年　月　日　　　　　　　　　　　　　　年　月　日

【任务内容】

请结合任务情境，评价小王起草的这份劳动合同。

【任务要求】

1.对任务情境进行认真、全面、具体分析；

2.对劳动合同是否公正、合法进行评价。

【任务实施】

1.本任务以个人形式完成，教师限定任务时间；

2.通过多种途径查询相关法律规定；

3.任务完成后，教师抽选学生进行汇报；

4.其他同学进行提问或点评；

5.教师最后进行讲解、点评和总结。

【任务小评】

完成时间：＿＿＿＿＿＿分钟　知识点：□熟练掌握　□需要查阅资料　□需要向他人求教

任务收获：＿＿＿＿＿＿＿＿＿＿＿＿＿＿＿＿＿＿＿＿＿＿＿＿＿＿＿＿＿＿＿＿＿＿＿＿

◇ 任务五　劳动关系处理

【任务目标】

通过本任务训练，掌握劳动合同的种类、内容、订立、变更以及解除的知识和技能，提升对企业劳动合同管理工作的处理能力。

【任务引入】

清维公司因环境整治需要从市中心区域搬迁至远郊，部分骨干员工认为路途遥远，且公司未提供班车，不愿意去新址上班。他们认为，搬迁导致原劳动合同无法履行，要求解除劳动合同，并要求公司支付经济补偿金。该公司不同意，通知这些员工按时到新址上班，否则按旷工处理。事后，这部分员工未按通知要求到新址上班，该公司以旷工为由解除了劳动合同。同时，该公司未经协商，对部分富余员工直接以签订劳动合同时的客观情况发生重大变化为由解除了劳动合同。这两类员工均与该公司发生争议。

【任务内容】

请对任务情境中清维公司解除部分骨干员工、富余员工劳动合同一事进行评价。

【任务要求】

1.对任务情境进行认真、全面、具体分析；
2.对解除劳动合同的处理评价客观、合法。

【任务实施】

1.本任务以个人形式完成，教师限定任务时间；
2.通过教材、网络等查询相关资料；
3.任务完成后，教师抽选学生进行汇报；
4.其他同学进行提问或点评；
5.教师最后进行点评、总结。

【任务小评】

完成时间：_____分钟   知识点：□熟练掌握   □需要查阅资料   □需要向他人求教

任务收获：_____

项目六   能力拓展训练

一、项目目的

通过能力拓展训练，使学生在掌握劳动关系管理知识与技能的基础上，通过综合、复杂的任务情境，进行劳动关系管理的深度训练，有效提高学生分析与解决问题的能力。

二、项目导图

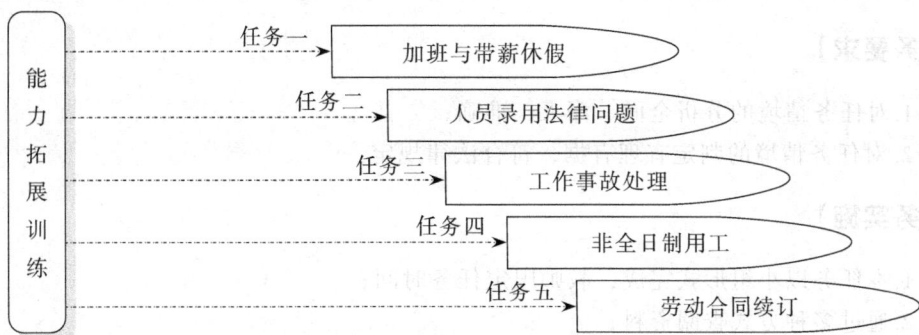

```
        任务一 ──→ 加班与带薪休假
  能
  力   任务二 ──→ 人员录用法律问题
  拓
  展   任务三 ──→ 工作事故处理
  训
  练   任务四 ──→ 非全日制用工
        任务五 ──→ 劳动合同续订
```

三、项目训练

◆◆ 任务一　加班与带薪休假

【任务目标】

通过本任务训练，掌握劳动关系管理的具体法律规定，熟练掌握用工制度与休假制度方面的法律规定，能够合法有效地开展劳动关系管理工作。

【任务引入】

2020年12月，劳动关系协调员齐宁到某企业开展咨询服务，有两位职工向她咨询了问题：

一是田斌，他2020年1月入职，订立的劳动合同约定实行标准工时制，每周工作5天，每天工作8小时。现在他想辞职，向公司索要加班费时才知道，自2020年7月1日起，包括自己所在岗位的十多个岗位已经劳动行政部门批准，实行不定时工作制。田斌反映，他对此事无论事先还是事后均毫不知情，现在想知道自己是否有权获得加班费。

二是石丽，她反映单位休假制度规定，如果职工当年度12月15日之前未提出带薪年休假申请，即视为自愿放弃当年度年休假，年终奖可增加30%；年内包括年休假在内的各种休假达到一定天数的，本年度不得评为优秀员工，年终奖也要降低等级。而优秀员工有一定奖励，连续3年被评为优秀员工的，工资还可以提升一档。石丽想知道休假制度的规定是否合法。

【任务内容】

1.如果田斌反映的情况属实，用人单位应当向田斌支付加班费吗？为什么？

2.假设你是劳动关系协调员，结合田斌反映的情况，请告知该公司实行特殊工时制应当履行的程序。

3.如果石丽反映的情况属实，用人单位的休假制度有没有违法违规之处？如果没有，请说明理由；如果有，请指出。

4.如果石丽认为休假制度不合法、不适当，可以通过哪些途径主张自己的权利？

【任务要求】

1.对任务情境的分析全面、深入、准确；

2.对任务情境的判定有理有据，符合法律规定。

【任务实施】

1.本任务以小组形式完成，教师限定任务时间；

2.通过多种方式查阅资料；

3.任务完成后，教师抽选小组进行汇报；

4.教师最后进行讲解、点评和总结。

【任务小评】

完成时间：_____分钟　知识点：□熟练掌握　□需要查阅资料　□需要向他人求教

任务收获：_____

◆◆ 任务二　人员录用法律问题

【任务目标】

通过本任务训练，全面掌握劳动关系管理的法律知识与技能，掌握劳动合同订立、变更、解除的法律规定，能够结合企业实际有效开展工作。

【任务引入】

青云公司是一家IT企业，近期因发展需要，拟招聘一名销售经理。"猎头"推荐了一名原在一家央企做销售工作的陈鹏。由于青云公司给出的待遇远远高于陈鹏在央企的收入，陈鹏很想得到这份工作。面试了两次后，青云公司对陈鹏也比较满意，向陈鹏发出了如下录用通知书：

录用通知书

陈鹏先生：

您好！

本公司经研究决定，录用您为销售经理，岗位等级为三级，月薪30 000元，其他福利待遇按公司有关规定执行。

如您同意，请在4月25日前予以答复；如不予答复，视为您放弃这个职位。如您答复接受本职位，请在5月15日前到公司报到。公司将于您入职后一个月内与您签订劳动合同。

青云公司人力资源部

2021年4月15日

陈鹏在4月20日接到录用通知书后，立刻回复了该公司，表示同意接受该职位，同时还辞掉了原来在央企的工作。但就在陈鹏准备到该公司报到时，该公司又通知陈鹏，原来打算离职的销售经理又不走了，暂时没有销售经理的空缺。陈鹏找到该公司，要求其按照录用通知书所提的条件办理入职手续，该公司表示也很为难。

录用通知书已经发出了，陈鹏也做好入职的准备了，青云公司应该怎么办？在该公司内部也有不同意见，主要有以下四个方案：

方案一：书面通知陈鹏，宣布录用通知书无效；

方案二：直接拒绝与陈鹏签订劳动合同；

方案三：与陈鹏签订劳动合同，但不让他担任销售经理，将职位降为普通职员，同时减少其工资；

方案四：按照录用通知书承诺的条件与陈鹏签订劳动合同，但是在试用期内就找个理由把他辞退。

【任务内容】

请结合任务情境，帮青云公司比较一下四个方案的优劣，并设计一个更好的解决方案。

【任务要求】

1.对任务情境进行深入、全面、客观分析；

2.对四个方案剖析全面，优劣势分析到位；

3.所设计的新方案符合法律规定，具有可实施性。

【任务实施】

1.本任务以小组形式完成，教师限定任务时间；

2.任务完成后，每个小组分别进行展示汇报；

3.其他小组进行提问或点评；

4.教师最后进行点评、总结。

【任务小评】

完成时间：_____分钟　知识点：□熟练掌握　□需要查阅资料　□需要向他人求教

任务收获：_____

◆◆ 任务三　工伤事故处理

【任务目标】

通过本任务训练，掌握劳动关系管理的知识和法律规定，能有效处理企业因劳动关系产生的各种突发事件，以及劳动关系解除时所产生的争议或纠纷。

【任务引入】

田成公司通过劳务派遣使用了一批员工负责某项工程。田成公司和榆力劳务派遣公司的劳务派遣协议约定，由田成公司按月支付工资和社会保险费，缴纳社会保险费的具体事务由榆力劳务派遣公司负责。一名员工在此期间发生了工伤事故。

【任务内容】

1.面对这种情况，田成公司应该怎么办？请制定一个处理方案。

2.受伤员工需要停工治疗，治疗期间的工资由谁承担？

3.此案提醒用工单位和劳务派遣单位在订立劳务派遣协议时应注意哪些问题？

【任务要求】

1.对任务情境进行全面、深入分析；

2.制定的处理方案全面具体、合理合法；

3.处理措施符合劳动合同法律规定。

【任务实施】

1.本任务以小组形式完成，教师限定任务时间；

2.通过教材、网络等查询相关资料；

3.任务完成后，每个小组进行展示汇报；

4.其他小组进行提问或点评；

5.教师最后进行讲解、点评和总结。

【任务小评】

完成时间：_____分钟　知识点：□熟练掌握　□需要查阅资料　□需要向他人求教

任务收获：_____

◇◇ 任务四　非全日制用工

【任务目标】

通过本任务训练，掌握劳动合同的类型、内容，熟练掌握企业劳动关系管理各环节的法律规定，进一步提升劳动争议处理能力。

【任务引入】

2020年2月，经人介绍，陈某（女，现今46岁）被风华公司聘为勤杂工，在员工宿舍区工作。风华公司与陈某约定，试用期为3天，每周工作6天，每天工作3~4小时，劳动报酬按每小时15元计算，每周造表结算一次。试用期满后，因嫌每周领取报酬烦琐，陈某请求风华公司允许其暂不领取每周计发的报酬，而是每满一个月合计签领一次。风华公司同意陈某按月领取报酬。风华公司未与陈某签订书面劳动合同，也未为陈某缴纳社会保险费。2020年10月，风华公司决定将员工宿舍区的勤杂事务外包给某物业公司，且以后不再自行聘用勤杂工。10月30日，风华公司通知陈某："立即办理交接手续、计算剩余报酬，终止双方用工关系。"陈某表示不能接受，她认为自己工作努力，从未出过差错，要求风华公司承担不签订劳动合同用工的"两倍工资"责任，向其支付8个月的劳动报酬；作为经济补偿和未提供一个月通知的"代通知金"，向其支付2个月的劳动报酬；作为违法解除劳动合同的赔偿金，向其支付2个月的劳动报酬。

【任务内容】

1.陈某是否属于非全日制用工？为什么？

2.风华公司与陈某的用工行为是否违法？请说明理由。

3.陈某要求风华公司支付"两倍工资"、经济补偿与"代通知金"、赔偿金，能否得到法律的支持？为什么？

【任务要求】

1.对任务情境进行深入、具体分析；

2.对劳动关系管理行为分析精准、客观；

3.所提出的处理措施合法、可行。

【任务实施】

1.本任务以小组形式完成，教师限定任务时间；

2.任务完成后，各小组派代表进行汇报；

3.其他小组进行提问或点评；

4.教师最后进行点评、总结。

【任务小评】

完成时间：_____分钟　知识点：□熟练掌握　□需要查阅资料　□需要向他人求教
任务收获：_____

❯❯ 任务五　劳动合同续订

【任务目标】

通过本任务训练，熟练掌握劳动合同管理的法律规定，全面掌握劳动合同订立、续订、变更和解除的法律规定，能够处理企业劳动关系管理中的问题。

【任务引入】

李某和张某从某高校毕业后，都应聘到一家外商投资企业工作。李某于2021年7月1日入职，入职后觉得该企业的环境不太理想，与同事的关系也不太融洽，于是考虑是否要在该企业继续工作。2021年7月15日，企业方口头通知李某签订劳动合同，李某借故推脱；2021年8月7日，企业方向李某发出了签订劳动合同的书面通知，李某再次推脱。李某觉得经过这段时间的工作，自己不能友好地和同事相处，不想在这个企业长久工作下去，所以不愿意签订劳动合同。目前，他正在积极寻找新工作，找到新工作后会自行离开。

张某则与该企业签订了2年期劳动合同，于2021年7月1日入职，双方约定试用期为2个月，试用期工资为4 000元。该地区的社平工资是5 000元。在试用期内，该企业认为张某工作态度认真，但专业知识和业务水平都不理想，与岗位要求存在很大差距。2021年9月6日，该企业以张某在试用期被证明不符合录用条件为由，决定解除与张某的劳动关系，并不予支付任何经济补偿。张某对此不服，提出仲裁。仲裁委员会经调查审理后，裁定该企业与张某解除劳动关系属于违法行为，对张某的申诉请求予以支持，要求该企业向张某支付违法解除劳动合同的赔偿金。

【任务内容】

1. 如果该企业继续留用李某，会产生什么风险？
2. 针对李某不愿意签订劳动合同的事实，该企业在何时采取措施可将违法风险降到最低？采取什么措施？
3. 该企业需要向张某支付赔偿金的具体数额是多少？

【任务要求】

1. 对任务情境中的风险分析全面、具体；
2. 所提出的建议具体可行，有针对性；
3. 赔偿金计算准确，符合法律规定。

【任务实施】

1. 本任务以小组形式完成，教师限定任务时间；
2. 任务完成后，教师抽选小组进行汇报；
3. 其他小组进行提问或点评；
4. 教师最后进行点评、总结。

【任务小评】

完成时间：_____分钟　知识点：□熟练掌握　□需要查阅资料　□需要向他人求教
任务收获：_____

[1] 企业人力资源管理师专家委员会，中国劳动学会企业人力资源管理与开发专业委员会. 企业人力资源管理师（二级）（三级）[M]. 北京：中国劳动社会保障出版社，2015.

[2] 赵纪诚，余佳，管布钧. 人力资源管理实战指南 [M]. 北京：人民邮电出版社，2020.

[3] 徐明. 企业人力资源管理师考点精讲及真题解析（二级）[M]. 北京：机械工业出版社，2015.

[4] 徐明. 企业人力资源管理师考点精讲及真题解析（三级）[M]. 北京：机械工业出版社，2015.

[5] 雷婷，胡玲. 人力资源管理综合实训 [M]. 北京：经济管理出版社，2020.

[6] 魏钧. 人力资源管理实训 [M]. 北京：科学出版社，2019.

[7] 赵君，刘容志. 人力资源管理实训教程 [M]. 武汉：武汉大学出版社，2016.

[8] 鲍立刚. 人力资源管理综合实训 [M]. 北京：中国人民大学出版社，2017.

[9] 杨丽君，陈佳. 人力资源管理实践教程 [M]. 北京：北京理工大学出版社，2020.

[10] 郭如平，蒋定福，田辉，等. 招聘与甄选实训教程 [M]. 北京：清华大学出版社，2020.

[11] 瞿群臻. 人力资源管理实验实训教程 [M]. 北京：清华大学出版社，2019.

[12] 彭莹莹. 人力资源管理实训教程之人力资源管理服务篇 [M]. 北京：电子工业出版社，2019.

[13] 祁雄，刘雪飞，肖东. 人力资源管理实务 [M]. 北京：北京理工大学出版社，2020.

[14] 张思星. 人力资源管理实务操作与案例精解 [M]. 北京：中信出版集团，2021.

[15] 董克用，李超平. 人力资源管理学习指导与案例 [M]. 北京：中国人民大学出版社，2016.

[16] 萧鸣政. 人力资源管理研究方法与案例分析 [M]. 北京：中国人民大学出版社，2017.

[17] 张绍泽. 人力资源管理六大模块实操全案 [M]. 北京：中国铁道出版社，

2020.

[18] 任康磊. 人力资源管理实操从入门到精通 [M]. 北京：人民邮电出版社，2018.

[19] 赵国军. 薪酬设计与绩效考核全案 [M]. 3版. 北京：化学工业出版社，2020.

[20] 赵曙明，赵宜萱. 人员培训与开发：理论、方法、实务 [M]. 北京：人民邮电出版社，2019.